Hermann Berthold Rumpelt

Das System der Sprachlaute und sein Verhältnis zu den wichtigsten Kultursprachen

unter Berücksichtigung der deutschen Grammatik und Orthographie

Hermann Berthold Rumpelt

Das System der Sprachlaute und sein Verhältnis zu den wichtigsten Kultursprachen

unter Berücksichtigung der deutschen Grammatik und Orthographie

ISBN/EAN: 9783957008145

Auflage: 1

Erscheinungsjahr: 2016

Erscheinungsort: Norderstedt, Deutschland

Hergestellt in Europa, USA, Kanada, Australien, Japan
Verlag der Wissenschaften in Hansebooks GmbH, Norderstedt

Verlag
der
Wissenschaften

Das natürliche

System der Sprachlaute

und fein

Verhältnis zu den wichtigsten Cultursprachen,

mit

befonderer Rückficht auf deutsche Grammatik und Orthographie.

Von

Dr. H. B. Rumpelt,
Privatdocent an der Univerſität zu Breslau.

Hiezu 1 gedruckte und 4 lithographirte Tafeln.

Halle,
Verlag der Buchhandlung des Waifenhaufes.
1869.

Der Grammatiker, welcher fich um den Lautwert der Buchstaben nicht kümmert, gleicht einem Manne, welcher Ziffern schreibt, aber die Zahlen nicht kennt, und doch zu rechnen vermeint.

———

Die Schrift hat weder die Geschichte, noch die Bedeutung, fondern lediglich den Laut des Wortes festzustellen.

Inhalt.

Einleitung. Von den verschiedenen Standpunkten der Lautbetrachtung. Seite
  1. Drei Standpunkte: der phonetische, der historisch-etymologische, der graphische 1
  2. Verschiedenheit derselben in ihren Ergebnissen . . . 2
  3. Verwechselung und Vermengung derselben von Seiten vieler Grammatiker 3
  4. Das Wort „Buchstabe" 5
  5. Phonetische Bestrebungen von Seiten der Grammatiker 7
  6. Desgl. von Seiten der Physiologen 8
  7. Bestimmung des vorliegenden Buches 9
  Anmerkung (Orthographie) 10

§ 1. Einteilung der Sprachlaute im Allgemeinen.
  1. Quantitative Einteilung (Vokale, Halbvokale, Consonanten). Qualitative Einteilung (Lippenlaute, Zahnlaute, Gaumenlaute) 11
  2. Homogene und homorgane Laute 11
  3. Gränzen der in Betracht gezogenen Laute 11

§ 2. Quantitative Einteilung.
  1. Uebersicht 12
  2. Verschiedener Gebrauch des Wortes Halbvokal . . . 12
  3. Explosivlaute (Schlaglaute, Verschlusslaute, Mutae) . 13
  4. Frikativlaute (Reibungslaute, Spiranten) 13
  5. Liquidae 13
  6. Einteilung der Mutae in Fortes *(Tenues)* und Lenes *(Mediae)* 13
  7. Schwierigkeit der phonetischen Erklärung dieses Unterschiedes 14
  8. Die Kempelen-Brücke'sche Auffassung 14
  9. Ein Bedenken dagegen 16

                   Seite

  10. Mangel der Lenes *(Mediae)* in der Sprache von Völkern und Individuen 17
  11. Feinere Schattirungen in den quantitativen Lautreihen 18

§ 3. **Qualitative Einteilung.**
  1. Die drei Hauptgruppen der Labiales, Dentales, Gutturales 19
  2. Erwägung diefer Namen 20
  3. Genauere Sonderung der qualitativen Lautreihen . . 20
  4. Verhalten der Vokale gegenüber diefer Einteilung . . 22
  5. Die arabischen *Literae emphaticae* 22

§ 4. **Allgemeines (natürliches) Lautfystem.**
  1. Zweifel an der Möglichkeit eines folchen 23
  2. Widerlegung derfelben 24
  3. Wahl der Zeichen 24
  4. Vokalzeichen 26
  5. Confonantenzeichen 27
  6. Allgemeines System der Lautzeichen (mit Ausschluss der Kehlkopflaute) 28
  7. Gruppirung der Laute innerhalb der einzelnen qualitativen Reihen 29
  8. Namen der Laute 30

§ 5. **Bildung der Vokale.**
  1. Der phyfiologische Hergang bei Bildung der Grundvokale (*a, i, u*) 31
  2. Die Nebenvokale (*e, o, ö, ü*) 32
  3. Unvollkommen gebildete Vokale 32
  4. Der unbestimmte Vokal 32
  5. Schwanken der Vokalwerte nach Landstrichen und Individuen 33

§ 6. **Lautwert der einzelnen Vokalzeichen.**
  1. Das *a* unferer Tabelle 34
  2. Das *è* 35
  3. Das *é* 35
  4. Das *i* 35
  5. Das *ò* 35
  6. Das *ó* 36
  7. Das *u* 36
  8. Das *ü* 36
  9. Das *ŏ* 36

	Seite
10. Das ö́	36
11. Hinweis auf genauere Bestimmungen des Vokalwertes	36
Anmerkung (Etymologische Rückfichten)	37

§ 7. **Dauer der Vokale.**
1. Bestimmung was ein langer Vokal ist 37
2. Frühere irrtümliche Auffassung eines folchen 37
3. Unterschiede in der Qualität zwischen langem und kurzem Vokal 38
4. Höhere Längegrade 39
5. Bezeichnung derfelben 39

§ 8. **Längebezeichnung der Vokale im Deutschen.**
1. Gothisch, Alt- und Mittelhochdeutsch 40
2. Neuhochdeutsch 40
3. Die hier herrschende Verwirrung 42
4. Mittel zu ihrer Löfung 43
5. Behandlung des Auslauts 43
6. Behandlung der Lautzeichen *ch, sz, sch* 44
7. Längebezeichnung im Holländischen 45

§ 9. **Diphthonge.**
1. Phonetische Erklärung eines folchen 46
2. Echte Diphthonge 47
3. Halbdiphthonge 48
4. Vorkommen der Diphthonge im Gothischen, Alt-, Mittel- und Neuhochdeutschen 49
5. Vorkommen derfelben in den niederdeutschen und nordischen Sprachen 50

§ 10. **Nafalirte Vokale** (*Voyelles nafales*).
1. Vorkommen im Allgemeinen 51
2. Mangel derfelben in den germanischen Sprachen .. 51
3. *Anusvâra* des Indischen 52
4. Die lateinische und italienische Sprache 52

§ 11. **Die L- und R-Laute. (Halbvokale).**
1. Allgemeiner Hinblick 52
2. Gegenfeitiges Verhältnis zwischen den L- und R-Lauten überhaupt 53
3. Die L-Laute insbefondere 53
4. Die R-Laute insbefondere 54
5. Mangel der Halbvokale in einigen Sprachen 55

§ 12. Reine Labiales und Denti-Labiales.

1. Reine Lippenlaute 55
2. Zahn-Lippenlaute 56
3. Unterschied zwischen lat. *f* und griech. *φ* 56
4. Das hochdeutsche *v* 57
5. Hochd. *v* im Inlaut insbesondere 58
6. Die Grimm'sche Auffassung des hochd. *v* 59
7. Das holländische *v* 61

§ 13. Interdentales.

1. Das englische harte und weiche *th* 63
2. Phonetische Bestimmungen über die gewönliche (rein frikative) Aussprache derselben 64
3. Eine andere (affrikative) Aussprache derselben . . . 64
4. Vorkommen der interdentalen Spiranten im Spanischen 65
5. Neigung der Interdentalis zum Uebergang in die Alveolaris 66
6. Vorkommen der interdentalen Laute in den älteren niederdeutschen und nordischen Sprachen 66
7. Verwandtschaft der Interdentales mit den Denti-Labiales und Uebergänge in diefelben 67

§ 14. Alveolares.

1. Die alveolaren Mutae 67
2. Die alveolaren Spiranten im Allgemeinen und ihre Bezeichnung in den romanischen und slawischen Sprachen 68
3. Vermischung der harten und weichen Spirans im Deutschen durch ein und diefelben Zeichen 69
4. Unbekanntschaft der ältern Grammatiker mit dem auch hier herrschenden Gegensatz zwischen Fortis und Lenis. Vorkommen beider Laute im Lateinischen und Griechischen 69
5. Vorkommen im Gothischen 70
6. Vorkommen im Alt- und Mittelhochdeutschen. Wie verhält sich J. Grimm zu diefer Frage? 72
7. Vorkommen im Neuhochdeutschen 73
8. Irrtümer und Misgriffe in Betreff diefer Laute bei neueren Forschern 75
9. Verhältnis diefer Laute im Schwedischen 76
10. Neigung der harten Spirans zu engster Verbindung mit den harten Mutis (p, t, k) und daher stammende sogenannte Doppelbuchstaben. Aehnliche Fälle bei der weichen Spirans. Verdienen die Laute des ψ, ζ (z), ξ (x) den Namen zusammengesetzter? 76

§ 15. Cacuminales.
   1. Vorkommen derſelben im Allgemeinen 78
   2. Der Laut s unſerer Tabelle (deutsches *sch*) 79
   3. Der Laut ſ unſerer Tabelle (franz. *j*) 81
   4. Ob dieſe Laute Aspiraten ſeien 81
   5. Die Brücke'sche Auffassung dieſes Lautpaares . . . 82
   6. Prüfung derſelben 83

§ 16. Denti-Palatales oder Dorſales.
   1. Vorkommen derſelben im Allgemeinen 86
   2. Die Laute s' und f' unſerer Tabelle 88
   3. Vollständige Abweſenheit derſelben im Deutschen . . 88
   4. Der Laut n' (franz. ital. *gn*) 89
   5. Der Laut l' (franz. *l mouillé*) 89
   6. Die Mouillirung oder Jerirung der Laute überhaupt . 90
   7. Brücke's Auffassung von dieſen Lauten 90
   8. Prüfung derſelben 91

§ 17. Palatales, Velares, Faukales.
   1. Velares k, g, χ 92
   2. Velares j 92
   3. Die palatalen Laute 93
   4. Das neugriechische γ 94
   5. Der velare und der palatale Naſal 94
   6. Die Palatallaute des Slawischen und Indischen . . . 95
   7. Die Faukallaute 96

§ 18. Einige Beſonderheiten in der Aussprache und Bezeichnung der Gutturalen.
   1. Phonetische und orthographische Eigentümlichkeiten dieſer Laute im Deutschen und in den romanischen Sprachen 96
   2. Die Aussprache des Buchstabens g im Deutschen . . 97
   3. Wie es ſich hierbei mit dem Reim verhält 97
   4. Die Buchstabenverbindung *ng* im Deutschen 98
   5. Das römische „*n adulterinum*" 99
   6. Prüfung der Corssen'schen Auffassung 99
   7. Orthographie der Gutturallaute in den romanischen Sprachen 100

§ 19. Laryngales oder Kehlkopflaute.
   1. Welche Laute dahin zu rechnen ſind 102
   2. Das arabische *Hamze* (*Spiritus lenis* der Griechen) . 103

		Seite
3.	Das *h* der historischen Grammatik	103
4.	Ob dasselbe ein „Buchstabe" fei	104
5.	Verschiedene Nüancen des Lautes *h*	105
6.	Das niederdeutsche *r*	106
7.	Das arabische *Ain*	106

§ 20. Dauer der Confonanten.
1. In wie fern man von einer folchen sprechen könne . 108
2. Bezeichnung der langen Confonanten im Deutschen. (Gemination) 109
3. Höhere Längegrade 110
4. Verkürzung der gewönlichen Dauer. (Reduction) . . 111
5. Reduction gewisser Laute in Folge ihrer Verbindung mit gewissen andern Lauten 113
6. Die Gemination im Deutschen, rein graphisch betrachtet 115
7. Mangel der Gemination an manchen Stellen trotz ihrer orthographischen Notwendigkeit 117
8. Seltenheit der Gemination bei den weichen (tönenden) Lauten 119
9. Widerwille der nhd. Sprache gegen die Verbindung eines kurzen Vokals mit einfachem Confonanten und wie fie diefelbe befeitigt. Seltenheit der Verbindung eines langen Vokals mit einem harten (tonlofen) Confonanten im Hochdeutschen 120
10. Phonetische Erörterung über diefe Eigentümlichkeit des Hochdeutschen 122

§ 21. Die Aspiraten.
1. Schwierigkeit diefes Themas 123
2. Die Aspiraten des Altgriechischen, Unficherheit über deren Aussprache, daher vollständiger Mangel eines phonetischen Begriffs von denfelben 124
3. Uebertragung jenes begrifflofen Namens in das allgemeine Lautfystem und daher stammende Verwirrung . 126
4. J. Grimm's Auftreten. Die Verwirrung verdoppelt fich 127
5. Die Aspiraten des Sanskrit. Streng phonetische Erklärung derfelben von Seiten der englischen Grammatiker. Anfängliche Einflusslofigkeit diefer Erklärung auf die deutsche Sprachforschung 128
6. Rudolf von Raumer's Buch „Aspiration und Lautverschiebung." Verfuch, einen streng phonetischen Begriff für den Namen Aspirata in die allgemeine Sprachwissenschaft einzuführen 130

Seite

    7. Phonetische Bedenken gegen die von den englischen
        Grammatikern gegebene Erklärung 131
    8. R. v. Raumer's Standpunkt und feine Correctur eines
        Brücke'schen Irrtums 133
    9. Fünf verschiedene Standpunkte in Betreff der Frage,
        was eine Aspirata fei? 135
  10. Vorbereitungen zur endgiltigen Löfung 136
  11. Prüfung der lebendigen Aspiraten in der Sprache
       von Orientalen und deren phonetisches Ergebnis . . 138
  12. Die fogenannten „Medienaspiraten," d. h. die Aspira-
       ten der weichen (tönenden) Mutae 139

§ 22. **Der Affrikationsprozess.**
    1. Sphäre des Vorkommens 141
    2. Gab es im Ahd. noch wirkliche Aspiraten? 141
    3. Wie werden diefelben im Hochdeutschen an den Stel-
       len erfetzt, wo fie nach dem Gefetz der Lautver-
       schiebung stehen follten? 142
    4. Fand dabei ein Durchgang durch die wirkliche Aspi-
       rata statt? 144
    5. Musste die Spirans den Durchgang durch den Doppel-
       confonanten nehmen? 145
    6. Stetigkeit des ganzen Lautvorgangs 146
    7. Was ist ein Affrikationslaut? 148
    8. Phonetische Erklärung des Uebergangs eines Doppel-
       confonanten in die reine Spirans 149
    9. Die phyfiologischen Urfachen des Affrikationsprozesses
       und der ihm zu Grunde liegenden allgemeinen Laut-
       verschiebung 150
  Anmerkung. Notwendige Unterscheidungen in phoneti-
       schen Fragen überhaupt, insbefondere bei der hier
       vorliegenden 158

§ 23. **Geschichte des Buchstabens *sz* im Hochdeutschen.**
    1. Der Affrikationsprozess auf dentalem Gebiet 158
    2. Historischer Tatbestand vom rein graphischen Stand-
       punkte aus betrachtet 159
    3. Gewisse Eigenttümlichkeiten dabei im Ahd. und Mhd. 160
    4. Ob das ahd. mhd. *z* den Laut unferes heutigen *sz* hatte 161
    5. Welchen Laut es denn nun eigentlich bezeichnete . . 163
    6. Wie man es demgemäs feit dem 14. Jarhundert hätte
       schreiben müssen 164

		Seite
7.	Das 17. und 18. Jarhundert. Die Gottsched-Adelungsche Methode. Die Heyse'sche Modifikation derselben. Der heutige Brauch	166
8.	Verkehrtheit desselben	169
9.	Steigerung der Verwirrung durch die „historische Schule"	171
10.	Kritik der „historischen Schreibung" durch R. v. Raumer; dieselbe erweist sich als eine „pseudohistorische"	172
11.	Das Ideal einer etymologischen Schreibung	174
12.	Ein Versuch, unsere Sprache auf den mittelhochdeutschen Standpunkt zurückzuschrauben	175
13.	Halbheit und Inconsequenz der heutigen „historischen Schreibung"	177
14.	Die heutige Aussprache des Buchstabens sz ist durchweg, immer und überall, gleich phon. s	178
15.	Warum man ihn denn nicht ohne Weiteres ſó schreibt	180
16.	Anweisung zum Verfahren dabei	182
17.	Das Verfahren bei sogenannten „deutschen" Lettern	184
18.	Wichtigkeit der Zischlaut-Frage für die gesammte deutsche Orthographie	184

§ 24. **Rückblick und Umschau.**

1.	Zusammenstellung gewisser Lautverbindungen, deren Schreibung in den europäischen Sprachen sich durch eine ganz besondere Mannigfaltigkeit auszeichnet	185
2.	Ein Blick auf das irische Lautsystem und dessen Schreibung	188
3.	Das deutsche Alphabet	193
4.	Einige Hauptpunkte der deutschen Orthographie in rein phonetischer Transscription	195
5.	Ob eine solche phonetische Transscription für die populäre Orthographie der einzelnen Sprachen geeignet sei	197
6.	Wunsch auf Anerkennung wenigstens des phonetischen Prinzips	198
7.	Wie dasselbe in Bezug auf die deutsche Gemeinsprache zu behandeln	200

§ 25. **Ein neues Schriftsystem auf Grund der natürlichen Eigenschaften der Laute.**

1.	Die alten Schriftzeichen sind für die Lautwissenschaft ungenügend	202
2.	Erfordernisse der neuen Schriftzeichen (Buchstaben)	205

	Seite
3. Die Brücke'sche Erfindung	206
4. System einer phonetischen Schrift	209
A. Zeichen für die Vokale	209
B. Zeichen für die Confonanten im Allgemeinen	210
C. Zeichen für die Artikulationsstelle	211
D. Zeichen für den Zustand der Lautritze	211
E. Zeichen für den Zustand der Stimmritze	212
F. Accessorische Zeichen. (Unvollkommene Lautbildung. Längezeichen. Reductionszeichen. Accente.)	213
5. Angabe der Punkte, in denen das eben aufgestellte Schriftfystem von dem Brücke'schen abweicht	215
6. Erklärung der in Tab. IV. aufgestellten Zeichen	224
7. Schlusswort	226

Tabellen.

Tab. I. Die Vokalzeichen.
Tab. II. Die Confonantenzeichen.
Tab. III. Erklärung der in Tab. II. enthaltenen Zeichen vermittelst gewönlicher Buchstaben, fo weit diefelben reichen.
Tab. IV. Anderweitige Zeichen.
Tab. V. Transscription des arabischen Lautfystems.

Einleitung.

Von den verschiedenen Standpunkten der Lautbetrachtung.

1. Drei Punkte find es, welche bei der Betrachtung eines Sprachlauts zur Erwägung kommen: fein **Wefen**, fein **Urfprung**, fein **Zeichen**; man nennt die drei darauf fich gründenden Standpunkte der Lautbetrachtung: den **phonetischen**, den **etymologischen**, den **graphischen**.

A. Der **phonetische Standpunkt** hält fich streng an die Aussprache des Lautes, wie diefelbe aus der Art feiner Hervorbringung vermittelst der Mund- und Stimmorgane mit Notwendigkeit erfolgt. Man nennt diefen Standpunkt auch den naturwissenschaftlichen (phyfiologischen); er bildet die Grundlage der beiden andern, ohne Verständnis desselben ist jede wissenschaftliche Lautbetrachtung unmöglich. Beispiel einer phonetischen Erklärung: *Der Laut f ist der harte (tonlofe) Fricativlaut der Labialklasse.*

B. Der **etymologische Standpunkt** hält fich lediglich daran, welcher Laut einer andern Sprache oder einer frühern Sprachperiode den einzelnen Lauten eines gewissen Idioms etymologisch, d. h. in denfelben Wörtern und grammatischen Vorgängen entspricht. So z. B. tritt das hochdeutsche Verbum *mâlôn*, *mâlen* (pingere) im Gothischen als *mêljan* auf, folglich entspricht goth. ê dem hochd. â, d. h. nicht etwa lautlich (phyfiologisch), fondern dies foll blos heisen: Man darf in einem hochdeutschen Worte, welches im Goth. ein ê enthält, an der entsprechenden Stelle ein â erwarten; und umgekehrt: in einem gothischen Worte, dessen hochdeutscher Vertreter ein â hat, darf an der entsprechenden Stelle ein ê vermutet werden. Zu wünschen ist, dass man bei diefem Verfahren den Gegenfatz der beiden andern Standpunkte niemals vergesse, d. h. fich nicht damit zufrieden gebe eine etymologische Buchstabengleichung aufzustellen, fondern auch den Lautwert der betreffenden Buchstaben festzuhalten oder nötigenfalls zu ermitteln fuche.

C. Der graphische Standpunkt geht von den Zeichen (Buchstaben) aus, durch welche ein Laut dargestellt wird und bietet feinerfeits mannigfache Betrachtungsweifen dar, z. B.

a) die paläographische, welche unterfucht, wie ein Zeichen entstanden ist, oder auch welche Laute gewisse, zur Zeit noch unbekannte alte Zeichen ausdrücken;

b) die orthographische, welche die grammatischen Gründe zu prüfen hat, auf denen die Schreibung gewisser Zeichen beruht;

c) die kalligraphische, welche die Zweckmäsigkeit, Kürze und Zierlichkeit der einzelnen Zeichen zu beurteilen hat.

So ist die Entzifferung der Hieroglyphen, Keilschriften, Runen, fo weit es fich hierbei überhaupt um Lautzeichen handelt, eine paläographische Aufgabe. Die Frage, wie im Deutschen die Länge der Vokale am besten bezeichnet werde, ist ein vielbesprochenes orthographisches Problem. Die bisher übliche Scheidung zwischen f und s ist eine lediglich kalligraphische Gewonheit, die mit dem Lautwert jener Buchstaben nicht das mindeste zu tun hat. Wir unfererfeits jedoch haben in diefen Blättern jene kalligraphische Scheidung zu einer orthographischen benutzt, welche gerade an diefer Stelle des Lautfystems dringend geboten war, indem wir nämlich mit f den weichen, mit s den harten Zischlaut bezeichnen.

2. In vielen Fällen der Lautforschung ist das Refultat der Unterfuchung ein völlig verschiedenes, je nach dem Standpunkte, von welchem aus diefelbe geführt wird. So

z. B. ist das griechische ζ graphisch ein einfacher Buchstabe ſo gut wie die übrigen, nach den beiden andern Standpunkten aber stellt es eine Lautfolge dar: und zwar ist es phonetisch = d + ſ (unſerer Bezeichnung), historisch-etymologisch aber = d + j oder g + j, vgl. ἕζω aus ἔδjω, κράζω aus κράγjω. — Das lat. F ist graphisch einerlei mit dem äolischen Digamma, etymologisch entspricht es dem griechischen φ, phonetisch muss es nach den ausdrücklichen Zeugnissen der Alten ſowohl vom Laute des Digamma als von dem des φ verschieden geweſen ſein; wir wissen jetzt auch wie: das Digamma war = w, das φ = f¹, das lat. f = f² unſerer Bezeichnung (vgl. ſpäter). — Das gothische ⊙ ist nach der Meinung von Gab. und Loeb. graphisch nichts weiter als ein griechisches Θ, welches von Ulfilas lediglich zur Aushilfe ſeiner Schrift genommen wurde; etymologisch entspricht es der Lautverbindung k + w, phonetisch war es vermutlich ein bloses w, vielleicht mit kurzem Vorschlag eines h oder u, ähnlich wie beim englischen wh. — Am meisten tritt dieſe Abweichung der Reſultate der verschiedenen Standpunkte bei den sprachgeschichtlich erst ſehr spät entstandenen Fricativen (Spiranten) hervor, weil die Schrift dem hier unmerklich und stetig fortschreitenden Lautwechſel nicht zu folgen vermochte, ſich daher den endlich unzweifelhaft vorhandenen neuen Lauten gegenüber ratlos fand und nun auf unſichere, daher oft ungeschickte und unkonſequente Weiſe den Schaden gut machen musste. Aus dieſer Quelle stammen z. B. im Deutschen die monſtröſen Zeichen ch, sz, sch, ſo wie die Verwirrung im Gebrauch des sz, ss und s.

3. Die ſo eben erörterten, unter einander völlig verschiedenen Standpunkte der Lautbetrachtung ſind lange Zeit nicht gehörig geſondert worden und man hat die Ergebnisse des einen häufig ohne Weiteres auf den andern übertragen zu dürfen geglaubt. Dass unter ſolchen Umständen gerade eine der gröſten wissenschaftlichen Errungenschaften unſers Jahrhunderts, die historisch-vergleichende Sprachforschung, ſehr geeignet war die Unſicherheit der Lauttheorie für's Erste

noch zu vergrösern, ist nicht zu leugnen und darf wohl um so ungescheuter ausgesprochen werden, als der Uebelstand ja durchaus nicht in der Sache selbst, sondern nur in dem Misbrauch liegt. Wir wollen einige Beispiele anführen. Nichts ist gewönlicher als in Werken dieser Richtung die Aeuserung zu lesen: „ê und ô sind Diphthonge." Das ist vom phonetischen Standpunkte der Lautbetrachtung aus betrachtet, entschieden unwahr; ê und ô sind lautlich nun und nimmermehr Diphthonge, sondern sie sind die Dehnungen der kurzen Vokale e und o. Jene Behauptung aber stützt sich auf die im Sanskrit nachweisbare grammatische Entstehung oder Herkunft dieser Laute; ê und ô nämlich entstehen aus a + i, bezüglich a + u, die kurzen Vokale e und o fehlen dort noch ganz. Stehen nun etwa beide Standpunkte in solchen Fällen einander feindlich gegenüber? Warlich nicht! Beide Betrachtungsarten sind der Sprachwissenschaft gleich nötig und förderlich: aber allerdings muss unserer Meinung nach, wo es sich um die Erklärung eines Lautes und seine Unterbringung in eine grammatische Kategorie handelt, seine wahre Natur, wie sie nicht aus seiner Abkunft, sondern nur aus seiner Aussprache erkannt wird, an erster Stelle berücksichtigt werden. Wir können also die oben angeführte Stelle nicht billigen, halten sie vielmehr für irreführend und die Lauttheorie verwirrend. Es muss heisen: ê und ô, obschon an sich einfache lange Vocale, entstehen im Sanskrit aus a + i, bezüglich a + u; sie gelten daher in der indischen Grammatik als Diphthonge." — Es findet sich ferner häufig, dass ein Laut der einen Sprache in dem formell entsprechenden Worte einer andern Sprache durch einen Laut vertreten wird, welcher phonetisch ein gänzlich anderer ist, z. B. das s des Sanskr. Lat. Germ. Slaw. tritt im Persischen, Griechischen, Keltischen sehr häufig als h (Spiritus asper) auf. Da lesen wir nun hie und da: „sanskr. s bekanntlich = griech. Spir. asp." Oder ein anderes Beispiel: Die Laute l und r wechseln in den verschiedenen Sprachen unsers Stammes, ja im Gebiet einer und derselben Sprache, so häufig, dass der Etymologe keinen

Augenblick fich durch diefe Verfchiedenheit wird abhalten laffen, die Verwandtfchaft zweier Wörter anzuerkennen, wenn fonftige Gründe dafür sprechen. In Folge deffen lefen wir in einem Hauptwerke neuerer Sprachforfchung: „Die Laute l und r dürfen im Bereich unferes Sprachstammes als identifch gelten." Beide Aeuserungen, auch wenn fie ohne alle Hinweifung auf ihre blos etymologifche Geltung getan werden, find in fo klarliegenden Fällen wie die hier angeführten wohl unverfänglich, denn dass der Laut s kein Spiritus asper und der Laut l kein r ist, weis am Ende jeder Lefer; es giebt aber andere Fälle, wo die Sache weniger klar daliegt, nämlich da, wo es fich um Laute erstorbener oder räumlich fehr fern liegender Sprachen handelt, welche in den europäifchen Culturfprachen gar nicht mehr vorhanden find, wie dies z. B. bei den Afpiraten der Fall ist. Hier können folche lediglich vom etymologifchen Standpunkte aus getane und in allgemein fprachwiffenfchaftlichen Werken nackt hingestellte Aeuserungen allerdings misverstanden werden und find es worden.

4. Eine gewiffe Schuld an der Verwirrung, welche durch die Verwechfelung und Vermifchung jener Standpunkte in der Sprachwiffenfchaft entstanden ist, trägt vielleicht auch das Wort „Buchstabe." Dasselbe bedeutet das blose äuserliche Zeichen und wahrscheinlich würden die Meisten, wenn fie ausdrücklich danach gefragt würden, dies zugeben. Der allgemeine Sprachgebrauch aber wendet jenes Wort eben fo oft, ja noch öfter für den Begriff „Laut" an, und Aeuserungen wie diefe: „Der Buchstabe r wird den Kindern fehr schwer," oder „Das h ist kein eigentlicher Buchstabe mehr" find etwas ganz Gewönliches. In Folge deffen ist dann auch Grammatikern diefe Verwechfelung keineswegs fremd und es darf in J. Grimm's Grammatik für das erste Buch, welches die Lautlehre behandelt, als verhängnisvoll gelten, dass es die Ueberfchrift trägt „Von den Buchstaben." In der Tat, überall da, wo es die liebende, treue, fleisige Berichterstattung deffen gilt, was die alten Handschriften und Drucke für Zeichen bieten, da ist auch diefer Teil des preiswürdigen

Werkes unübertrefflich, nicht minder da, wo es fich um die historische Vergleichung der einzelnen Zeichen handelt; nur da, wo es auf den Laut felbst ankommt, d. h. auf die Art feiner Hervorbringung und demnach feine eigentliche Natur und die ihm in der Grammatik anzuweifende Stellung, da wird Grimm unficher und irrt fich zuweilen fehr stark, indem er die Standpunkte der Lautbetrachtung vermischt, und zwar dergestalt, dass ihm der étymologische am höchsten, der phonetische am wenigsten gilt. Und am auffallendsten tritt diefes Misverhältnis gerade dann auf, wenn er einmal den Verfuch macht, jene Standpunkte wirklich zu fondern. Da finden fich Stellen wie diefe:

„In unferm Worte „schrift" z. B. drücken wir acht Laute mit fieben Zeichen aus, f nämlich stehet für ph." (D. G. I^2, p. 3.)

oder:

„Vorerst will ich fragen, ob f ein einfacher oder doppelter Laut fei? und antworten, ein doppelter. Dass ein befonderer Buchstabe vorhanden ist, beweist nicht dawider, man müsste dann auch das nord. und fächs. þ für einen einfachen Cons. erklären; die drei Asp. f, þ und ch stehen fich aber gewiss gleich." (D. G. I^2, p. 131.)

oder:

„Die Schreibung ff, fo praktisch fie fich gemacht hat, scheint in der Theorie ganz verwerflich, da das f ein Doppellaut ist und man zwar einen Doppellaut noch mit einem einfachen verbinden, nicht aber wieder mit fich felbst doppeln kann." (D. G. I^2, p. 133.)

und demgemäs bei einem der ausgezeichnetsten Nachfolger Grimm's, wo er die von ihm vorgenommene Vereinfachung jener Zeichen entschuldigt:

„Denn es ist eben fo wenig fester Gebrauch der alten Handschriften, nach kurzen Vokalen ff, ȝȝ, tz, ck, nach langen f, ȝ, z, k zu fetzen, als fich eine folche Unterscheidung grammatisch begründen lässt. In den Handschriften findet fich mâȝȝe wie meȝȝen, schuoffen wie schaffen, und f und ȝ find nach a und e diefelben keiner Verdoppelung mehr fähigen Doppelconfonanten als nach â und uo; z aber und k verdoppelungsartige Verhärtungen von ȝ und ch, fo dass die Schreibung zz oder tz und kk oder ck genau genommen eine achtfache Confonanz bezeichnen würde."

Mit folchen Stellen vergleiche man nun die rein phonetische Auffassung der betreffenden Laute und Lautvorgänge und man wird fich des ungeheuren Abstandes beider Standpunkte bewusst werden. Nur misverstehe man uns nicht fo, als wollten wir hiemit einen Tadel gegen den verehrten, auch uns fo teuren Meister der deutschen Sprachforschung oder dessen verdienstvolle Nachfolger aussprechen. Jene Zeit war für eine genauere Lautauffassung noch völlig unvorbereitet und J. Grimm hat warlich genug getan, das historische Material dafür zu fammeln und zu ordnen; ohne feine Arbeit wäre die spätere, in manchen Punkten genauere nicht möglich gewefen. Auch dass jene Vermischung der Standpunkte im Wefentlichen durch alle Schriften Grimm's, felbst die jüngsten, hindurchgeht, nachdem die Wissenschaft bereits weiter fortgeschritten war, wird kein Billigdenkender ihm hoch anrechnen. Aber freilich, wenn wir Späteren jetzt noch an Grimm's Standpunkte der Lautbetrachtung einfeitig festhalten, jede neuere Auffassung nur nach ihrem Verhältnis zu diefem beurteilen und die Lernenden in ihrer oft grosen Ratlofigkeit immer und immer wieder lediglich auf ihn verweifen wollten: das wäre ein Unrecht nicht blos gegen die Wissenschaft, fondern gegen das Andenken des Mannes felbst, welcher ein folches Festhalten warlich nicht begehrt hat.

5. Der Erste, welcher im vollen Befitz historischer Sprachkunde neben diefer zugleich der naturwissenschaftlichen Seite des Sprachstudiums ihr Recht widerfahren lies und insbefondere die phyfiologische Betrachtung der lautlichen Vorgänge in die Grammatik einführte, war Rudolf von Raumer in feiner Schrift „Die Aspiration und Lautverschiebung" (1837). Nächst ihm haben in diefer Richtung gewirkt der frühverstorbene Th. Jakobi („Ueber den Ablaut" in feinen „Beiträgen zur deutschen Grammatik," 1843), A. Schleicher (befonders in der Schrift „Ueber den Zetacismus," 1848) und Heyfe in feinem „System der Sprachwissenschaft" (herausgegeben von Steinthal, 1859), denen dann Andere mit kleineren, zum Teil höchst schätzenswerten Beiträgen folgten. Das notwendigste Erfordernis zu folchen Arbeiten ist die genaue Bestimmung der einzelnen Sprachlaute felbst und

ein darauf gegründetes System derselben. Die dazu nötigen Unterfuchungen find indess wefentlich naturwissenschaftlicher Art und können von Grammatikern nur annähernd getrieben werden. Gleichwol stehen bei den eben Genannten die Grundlinien des natürlichen Lautfystems bereits fest und der Fortschritt gegen die auf das altgriechische System fich stützenden Lauttabellen der Grimm'schen Schule ist unverkennbar. In noch allgemeinerer Weife behandelt diefe Aufgabe Lepfius („Das allgemeine linguistische Alphabet," 1855), wenn gleich dabei die Lauttheorie ihm hauptfächlich als Mittel zu einem praktischen Zwecke dienen foll, nämlich zur Gewinnung einer tauglichen Methode für die Transscription fremder Sprachtexte, insbefondere für Missionäre.

6. Von Seiten der Phyfiologen nun waren feit dem trefflichen W. v. Kempelen („Mechanismus der menschlichen Sprache nebst Beschreibung feiner sprechenden Maschine," Wien 1791) allerdings vielfache Arbeiten über die Erzeugung der Sprachlaute geliefert worden, unter denen die von Chladni und Joh. v. Müller eine ehrenvolle Stelle einnehmen, indess doch der Sprachwissenschaft bei weitem nicht genügen konnten; andere derartige Schriften dienten an erster Stelle praktischen Zwecken (z. B. der Heilung der Stummheit, des Stammelns und Stotterns), etwas was der reinen Theorie nicht eben förderlich ist; oder die Verfasser ermangelten der dabei doch immer nötigen sprachwissenschaftlichen Kenntnisse, fo dass fie bei Beschreibung einzelner Laute vielfache und verwirrende Irrtümer begingen. Da lieferte endlich E. Brücke, Prof. d. Phyfiol. zu Wien, in feinen „Grundzügen der Phyfiologie und Systematik der Sprachlaute" (1856) ein Werk, wie es die Sprachforschung zu dem hier in Rede stehenden Zwecke bedurfte: kurz und klar, alles Frühere zufammenfassend, benutzend, berichtigend, mit dem Stande der Sprachwissenschaft hinreichend vertraut, um die schwierigsten Fragen zu würdigen, wenn gleich einzelne Irrtümer dann wiederum von Seiten der Grammatiker berichtigt wurden. Diefem Werke folgten einige kleinere Abhandlungen Brücke's, endlich wieder eine grösere

Schrift: „Ueber eine neue Methode phonetischer Transscription" (1863), auf die wir am Schluss diefer Blätter (§ 25) zurückkommen werden. Von fonstigen neueren Schriften, welche vom phyfiologischen Standpunkte die Lauttheorie behandelten, fei hier noch erwähnt: Merkel, „Anatomie und Phyfiologie des menschlichen Stimm- und Sprachorgans" (1857), ein Werk, welches einem viel weitergehenden Zwecke dient als bloser Sprachlautkunde und über welches im Allgemeinen ich mir daher kein Urteil erlauben darf; speziell für diefe letztere jedoch würde ich es, wenigstens Anfängern, nicht empfehlen, da es durchaus nicht überfichtlich angelegt ist und gar manches Irrtümliche und Schiefe enthält. Ferner: Du Bois Reymond (d. Aeltere), „Kadmus oder allgemeines Alphabet vom phyfikalischen, phyfiologischen und graphischen Standpunkt" (1862), ein Buch, in welchem der verdienstvolle, bereits hochbejahrte Verfasser, angeregt durch Brücke's Schriften, einen Lieblingsgedanken feiner Jugend ausführen wollte; Thaufing, „Das natürliche Lautfystem der menschlichen Sprache" (1863), ebenfalls durch Brücke's Forschungen hervorgerufen und im Einzelnen viel Interessantes und Anregendes bietend; endlich die Unterfuchungen Czermak's über die Gaumen- und Kehlkopf-Laute vermittelst des Kehlkopfspiegels und Helmholtz's Lehre von den Tonempfindungen. Die Arbeiten der Ausländer, wie Ellis, Willis, Donders u. A., find in den genannten deutschen Schriften mitbenutzt worden.

7. Was nun die vorliegenden Blätter betrifft, fo foll in denfelben auf Grundlage der durch die neueren phyfiologischen Forschungen gewonnenen Refultate **vom Standpunkte der Grammatik aus die Theorie der Sprachlaute dargestellt werden**. Die phyfiologischen Vorgänge wurden demnach nur fo weit herbeigezogen, als die Angabe derfelben zur grammatischen Bestimmung der einzelnen Laute und Lautvorgänge unumgänglich notwendig erschien; dagegen wird das Verhältnis der historisch entstandenen Bezeichnung (Orthographie) diefer letzteren zu jenen phyfiologischen Vorgängen eingehend erörtert. Der Verfasser stützte fich

dabei hauptfächlich auf die Arbeiten der oben genannten Forscher, indem er die Ergebnisse derfelben für feinen Zweck ordnete, auch wohl in einzelnen Punkten nach Kräften zu erweitern oder zu berichtigen fuchte. Manche Erörterungen, namentlich in den ersten §§, find feiner D. L.[1] entnommen, da hier Aenderungen in den scharfen Begriffsbestimmungen weder nötig noch zuläffig waren; überhaupt ist der Standpunkt der Lautbetrachtung im Wefentlichen derfelbe wie der, welchen jene frühere Schrift anzubahnen verfuchte, nur mit noch gröserer Entschiedenheit und ausgiebigerem Rüstzeug verfochten. Als Lefer find weniger die Sprachgelehrten im engsten Sinne des Wortes als vielmehr die Freunde der Sprachwiffenschaft überhaupt in's Auge gefasst worden. Die Stimmung unferer Zeit geht aller Orten, namentlich aber in Deutschland, dahin, aus der Schreibung die pedantischen Schnörkel zu vertilgen, welche das natürliche Verhältnis trüben und fomit die Erkenntnis und richtige Würdigung der Sprache erschweren. Möchten diefe Blätter dem Dienste einer guten Sache rüstige Freunde gewinnen.

Anmerkung. Bei den im Texte vorkommenden Transscriptionen ist überall die in § 4, 6 aufgestellte Tabelle zu Grunde gelegt, ebenfo da wo einzelne Laute ihrem phonetischen Werte nach zu bestimmen find. — Was die Orthographie betrifft, fo schien es rathfam die annoch herrschende im Allgemeinen zu befolgen; eine streng phonetische (von welcher in § 24 Proben gegeben werden) wäre für das jetzige Lautbewusstfein noch verfrüht und würde den Gebrauch des Buches in weiteren Kreifen erschweren. Selbst der Wegfall des Dehnungszeichens h ist nur schonend vorgenommen und überall da vermieden worden, wo das Wort dadurch ein gar zu befremdliches Ausfehen erhielte. Dagegen ist die bisher fo gänzlich vernachläffigte Scheidung zwischen den Lauten s und f, wenigstens in der Minuskel, streng durchgeführt und dadurch der Gebrauch des leidigen sz (fs, ß) unnötig geworden; ein Verfahren, deffen wissenschaftliche Rechtfertigung das Buch später felbst geben wird.

---

1) Deutsche Grammatik I. Lautlehre. Berlin, 1860.

§ 1.

Einteilung der Sprachlaute im Allgemeinen.

1. Die Einteilung der Sprachlaute erfolgt hauptfächlich nach zwei Grundfätzen und wir bezeichnen fie (nach Schleicher's Vorgang) der Kürze halber als die quantitative und qualitative, obschon diefe Namen allerdings nicht recht zutreffend find.

A. Quantitative Einteilung. Sie fondert die Laute nach dem Grade oder nach der Art der Hemmung, welche der Luftstrom auf feinem Wege nach Ausen zu überwinden hat. Es ergeben sich hier die drei Haupt-Kategorien: **Vokale, Halbvokale, Confonanten.**

B. Qualitative Einteilung. Sie fondert die Laute nach der Art der Organe, welche jene Hemmung bewirken. Es ergeben fich hier die drei Haupt-Kategorien: **Lippenlaute, Zahnlaute, Gaumenlaute.**

2. Diejenigen Laute, welche in quantitativer Hinficht einer und derfelben Gruppe angehören, heisen homogene; die, welche in qualitativer Hinficht zu derfelben Gruppe gehören, heisen homorgane. So find b, d, g ihrerfeits und ebenfo p, t, k ihrerfeits homogene, dagegen m, b, p, f, w homorgane Laute. Solche Laute, welche unter einander weder homogen noch homorgan find, nennen wir disparate, z. B. b und k, g und f, n und w.

3. Wir werden bei unferer Darstellung uns im Wefentlichen auf die in den europäischen Sprachen auftretenden Laute beschränken und nur in Bezug auf das Altindische (Sanskrit) und Arabische eine Ausnahme machen; es dürfte auf diefe Art die Zahl der überhaupt vorkommenden Sprachlaute nahezu erschöpft fein, foweit diefelben auf exspiratorischer Lautbildung beruhen. Nicht exspiratorische Laute, z. B. die afrikanischen Schnalzlaute, bleiben von unferer Betrachtung ausgeschlossen.

§ 2.
Quantitative Einteilung.

1. Ueberſicht.

A. Der Mund vollständig offen . . . . I. **Vokale.**
  a) Die Nase geschlossen, indem das Gaumen-
    ſegel die Choanen bedeckt   1) reine.
  b) Die Naſe offen . . . . 2) naſale.

B. Der Mund unvollständig offen . . **II. Halbvokale.**
  a) Seitlich, zwischen Zungenrand und Backen-
    zähnen, eine Oeffnung   1. L-Laute.
                                                (Murmellaute.)
  b) Abwechſelnde Oeffnung und Schliesung durch
    eine vibrirende Bewegung   2. R-Laute.
                                             (Zitterlaute.)

C. Der Mund geschlossen .   **III. Conſonanten.**
  a) Die Naſe offen   1. naſale.
                                                (Reſonanten.)
  b) Die Naſe (durch das Gaumenſegel) geschlossen 2. reine.
    aa) Die Schliesung des Mundes ist locker, ſo dass die
        Luft, wenn auch nur mühſam und gleichſam ſich
        reibend, dennoch hindurchdringen kann: 1. Rei-
        bungslaute (Fricativae, Spirantes) harte
        und weiche.
    bb) Die Schliesung des Mundes ist fest, ſo dass der
        Luftstrom für einen Augenblick völlig unterbrochen
        wird: 2. Verschlusslaute (Exploſivae, Mu-
        tae) harte und weiche.

    2. Gewönlich unterscheidet man nur Vokale und Conſonanten; die Halbvokale werden alsdann mit zu den Conſonanten gezält. Wir werden im Gegenſatz zu den Halbvokalen die übrigen Conſonanten echte nennen. Im Allgemeinen wird das Wort Halbvokal ſehr verschieden angewandt. Bopp meint damit stets die vier im Sanskrit dafür geltenden Laute (j, r, l, w), ebenſo Graff; Heyſe j, w, ſ; Lepſius j und w, Schleicher l und r; Grimm braucht dieſe Bezeichnung gar nicht.

3. Die Explosivlaute (Schlaglaute bei Heyse, Verschlusslaute bei Chladni, Brücke u. A.) haben eine nur augenblickliche, alle übrigen (Vokale wie Consonanten) eine beliebige Dauer, daher jene auch momentane, diese auch durative oder continuirliche Laute genannt werden. Die Explosivae werden auch häufig stumme (mutae) genannt. Von den 9 bekannten Mutis der griechischen Grammatik sind jedoch die drei Aspiraten (φ, ϑ, χ) keine Explosivlaute in unserm Sinne mehr.

4. Die Fricativlaute (Reibungslaute) werden von Manchen (Raumer, Schleicher) Spiranten genannt, und auch wir werden uns dieses Namens in der Regel bedienen, da er sich durch seine Kürze empfielt. Nur bitten wir, denselben bei uns nunmehr auch wirklich in dem eben besprochenen Sinne zu nehmen und nicht etwa im Sinne der Grimm'schen Schule, wonach er eine andere, viel engere Geltung hat. — Und auch noch eine Warnung dürfte schon hier nicht überflüssig sein: Man verwechsele doch ja Spiranten (d. i. Fricativ- oder Reibungslaute) nicht mit Aspiraten, d. h. Lautverbindungen, bestehend aus einer Explosiva und spiritus asper.

5. Was die sogenannten Liquidae betrifft, so lässt sich eine solche Gruppe in einer physiologischen Anordnung des Alphabets nicht rechtfertigen. Sie scheint zwar auf einer Verbindung zweier natürlicher Gruppen: der Halbvokale und Nasale zu beruhen; aber abgesehen davon, dass gerade diese beiden einander am wenigsten nahe stehen, so fehlt auch der eine Nasal (der der Guttural-Reihe) und die Liquiden wollen ihn schlechterdings unter sich nicht dulden; eine Menge Regeln der Specialgrammatiken, die auf sie Bezug nehmen, müssten sofort fallen, wenn man ihn einzwängen wollte.

6. Die Mutae (abgesehen von den Aspiraten) werden bekanntlich in tenues und mediae eingeteilt. Es ist hohe Zeit, diese auch in allgemein sprachwissenschaftlichen Werken noch immer von Vielen angewandte Ausdrücke endlich zu beseitigen; sie beruhen auf einer auserordentlich unsichern und unklaren Vorstellung alter Grammatiker und schaden

namentlich durch die ihnen innewohnende Erinnerung an eine dritte Klasse (die Aspiraten), welche vom phonetischen Standpunkte, d. h. bei einer Einteilung einfacher Laute gar nicht in Betracht kommen kann. Die natürliche Bezeichnung: harter und weicher Laut (fortis, lenis) ist ja so nahe liegend und längst populär. Sie wird um so dringender nötig, als die Fricativlaute ganz dieselbe Scheidung verlangen und man bei ihnen die sinnlosen Namen tenues und mediae doch nicht wird einführen wollen. — Von den Aspiraten, die als Lautverbindungen gar nicht hierher gehören, wird später besonders gehandelt werden.

7. Vielleicht wird es manchem Leser überraschend sein zu hören, dass der praktisch so allgemein bekannte und scheinbar auch theoretisch so nahe liegende Unterschied zwischen Fortis und Lenis (Tenuis und Media), also zwischen p und b, t und d, k und g, f und w etc. eines der schwierigsten Probleme der Phonetik bildet, um dessen Lösung Physiologen und Grammatiker sich schon unsäglich viel Mühe gegeben haben, ohne doch bisher ein endgültiges, allgemein anerkanntes Resultat zu erreichen. Wir unsererseits werden die Namen Fortes und Lenes (harter und weicher Laut) beibehalten, ohne damit etwas über ihre physiologische Entstehung entscheiden zu wollen, sondern blos darum, weil sie die Wahrnehmung des Ohrs dabei am anschaulichsten bezeichnen, heute immer noch die populärsten sind und ganz gewiss doch wenigstens nichts Falsches aussagen, wie ja auch die Gegner einräumen.

8. Dass bei dem Gegensatz zwischen harten und weichen Lauten die grösere oder geringere Stärke des Luftstroms (Hauches) nicht die Hauptsache sei, wie die gewönliche und nächstliegende Auffassung ist, hat unter den Neueren zuerst Kempelen behauptet; derselbe fand vielmehr den wesentlichen Unterschied beider Lautarten darin, dass bei den s. g. harten Lauten die Stimmritze offen stehe, also nicht töne; bei den s. g. weichen Lauten dagegen die Stimmbänder sich nähern und vibriren, d. h. die Stimme töne; eine Erklärung, welche übrigens auch mit der alt-indischen Auffas-

sung der Lenes als „tönender" Laute übereinstimmt. Es wurde jedoch diefe Erklärung lange Zeit und zum Teil heute noch von Vielen und zwar hauptfächlich darum abgelehnt, weil man beide Lautarten ja auch beim Flüstern, wo die Stimme nicht mittönt, ganz gut unterscheiden kann; die Sache liege vielmehr fo, dass bei den harten Lauten allerdings die Stimme niemals mittönen könne, bei den weichen Lauten dagegen könne fie mittönen, der Laut werde dadurch nachdrucksvoller, doch könne diefes Mittönen der Stimme auch unterlassen werden und werde fogar meist wirklich unterlassen, ohne dass das Wefen des weichen Lautes als folcher dadurch irgend wie gestört erscheine. In neuester Zeit nun hat Brücke fein gewichtiges Votum in die Wagschale der Kempelen'schen Auffassung gelegt und mit Entschiedenheit wider alle Gegner festgehalten. Nach ihm beweist jener Einwand gar nichts, da beim Flüstern der Lenes allerdings zwar die Stimme nicht im strengen Sinne des Wortes mittöne, d. h. die Stimmbänder schwingen, aber doch durch Verengung der Stimmritze ein leifes Reibungsgeräusch entstehe, welches (wie bei den geflüsterten Vokalen) den Ton der Stimme erfetze und fo die Lenis von der Fortis unterscheiden lasse. Die grösere Schwäche des Luftstroms bei den Lenes giebt zwar Brücke ebenfalls zu, diefe aber fei ein fekundäres Moment, eine blose Folge von der Verengung der Stimmritze. — Sehr häufig werden auch beim lauten Sprechen die Lenes nicht eigentlich intonirt, fondern nur geflüstert, eine Eigentümlichkeit, welche fich bei Vielen auch auf die übrigen tönenden Confonanten (Nafale und Halbvokale), ja felbst auf die Vokale ausdehnt. Nach Brücke foll diefe Eigentümlichkeit befonders in Mittel- und Süddeutschland, dagegen fast gar nicht bei Engländern und Franzofen vorkommen, und dies fei eben der Grund, weshalb Deutsche namentlich von Franzosen fo häufig misverstanden werden, insbefondere bei Eigennamen. Ich meinerfeits habe jene Eigentümlichkeit auch in Norddeutschland ungemein verbreitet gefunden; in Schlefien ist fie durchweg herrschend. — Da übrigens die Stimmbänder zwischen der genäherten Stellung, in welcher fie tönen, bezüglich flüstern, und der weit offenen, in welcher fie gar kein Geräusch erzeugen, noch einer Reihe von Zwischenstellungen fähig find, fo folgt, wenn anders die Kempelen-Brücke'sche Auffassung richtig ist, dass eine scharfe Grenze zwischen harten und weichen Lauten theoretisch gar nicht existirt, fondern beide Arten von Lauten durch unmerkliche Zwischenstufen in einander übergehen können.

9. Was mir bei der Kempelen-Brücke'schen Auffassung vom Unterschied der Fortes und Lenes befremdlich bleibt, ist der Umstand, dass das Tönen und Nichttönen der Stimme gerade nur bei den Mutis und Spiranten Veranlassung gewefen ist, eine Scheidung derfelben in Paare vorzunehmen, nicht aber bei den Nafalen und Halbvokalen. Mit andern Worten: Fast alle Völker haben das Bedürfnis gefühlt zu trennen die Laute b und p, d und t, g und k, w und f etc. Nach Brücke ist aber der wefentliche Unterschied nur der, dass bei b, d, g, w etc. die Stimme mittönt, bezüglich flüstert, während fie bei p, t, k, f etc. dies nicht tut. Nun können aber die Laute l, r, n, m, γ (vgl. über diefes Zeichen später) ebenfalls fowohl tönend (bezügl. flüsternd) als tonlos gesprochen werden. Warum hat feit den ältesten Zeiten bis heute kein Volk das Bedürfnis gefühlt, das tönende und tonlofe l, r etc. ebenfalls graphisch und nominell von einander zu fondern? Es ist dies nirgends und niemals geschehen, fo dass felbst heute noch die Gebildeten in Europa kaum eine Ahnung davon haben, dass tönendes und tonlofes l, r etc. zwei ganz verschiedene Laute fein follen, wie Brücke's Auffassung es verlangt; vielmehr erklärt Jedermann, wenn er auf diefen Unterschied ausdrücklich hingewiefen wird, denfelben für unwefentlich. Es muss alfo doch, meine ich, zwischen tönender und tonlofer Muta, zwischen tönender und tonlofer Spirans noch ein gröserer, fühlbarerer, mehr specifischer Unterschied obwalten als zwischen tönendem und tonlofem Nafal, bezügl. Halbvokal. Worin diefes Plus des Unterschiedes liegt, lasse ich dahingestellt, genug es muss vorhanden und gerade diefes es gewefen fein, welches jene

tiefgehende, allgemein zugestandene Scheidung veranlasste. R. v. Raumer nimmt an, dass der Unterschied zwischen harten und weichen Lauten kein anderer fei als der zwischen Blafen und Hauchen, er nennt alfo die erfteren **geblafene**, die letzteren dagegen **gehauchte** Laute; auserdem vgl. auch Michaelis „Ueber den Unterschied der Confonantes tenues und mediae (crassae)" im 10. Jahrg. der Zeitschr. f. Stenogr. und Orthogr. (1862). Wir unfererfeits wollten hiermit wenigstens unfer Bedenken angedeutet und damit es gerechtfertigt haben, wenn wir in diefer jedenfalls noch nicht ganz entschiedenen Frage die Bezeichnung **harter** und **weicher** Laut einstweilen noch beibehalten, fonst aber werden wir die gegenwärtig von allen Phyfiologen angenommene Kempelen-Brücke'sche Auffassung unferen Erörterungen in diefen Blättern ebenfalls zu Grunde legen.

10. Merkwürdig ist es, dass manche Völker die weichen oder tönenden Mutae in ihrer Sprache gar nicht befitzen oder im Laufe der Zeit daraus verloren haben. So fehlen fie z. B. den Neugriechen; denn ihre Zeichen β, δ, γ bedeuten nichts anderes als bezüglich unfer w, f, j. Wollen die heutigen Griechen die echten Laute b, d, g in ihrer Schrift genau ausdrücken, wozu fie ja bei Fremdwörtern gezwungen find, fo fetzen fie, namentlich im Anlaut, $\mu\pi$, $\nu\tau$, $\gamma\varkappa$, z. B. in den deutschen Eigennamen: $M\pi\acute{\varepsilon}\varrho\gamma\varepsilon\varrho$ (Berger), $\Gamma\varkappa\lambda\varepsilon\ddot{\imath}\mu$ (Gleim); oder in türkischen, ihnen noch verbliebenen Wörtern wie $\mu\pi\acute{\alpha}\zeta\alpha\varrho\iota$ = bafari (Markt), $\nu\tau\acute{\varepsilon}\gamma\gamma\iota$ = deygi (Waarenballen), $\gamma\varkappa\acute{\imath}\delta\eta\varsigma$ = gifis (Hanrey). Dabei befitzen fie jedoch das phonetische Vermögen jene Laute hervorzubringen, d. h. die Gebildeten unter den Neugriechen finden durchaus keine Schwierigkeit darin, wirkliches b, d, g auszusprechen, es handelt fich alfo hier blos um eine graphische Verlegenheit und die Art, wie fie fich aus derfelben gezogen haben, ist zwar etwas unbeholfen aber doch finnreich und dem Sachverhältnis, wie Brücke es auffasst, durchaus entsprechend. Sie schreiben das Zeichen der homorganen Muta und fetzen davor das Zeichen eines homorganen tönenden Lautes (des Nafals), beide verbunden follen dann

das Bild der tönenden Muta felbst geben. Was auf diefe Weife nur graphisch geschieht, das tun Solche, welche die weichen Muta überhaupt nicht aussprechen können, zuweilen fogar phonetisch. So berichtet Brücke von einem Mädchen, welchem das Gaumenfegel durch Krankheit zerstört war, dass fie die Laute b, d, g nicht mehr zu sprechen vermochte, fondern, wenn fie aufgefordert wurde, fich Mühe dabei zu geben, nichts anderes hervorbrachte als mp, nt, γk. Der Grund ist, nach Brücke, folgender: Die weichen (tönenden) Mutae unterscheiden fich von den homorganen Nafalen eben nur durch den Verschluss der Gaumenklappe; da diefe letztere jenem Mädchen fehlte, fo hätte fie eigentlich statt b, d, g jedesmal m, n, γ (unferer Tabelle) sprechen müssen; davon hielt fie jedoch der fo verschiedene akustische Effekt ab und fo machte fie die Sache dadurch, dass fie dem Nafal noch die betreffende tonlofe Muta folgen lies, kam alfo unbewusster Weife auf das Auskunftsmittel der heutigen Griechen. Einen noch andern Weg schlagen manche afrikanische Stämme ein, denen das Vermögen weiche Muta zu sprechen zwar gewiss nicht fehlt, welche aber diefelben in ihrer Sprache nicht befitzen und im Allgemeinen nicht geschickt genug find, diefelben genau nachzusprechen. Sie helfen fich dadurch, dass fie das b durch die Lautverbindung *mu* erfetzen, alfo z. B. statt *Bembo* ein *Muembo* hören lassen (vgl. Livingstone's Berichte). Sie fetzen alfo homorganen Nafal und homorganen Vokal, denn u hat allerdings eine labiale Färbung. Wie ist's aber mit d und g? Sprechen fie statt des letzteren vielleicht γi? denn es gilt die phonetische Gleichung $i : \gamma : g = u : m : b$! Aber wie beim d, wo gar kein entsprechender Vokal vorhanden ist? Oder follte hier ebenfalls das i, feiner dentalen Färbung wegen, herangezogen und *ni* gebraucht werden?

11. Die Verschiedenheit in der Hervorbringung der Mutae eines und desselben Organs ist durch den Gegensatz zwischen Fortis und Lenis zwar im Allgemeinen hinreichend bezeichnet, keineswegs jedoch völlig erschöpft. Das genauere Verhältnis ist nach Brücke Folgendes:

a) die Stimmritze steht weit offen (Fortis oder tonlofer Laut);
b) die Stimmritze ist zum Tönen, bezüglich zum blosen Flüstergeräusch verengt (Lenis oder tönender Laut);
c) der Kehlkopf ist ganz verschlossen. Hiebei find wiederum zwei Fälle möglich:

aa) der Verschluss des Kehlkopfes wird gleichzeitig mit dem in der Mundhöle gebildet und vollständig durchbrochen; fo entsteht auch eine Fortis, aber mit schärferem Vokaleinfatz, wie dies gewisse Laute der Araber, ferner die vor einem Vokal anlautenden Fortes der Magyaren und Slawen zeigen.

bb) Der Verschluss in der Mundhöle kann bei noch verschlossenem Kehlkopfe durchbrochen und damit ein leichtes Explosivgeräusch hervorgebracht werden, welches zwischen der (geflüsterten) Lenis und der Fortis steht, aber keiner von beiden vollkommen gleicht. Dergleichen Laute werden auf deutschem Gebiet befonders in Oberfachfen, Thüringen, Franken gebildet und es hängt damit die Schwierigkeit zufammen, welche die Bewohner jener Landstriche darin finden, harte und weiche Laute von einander zu unterscheiden, fo dass fie beim Dictiren und Buchstabiren gewönlich die Bezeichnung hart und weich ausdrücklich hinzufügen müssen. Vgl. Brücke, Phonet. Transscr. p. 10.

Hierzu erlaube ich mir nur beizufügen, dass jene Eigentümlichkeit der Oberfachfen etc. fich auch noch in anderer Weife erklären lässt, nämlich durch eine halbgeöffnete Stimmritze, vgl. unter 8) am Schluss.

§ 3.
Qualitative Einteilung.

1. Jene Organe, welche die Absperrung des Luftstroms bewirken, find, wenn man von feineren Unterschieden abfieht, folgende: a) Oberlippe und Unterlippe, b) Zähne und Zunge,

c) Gaumen und Zunge. Diefer dreifachen Zufammenstellung entsprechen die qualitativen drei Hauptgruppen der Laute: **Labiales, Dentales, Gutturales**; diefe Bezeichnungsart im weitesten Sinne genommen, wonach fämmtliche Zwischengruppen jenen allgemeinen untergeordnet werden.

2. Man hat die Bezeichnung Gutturales getadelt, weil *guttur* doch etwas ganz Anderes (Kehle), nicht Gaumen *(palatum)* bedeutet. Brücke meidet darum diefe Namen forgfältig und spricht nur von Lauten der ersten (Labial-), zweiten (Dental-), dritten (Guttural-) Reihe; Andere brauchen die Lenis κατ' ἐξοχήν für die übrigen Laute und fagen: B-Laute, D-Laute, G-Laute. Beides scheint uns etwas unbequem. Den Namen Gutturales mit dem fachlich richtigeren Palatales zu vertauschen, geht auch nicht, weil jetzt, bei der immer allgemeiner werdenden Kenntnis des Sanskrit, mit dem Namen Palatales eine ganz bestimmte engere Beziehung verbunden wird, die wir ebenfalls brauchen und für welche dann wieder ein neuer Terminus zu fuchen wäre. Auch würden wir die Bezeichnung Gutturales darum ungern missen, weil fie schon durch ihren Anlaut an ihre Bedeutung erinnert, während Palatales keinen einzigen Laut der G-Reihe enthält. Am trefflichsten erfüllt in diefer Hinficht die Bezeichnung Dentales ihren Zweck. Wie, wenn man fich entschlösse, nach diefem Prinzip geradezu **neue** Namen zu bilden, vielleicht mit Benutzung des ehrwürdigen a als Vokal; alfo Bampa-Laute, Danta-Laute, Gaγka-Laute; latinifirt: *Bampales, Dantales, Gaγkales?* — Einstweilen jedoch lassen wir nur die fo allgemein anerkannten Namen gelten, die oben im Texte stehen.

3. Die obige Zufammenstellung der Organe in drei Paare empfielt fich durch eine gewisse bündige Kürze und reicht auch, um für den Anfang eine Ueberficht der Hauptverhältnisse zu geben, allenfalls hin. Sie stellt indess die eigentlichen Vorgänge weder genau, noch erschöpfend dar, und ist nunmehr in folgender Art zu erweitern:

A. Die Unterlippe nähert fich der Oberlippe oder den oberen Schneidezähnen   **I. Labiales.**

a) der Oberlippe	1. Labiales verae.
b) den oberen Schneidezähnen	2. Denti-Labiales.
B. Der vordere Teil der Zunge nähert ſich den Zähnen oder dem Gaumen .	. II. Dentales.
a) Man entfernt die Zahnreihen ein wenig von einander und verstopft entweder den Spalt mit dem Zungenrande oder presst den Rand der flach liegenden Zunge ringsum an die obere Zahnreihe .	1. Interdentales.
b) Man presst die Seitenränder der Zunge an die oberen Backenzähne und legt den vorderen Teil sammt der Spitze an das hintere Zahnfleisch der oberen Schneidezähne: d. i. den Alveolarfortsatz des Oberkiefers .	. 2. Alveolares.
c) Man lässt bei der vorigen Beschreibung die Zunge ſich vom Alveolarfortſatz entfernen, ſo dass ihre heraufgekrümmte Spitze den höchsten Theil (cacumen) des Gaumengewölbes berührt . .	3. Cacuminales.
d) Man nähert den vordern, convex gemachten Teil des Zungenrückens dem vorderen Teile des Gaumens, während die Zungenspitze nach abwärts gebogen uud gegen die unteren Schneidezähne gestemmt ist .	4. Dorſales oder Denti-Palatales.

C. Der hintere oder mittlere Theil der Zunge nähert fich dem Gaumen . . . . **III. Gutturales.**
   a) Dem harten Gaumen . . . 1. Palatales.
   b) Der Grenze zwifchen hartem und weichem Gaumen (Gaumenfegel) . . . . . . 2. Velares.
   c) Dem Gaumenfegel felbst . 3. Faucales.
D. Der Laut entsteht lediglich durch Vorgänge am Kehlkopf . **IV. Laryngales.**

4. Die fo eben gegebene Einteilung der Laute nach den Artikulationsstellen ist wefentlich von den Confonanten entlehnt und strenggenommen auch nur auf diefe anwendbar, da die Bildung der Vokale zum Teil auf ganz anderen Prinzipien beruht. Will man indess die letzteren ebenfalls diefer Classification unterwerfen, fo müsste man das a der Kehle, das i dem Gaumen, das u den Lippen zuteilen; die Zwischenstufen ordneten fich dann demgemäs, ohne dass man genaue Grenzen ziehen könnte.

5. Lepfius (p. 39) stellt unter die qualitativen Reihen der Confonanten auch noch die Lingualen, welche ausschliesslich der arabischen und verwandten Sprachen angehören und gebildet werden, „indem die breite Zunge mit nach unten gebogener Spitze den ganzen vorderen Raum des harten Gaumens bis zu den Zähnen berührt, oder ihm fich nähert;" er rechnet dazu aus dem arabischen Alphabet das ط (Tta), ض (Ddad), ص (Ssad), ظ (Zza); fo nämlich ist die phonetische Ordnung diefer Zeichen trotz der damit streitenden Gestalt. Nach Brücke nun (p. 116), dem hiebei ein geborener Orientale (Hr. Hassan, Prof. der arab. Spr. zu Wien) zur Seite stand, werden diefe Laute ganz ebenfo alveolar gebildet wie die gewöhnlichen T-, D- und S-Laute (Ta, Dal, Sin, Za; d. h. unfer t, d, s, f); der Unterschied liegt nicht in der Artikulationsstelle, fondern in der Dauer des Verschlusses, dem Grade der Luftcompression, dem Tone der Stimme und der Wirkung auf den nachfolgenden Vokal.

Die Aufstellung einer befondern Lingualklasse ist daher zwar für die arabische Spezialgrammatik gerechtfertigt, nicht aber für die allgemeine Phonetik. Wir bezeichnen diefe Laute mit einem, in der arabischen Grammatik ebenfalls üblichen Namen als „Literae emphaticae." Beim Flüstern find diefelben von den entsprechenden Alveolaren (Ta, Dal, Sin, Za) kaum noch zu unterscheiden und felbst beim lauten Sprechen wird das in ihnen liegende charakteristische Element von vielen Arabern, noch mehr von Türken und Perfern nicht genügend hervorgehoben oder in ganz verfehlter Weife ausgedrückt; vgl. Tab. V.

§ 4.
Allgemeines (natürliches) Lautfystem.

1. Die Aufstellung eines allgemeinen Alphabets wird von Manchen als eine unlösbare Aufgabe betrachtet, gleichviel in welcher Weife diefelbe auch verfucht werden möge. Es könne nämlich damit gemeint fein:

a) **eine Zufammenstellung aller phyfiologisch möglichen Sprachlaute.** In diefem Sinne fei die Aufstellung eines folchen abfolut unmöglich, da jene Laute, möge man fie betrachten nach welcher Kategorie man wolle, stetige Reihen ergeben, ihre Zahl demnach unendlich gros, alfo nicht finnlich darstellbar fei;

b) **eine Zufammenstellung aller historisch feststehenden Laute,** d. h. derjenigen, welche als concret vorhanden nachgewiefen find. Diefe Aufgabe fei zwar nicht abfolut-, wohl aber relativ-unmöglich, felbst auch nur im Bereich eines befondern Sprachstammes, ja felbst in Bezug auf eine einzelne Sprache, weil Niemand fich rühmen dürfe, Alles was in diefer Hinficht vorhanden ist, zu kennen. Selbst die scheinbar allgemeinsten Laute in fehr verwandten Sprachen bieten Nüancen der mannigfachsten Art und fie fämmtlich aufzufpüren, zu prüfen, zu beschreiben, übersteige bei Weitem die Kraft eines Einzelnen.

2. Diese Einwendungen sind richtig, wenn man von dem aufzustellenden Alphabete absolute Vollständigkeit und Genauigkeit verlangt. Eine solche aber ist für die allgemeine Sprachwissenschaft ebenso entbehrlich wie für eine Spezialgrammatik die absolut genaue und vollständige Aufzeichnung aller Laute des bestimmten einzelnen Idioms. Auch innerhalb der am festesten geschlossenen Nationalsprache sind die Unterschiede, welche Alter, Geschlecht, Kraft, Bildung, kleine Abweichungen im Bau der Organe, äuserer Einflüsse ganz zu geschweigen, in der Sprache der Individuen erzeugen, sehr erheblich, oft sogar für das Ohr gar wol vernehmbar, und streng genommen wird es kaum zwei Menschen geben, welche lautlich ganz dieselbe Sprache reden. Wer aber möchte darin einen Grund sehen, einer Sprache ihr Lautsystem und dessen Fixirung: das Alphabet, abzusprechen? Man halte sich dort wie hier an die wesentlichen Bildungsgesetze, so lässt sich ein genügendes Resultat erreichen, denn diese Bildungsgesetze sind für alle Menschen gleich, weil sie alle wesentlich denselben Bau der Organe besitzen. Es ist mit den Lauten wie mit den Farben; auch von den letzteren giebt es unendlich viele und die Stetigkeit, jenes πάντα ῥεῖ, ist bei ihnen in höchster Weise, mehr als bei den Sprachlauten entwickelt; aber doch lassen sich alle unter einige wenige Hauptarten bringen. Nur sei man eingedenk, dass es sich bei der vorzunehmenden Aufstellung lediglich um die Classification der einzelnen Laute selbst handelt, nicht um die in den einzelnen Sprachen vorkommenden Zeichen derselben (Buchstaben), deren Lautwert oft auf Zusammenstellung einzelner Laute beruht, ja die zuweilen neben dem eigentlichen Laute noch ganz fremdartige Elemente repräsentiren, welche mit der blosen Articulation nichts mehr zu tun haben, wie dies z. B. bei den arabischen Emphaticis der Fall ist.

3. Was nun die **Wahl der Zeichen** betrifft, so müssen dabei unumstöslich folgende zwei Grundsätze festgehalten werden:

I. Jeder einfache Laut darf nur durch ein einfaches Zeichen ausgedrückt werden[1] und ebenſo umgekehrt Verbindungen verschiedener Laute dürfen niemals durch einfache Zeichen, ſondern lediglich durch die Aufeinanderfolge der betreffenden einfachen Zeichen ſelbst gegeben werden.[2]

II. Verschiedene Laute dürfen nicht durch ein und dasselbe Zeichen[3] und umgekehrt ein und derſelbe Laut niemals durch verschiedene Zeichen gegeben werden, auch dann nicht, wenn in letzterem Falle die etymologische Herkunft des betreffenden Lautes eine verschiedene ist.[4]

Hierüber ist unter allen Phonetikern nur eine Stimme. Auch dass, wenn einmal historisch überlieferte Zeichen (Buchstaben) beibehalten werden ſollen, dies nur die des lateinischen, d. i. allgemein-europäischen Alphabets, vielleicht mit einiger Aushilfe von Seiten des griechischen, ſein können, wird nicht bezweifelt. Nur über die ſonstige Einrichtung des Zeichenſystems ſind die Meinungen geteilt. Brücke hat bei den Conſonanten nur für die drei Hauptreihen der Artikulation („Artikulationsgebiete") beſondere Zeichen gebraucht und die genauere Artikulationsbestimmung („Artikulationsstelle") durch hinzugefügte Ziffern („Indices") unterschieden. Dieſes, auch früher schon von manchen Lexikographen, namentlich in Bezug auf das Englische, angewandte Verfahren ist wirklich ungemein zweckmäsig, wo es ſich um die bloſe Verständigung über den phonetischen Wert einzelner

---

1) Unbrauchbar demnach ſind Bezeichnungen wie das franzöſiſche und deutsche ch, das engliſche sh, das polniſche sz, das deutsche sch etc.

2) Aufzugeben ſind demnach das deutſche z und polniſche c (beide = ts), das deutsche x, griechische ξ (beide = ks), das griechische ψ (= ps).

3) So geſchieht mit dem s, welches bald einen harten (tonloſen), bald einen weichen (tönenden) Laut bezeichnet; z. B. das, ist (hart): sagen, lesen (weich), daher letzteres bei uns: ſagen, leſen.

4) Das hervorragendſte Beiſpiel dieſer Art ist die gräuliche Verwirrung, welche im Deutschen mit den Zeichen sz (ſs, ß), ss, s getrieben wird.

Laute handelt; für die eigentliche Transscription dagegen, felbst auch nur auf rein grammatischem Felde, scheint uns diefe Methode weniger geeignet. Es wäre nämlich eine folche Bezeichnungsart durch Indices zunächst fehr mühfam und zeitraubend, weil doch eben alle Buchstaben, auch die der gewönlichsten Artikulationsstellen einen Index erhalten müssen. Wo ferner folche Transscriptionen häufiger find, da stören fie die Gleichförmigkeit des Druckes fehr wefentlich, indem ebenfoviel Indices als Buchstaben auf der Seite stehen, und das Auge verwirrt fich leicht in einem folchen Meere kleiner Ziffern. Endlich, und dies scheint mir befonders wichtig, hat die vergleichende Grammatik in ziemlich übereinstimmender Weife durch gewisse diakritische Zeichen bereits eine Art der Transscription eingeführt, welche fich durch grose Einfachheit und Anschaulichkeit empfielt und die nur etwas weiter ausgebildet zu werden braucht, um, wenigstens für das nächste Bedürfnis, ein allgemeines Zeichenfystem zu bieten. Für das höchste Ziel auf diefem Felde muss ja doch ein andrer, von allen bisher genannten, grundverschiedener Weg eingeschlagen werden.

4. Von den Vokalen bedürfen die drei Urvokale a, i, u keiner befondern Unterscheidungszeichen, da fie, wenigstens bei vollkommener Artikulation, immer ziemlich gleich bleiben. Die Nebenvokale jedoch, befonders e, o, ö, weniger das ü, haben einen gewissen Spielraum der Aussprache. Wie viele Lautstufen man bei ihnen zu unterscheiden habe, hängt von der Schärfe des Ohrs und von der Genauigkeit ab, welche man der Schrift zu geben beabfichtigt. Die meisten Völker begnügen fich mit zweien, gewönlich als offener (breiter) und geschlossener (spitzer) Laut bezeichnet und auch wir werden für unfern nächsten Zweck auf diefem einfachen Standpunkt bleiben, obschon die meisten Phyfiologen drei Stufen anzunehmen pflegen. Was die Bezeichnung betrifft, fo fehen wir keinen Grund die Indices hiebei aufzugeben, wo es fich um blose Verständigung über einen Laut handelt, wir schreiben alfo: a, e^1, e^2, i; ferner a, o^1, o^2, u und a, $ö^1$, $ö^2$, ü; foll das ü schärfer unterschieden

werden, fo würden wir mit ü¹ das dem i nähere, mit ü² das dem u nähere bezeichnen. Bei gröseren Transscriptionen könnte man die franzöfisch-italienische Methode vermittelst des acutus und gravis anwenden, obschon dadurch freilich die Bezeichnung des Accents erschwert wird. Der fogenannte **unbestimmte Vokal** ist von denen, welche ihn überhaupt zu bezeichnen für nötig hielten, bisher in der Regel entweder durch ein curfives e oder durch ein griechisches ε ausgedrückt worden, was Beides dem Auge mehr zufagt als das umgedrehte e einiger Andern. — Für die nafalirten Vokale empfielt fich die slawische Methode der Bezeichnung vermittelst eines darunter zu fetzenden Hakens: ą, ę, į, ǫ, ų.

5. Für die **Confonanten** könnte die vergleichende Grammatik ihr bisher innegehaltenes Verfahren ungefähr in folgender Weife vervollständigen:

I. Die **reinen Labialen** erhalten keine befondere Auszeichnung; alfo m, p, b, f, w. Bei Brücke haben fie den Index 1.

II. Die **Denti-Labialen** erhalten eine Cedille; alfo m̧, p̧, ḇ, f̧, w̧, von denen indess nur die beiden letzten praktisch vorkommen. Bei Brücke mit dem Index 2 bezeichnet. Die vergleichende Grammatik hat bisher die zwei Klassen der Labialen graphisch gar nicht unterschieden.

III. Die **Interdentalen** erhalten ebenfalls eine Cedille, um die phyfiologische Verwandtschaft derfelben mit der vorigen Klasse anzudeuten; alfo ņ, ţ, ḑ, ş, ʃ̧; in der Regel find nur die beiden letzten praktisch anzuwenden. Bei Brücke mit dem Index 4 bezeichnet.

IV. Die **Alveolaren** werden nicht befonders ausgezeichnet; alfo n, t, d, s, f. Bei Brücke mit dem Index 1 bezeichnet.

V. Die **Cacuminalen** erhalten einen darunter gefetzten Punkt; alfo ṇ, ṭ, ḍ, ṣ, ʃ̣; gemäs der bereits in der vergleichenden Grammatik allgemein herrschenden (nur beim s und f noch nicht durchgedrungenen) Sitte. Bei Brücke mit dem Index 2 bezeichnet.

VI. Die Denti-Palatalen erhalten einen Strich, alſo n', t', d', s', ſ'; gemäs der slawischen, bereits auch in die vergleichende Grammatik vielfach übergegangenen Sitte. Bei Brücke mit dem Index 3 bezeichnet.

VII. Die Palatalen erhalten ebenfalls einen Strich, alſo γ', k', g', χ', j'. So bereits die allgemeine Sitte.[1] Bei Brücke mit dem Index 1 bezeichnet.

VIII. Die Velaren bleiben ohne beſondere Auszeichnung; alſo γ, k, g, χ, j. Bei Brücke mit dem Index 2 bezeichnet.

IX. Die Faucalen könnten vielleicht durch einen darunter gefetzten Punkt bezeichnet werden, da dieſelben die höchste Erhebung der Zungenwurzel erfordern, ſo wie die ebenfalls punktirten Cacuminalen die höchste Erhebung der Zungenspitze darbieten; alſo ġ, ḳ, g̣, χ̣, j̣. Bei Brücke mit dem Index 3 bezeichnet.

6. So ergiebt ſich folgendes System von Zeichen, wobei wir jedoch ausdrücklich daran erinnern, dass wir darin nur einen Notbehelf ſehen, welcher je eher je lieber einer vollkommenern Methode weichen ſollte, auf die wir später (§ 25) zurückkommen werden.

I. Vokale.

A. Reine.

a
è ȍ ò
é ő ó
i ü u

B. Naſalirte.

ą, ę, į, ǫ, ų.

---

1) Abweichungen im Einzelnen kommen dabei natürlich nicht in Betracht, z. B. dass Bopp nicht k', ſondern c' ſchreibt, dass er die Zeichen γ und j nicht verwendet, ſondern dafür ü und y ſetzt, u. dgl. m. Ueber Einzelnes wird später ausführlich gesprochen werden.

II. Confonanten,

(mit Ausschluss der Kehlkopflaute).

Artikula-tionsgebiet.	Artikulationsstelle.	A. Nafa-les.	B. Purae. a. Explofivae (Mutae) fortes.	lenes.	b. Fricativae (Spirantes) fortes.	lenes.	C. Semivocales R.-Laute.	L.-Laute.
I. Labi-ales.	1. Labiales verae .	m	p	b	f	w	ϱ	
	2. Labio - Dentales	m̦	p̦	b̦	f̦	w̦		
II. Den-tales.	1. Interdentales . .	n̦	ț	d̦	ș	ſ̦		l̦
	2. Alveolares . . .	n	t	d	s	ſ	r	l
	3. Cacuminales . . .	ṇ	ṭ	ḍ	ṣ	ſ̣	ṛ	ḷ
	4. Denti - Palatales	n'	t'	d'	s'	ſ'		l'
III. Gut-turales.	1. Palatales	γ'	k'	g'	χ'	j'		
	2. Velares	γ	k	g	χ	j		
	3. Faucales	γ̣	ḳ	g̣	χ̣	j̣	ϱ	

7. Für manche Zwecke empfielt es fich, die hier gegebene Aufstellung der einzelnen Laute einer Klasse folgendermasen zu ordnen: Nafalis, Muta lenis, Muta fortis, Spirans fortis, Spirans lenis, Semivocalis, fo dass alfo z. B. bei den Lippenlauten fich folgende Reihe ergäbe: m, b, p, f, w; es wird dadurch die Verwandtschaft der Laute und ihr Uebergang in einander besser hervorgehoben. Das w feinerfeits geht dann durch u und diefes durch ṷ wieder in m über, fo dass eine Art von Kreislauf innerhalb der einzelnen Klassen entsteht. Sehr verwandt mit diefer Auffassung, jedoch weiter gehend, ist die von Thaufing, welcher (p. 38) aufstellt: „Alle einfachen Laute find Verdumpfungen

des menschlichen Naturlautes a nach drei Richtungen je zu ſieben Stufen" und demgemäs folgendermaſen ordnet:

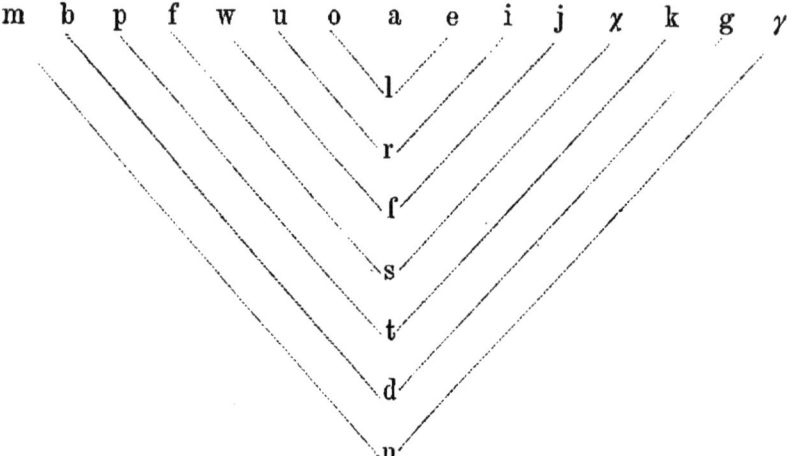

wobei ich mir nur erlaubt habe die Zeichen χ, ſ, s statt der bei Thauſing ihnen bezügl. gleichwertigen ch, s, sz zu verwenden. Was die Anordnung ſelbſt betrifft, ſo dürfte es schwer ſein, den Uebergang von a zu l und von dieſem zu r zu vermitteln, desgleichen die Lautgruppen o, l, e und u, r, i in Bezug auf l und r hinreichend zu begründen. Alles Uebrige ist vollkommen ſo wie wir ſelbſt es oben andeuteten.

8. Endlich noch ein Wort über die Namen der Laute. Da dieſe in den verſchiedenen Sprachen ziemlich verſchieden und ſelbſt im Gebiet einer und derſelben Sprache ſelten nach einer feſten Regel gebildet ſind, ſo dürfte es ſich für die Phonetik empfelen, auch hiefür eine allgemeine Norm festzustellen. Als ſolche würde ſich am beſten die altindiſche Methode eignen, wonach die Vokale einfach ihren Laut als Namen erhalten, die Conſonanten aber ihren Laut in Verbindung mit dem Urvokal a, alſo z. B. bei den Lippenlauten: *ma, ba, pa, fa, wa*; oder im Zuſammenhange: „*Der Laut sa unterſcheidet ſich von dem Laute fa gerade ſo wie der Laut fa von wa und der Laut χa von ja.*" Wer schon in dem Falle geweſen ist, über Lauttheorie nicht blos schreiben, ſondern auch sprechen zu müssen, der wird die Erleich-

terung, welche in diefem Verfahren liegt, fofort herausfühlen. Aber auch abgefehen von dem praktischen Nutzen dürfte es schon die Rückficht auf wissenschaftliche Terminologie erfordern, dass jenes wunderliche Herumspringen in den verschiedensten Wortbildungen, z. B. im Deutschen: Ka, Ge, Ef, Ku, Vau, Jot, Zet, Zeha, Eszet, Eszeha etc. aufgegeben werde, zumal da manche Laute (das γ, das ſ und andere) auf diefe Weife gar nicht einmal mit eigenen Namen unterschieden werden können.

§ 5.
Bildung der Vokale.

1. Die phyfiologische Erklärung, wie die drei Grundvokale a, i, u entstehen, ist schwierig. Kempelen, Kratzenstein,[1] Willis[2] haben wenigstens die Fundamentalverfuche dazu geliefert und hauptfächlich auf diefe gestützt hat dann Brücke feine Bestimmungen aufgestellt (Grundz. p. 13 ff.). Das wefentlichste Ergebnis aller Unterfuchungen bis jetzt geht dahin, dass beim a die vom Halfe und Munde gebildete Röre, durch welche der Luftstrom streicht, kürzer ist als beim u und länger als beim i, der Kehlkopf steht höher als beim u und tiefer als beim i. Der Mundkanal ist beim a in feiner ganzen Länge offen, weder in der Mitte verengt wie beim i, noch am Ende verengt wie beim u. Beides würde die Hervorbringung des reinen hellen a unmöglich machen, übrigens aber kann das a bei fehr verschiedener Weite des Mundkanals hervorgebracht werden.

---

1) Tentamen refolvendi problema ab academia scientiarum Petropolitana ad annum 1780 publice propositum: 1) Qualis sit natura et character fonorum litterarum vocalium a, e, i, o, u, tam infigniter inter fe diverforum, 2) An non construi queant instrumenta ordini tuborum organicorum, fub termino vocis humanae noto fimilia, quae litterarum vocalium a, e, i, o, u fonos exprimant. Petropoli, 1781.

2) Poggendorff's Annalen der Phyfik und Chemie. Band XXIV, Seite 397.

2. Die Bildung der Zwischenglieder, d. h. der E-, O-, Ü-, Ö-Laute ergiebt fich hieraus von felbst. Die E-Laute entstehen durch stufenweife Verkürzung des Anfatzrores und Verengung desselben in der Mitte; die O-Laute durch stufenweife Verlängerung des Anfatzrors und stufenweife Verengung der Ausflussöffnung; die Ü-Laute durch Verengung der Mundöffnung, Verlängerung des Anfatzrores und Senkung der Zunge mit Zungenbein und Kehlkopf; die Ö-Laute durch mäsige Verlängerung des Anfatzrors verbunden mit Verengung desselben in der Mitte. Wie viele Stufen man bei jeder Lautgruppe anzunehmen habe, darüber lässt fich keine feste Bestimmung geben. Beim ü reicht man auch wohl mit einer aus, bei e, o, ö find mindestens zwei nötig und wir unferfeits haben uns damit begnügt. Die meisten Phyfiologen (auch Brücke) nehmen drei an.

3. Wenn von einem Vokal schlechthin die Rede ist, fo wird in der Regel vorausgefetzt, dass dabei alle Mittel gebraucht werden, welche die menschlichen Sprachwerkzeuge darbieten, um den Vokallaut deutlich unterscheidbar und klangvoll hervortreten zu lassen. Man nennt die Vokale in diefem Falle **vollkommen gebildete** und unterscheidet von diefen die **unvollkommen gebildeten**, d. h. folche, bei denen entweder die Mundöffnung nicht hinreichend verengt bezügl. erweitert ist, oder bei denen der Kehlkopf nicht hinreichend gehoben oder die Mundwinkel nicht weit genug nach den Seiten gezogen find u. A. m., wie dies bereits in den einzelnen Fällen angedeutet wurde. Diefelben find namentlich im Englischen fehr häufig.

4. Was den **unbestimmten Vokal** betrifft, in welchen die kurzen Vokale unferer gealterten Sprachen fo häufig übergehen, z. B. in Wörtern wie haben, vermuten, franz. tenir, le roi, befonders aber im Englischen, fo unterscheidet fich derfelbe von den übrigen Vokalen teils durch feine gröfsere Kürze, teils durch eine gewisse dumpfe Refonanz der Stimme, kommt indess feiner Qualität nach am nächsten dem ö, weil diefes felbst gleichfam ein Gemisch von allen übrigen Vokalen ist. Man fei indess nicht zu schnell mit der

Annahme diefes unbestimmten Vokals; was man dafür zu halten geneigt ist, erweist fich bei genauer Betrachtung oft nur als ein unvollkommen gebildetes è oder ö̀ oder ò; ja manchmal ist da, wo man denfelben zu finden meinte, phonetisch gar kein Vokal vorhanden, z. B. im Deutschen bei schneller Rede in den Infinitiven auf en, wenn der Stamm auf d oder t ausgeht, z. B. *baden, reden, treten;* wo hinter d und t die Zunge vollständig in ihrer Lage bleibt, was nicht möglich wäre, wenn zwischen diefen Lauten und dem n irgend welcher Vokallaut läge; man spricht in Wahrheit nur *bâdn, rêdn, trêtn* (Purkinje).

5. Bevor ich an die Bestimmung des Lautwertes der einzelnen Vokalzeichen gehe, möchte ich darauf aufmerkfam machen, dass in der Ausfprache der deutschen Vokale überhaupt eine ungemeine Verfchiedenheit nach Landstrichen und Individuen herrscht und daher allgemein gültige Angaben in diefer Hinficht wohl kaum zu erzielen find. Die Beispiele, welche Brücke über die einzelnen Vokalwerte anführt, stehen mit meiner Erfahrung zum Teil in völligem Widerspruch. So wird (Grundzüge pag. 20) das é der Franzofen erläutert durch das deutsche *ewig, felig* (womit ich übereinstimme) und dann hinzugefügt: kurz in *werden*. Bei mir und Allen, mit denen ich verkehre, ist das e in *werden* überhaupt nicht kurz, fondern lang und zwar gleich dem è der Franzofen. Ferner: das è der Franzofen wird erläutert durch die deutschen Wörter *Hehl, ehrlich, echt*. Bei uns hier in Schlefien und noch mehr in Pofen und Preusen wird von Gebildeten das e in *Hehl* und *ehrlich* genau fo gesprochen wie in *ewig, felig;* und *echt* hat ein kurzes e, welches zu dem in *Hehl* und *ehrlich* mir gar nicht passt, fondern zu dem in *werden* als die betreffende Kürze zu gehören scheint. Ferner wird bei Brücke das ê der Franzofen von deren è getrennt und das erstere durch deutsches ä und englisches a (*man, fat*) erläutert. Meines Wissens und aller Erkundigung nach klingt der Vokal in *père* nicht anders als der in *crême,* fo lehren auch die Grammatiker; der Circumflex wird statt des Gravis nicht aus phonetischen, fondern aus etymo-

logischen Gründen gefetzt, er steht namentlich, wenn ein s ausgefallen ist; der Vokal in engl. *man, fat* ist kurz und gleicht fo ziemlich dem in *echt, wenn, Held*. Ferner: das italienische a in *ballare, cantare* foll anders (heller) klingen als das deutsche a in *Wahl*; wir in Schlefien sprechen das letztere genau fo wie die Italiener das ihrige, wie hier lebende Italiener bezeugen. Endlich das o in *Ordnung* foll die Kürze fein zu dem in *Oper, Woge;* meiner Wahrnehmung nach steht jenes kurze o qualitativ dem ò (engl. *lord*, franz. *encore*) viel näher als dem andern.

§ 6.
Lautwert der einzelnen Vokalzeichen.

1. Das a unferer Tabelle bezeichnet den Laut, dessen Länge wir in *Aar, Abend, Wahl*, dessen Kürze wir in *Ast Arm, alt* hören. Vorausgefetzt ist dabei die Sprache eines gebildeten Norddeutschen, nach welcher das a genau fo klingt wie in den italienischen Wörtern *ballare, cantare*: Eher liese fich zwischen der Länge und Kürze (*Abend, Ast; Vater, Gevatter*) ein gewisser, auch qualitativer Unterschied entdecken, doch scheint mir derfelbe bei vollkommener Artikulation hier (ebenfo beim i und u) nicht erheblich genug, um eine befondere Bezeichnung dafür einzuführen.

2. Unfer è bezeichnet das franz. e ouvert (*père*), von welchem das ê (*crême*) phonetisch nicht verschieden ist. Im Deutschen ein fehr häufiger Laut, der, wenn er lang ist, in der Regel ä (ae) geschrieben wird, z. B. *wäre, Schwäne*. Seine Kürze ist das gewönliche kurze e oder ä, z. B. in *Bette, Feld, fern, Bänder, Wälder, Fässer*. Die jetzt übliche Orthographie hat den Gebrauch des (kurzen) e und ä in der Art geregelt, dass letzteres überall da gefetzt wird, wo man die Ableitung von einer Stammform mit a noch deutlich fühlt und der reine Vokal daneben in Kraft bleibt, alfo *Hand, Hände; falle, fällst;* etc. Dagegen *Erbe, Ende*, weil die älteren Formen

arbi, andi vergessen waren; *Henne*, weil man den kurzen Vokal diefes Wortes mit dem langen in *Hahn* (mhd. *hăn*) nicht zu vereinen wusste. Hätte dagegen *hăn* denfelben Weg eingeschlagen wie das ihm ganz analoge *măn*, d. h. nicht Dehnung, fondern Schärfung erfahren, fo würde man ebenfo wie *Mann, Männin, männlich*, auch *Hann, Hänne* geschrieben haben. Manchmal schwankt die Schreibung, z. B. bei *Arm, Ärmel*, wo die letztere Form in der Bedeutung *brachiolum* stets mit ä, in der von *manica* aber auch oft mit e geschrieben wird, vermutlich um diefe logische Verschiedenheit dem Auge anschaulich zu machen. Ganz ebenfo bei *Eltern* (parentes) und *ältern* (feniores), *Bäcker* (pistor) und *Becker* (Nom. prop.), etc.

3. Unfer é ist das franz. e fermé (*aimé*). Im Deutschen bietet gerade diefer Laut in Bezug auf fein Vorkommen in den einzelnen Fällen nach Landstrichen und Individuen auserordentlich viel Abweichendes. In Schlefien, ebenfo im Bromberg'schen und in der Provinz Preufen, werden von Gebildeten alle offenen Silben in diefer Weife gesprochen, alfo *éwig, félig, léfen, kéren, Hél* (Hehl), *érlich* (ehrlich). — Die Kürze diefes Lautes ist mir in Deutschland nirgends bekannt geworden.

4. Unfer i ist der Laut, den man in den deutschen Wörtern *mir, wir, ihr, Lied, Sieg*, im ital. *giro*, franz. *écrire*, engl. *wheel* hört. Seine Kürze in *Hirt, Bild* etc. ist felbst bei vollkommener Artikulation ziemlich abgestumpft, fo dass der Laut fich etwas dem e nähert.

5. Unfer ò ist der Laut, welcher in dem franz. *or, encore;* engl. *lord, scorn* gehört wird. Im Deutschen findet er fich als Länge wohl nur dialektisch, z. B. in Schlefien: *ich mòg* (*moag*) *nicht*; doch hörte ich in Oberdeutschland ihn auch häufig in der Sprache der Gebildeten; im Plattdeutschen ist er ungemein häufig. Seine Kürze scheint mir das gewönliche deutsche kurze o, z. B. in *Horn, Gold, Ordnung*. — Das engl. a in *walk, water, all*, das dänische aa und das schwedische å find dem hier besprochenen Laute nahe verwandt.

6. Unser ó ist der Laut im franz. *eau*, *anneau*; deutsch *Mohr*, *Sohn*, *Wohl*, *Oper*. Eine Kürze desselben ist mir im Deutschen nicht bekannt geworden.

7. Unser u ist das ou der Franzosen, der Laut im deutschen *Muth*, *Bube*, *kluger*. Seine Kürze, z. B. in *Gurt*, *Duldung*, ist bei vollkommener Artikulation nur wenig abgestumpft. Im Französischen und Griechischen fehlt die Kürze dieses Vokals gänzlich und wird, wo sie etymologisch stehen sollte, durch ü ersetzt; eine Erscheinung, die ich übrigens auch in Deutschland, zwar nicht provinziell, wohl aber individuell und auch hier nur in gewissen Lautverbindungen wahrgenommen habe; am häufigsten vor r.

8. Unser ü ist der Laut des franz. u (*tuer*), deutschen ü in *müde*, *Bühne;* seine Kürze, z. B. in *Würde*, *Hündin* scheint mir qualitativ nur wenig verschieden. Brücke sondert diesen Laut in zwei, von denen der eine näher dem i, der andere näher dem u liegt.

9. Unser ö̀ ist der Mittellaut zwischen è und ò und demnach leicht zu bilden; vergl. franz. *peur*. Im Hochdeutschen kommt er als Länge meines Wissens nicht vor, wohl aber sehr häufig im Plattdeutschen, wo er von Klaus Groth durch ein verschlungenes œ bezeichnet wird. Seine Kürze scheint mir das gewönliche deutsche ö in geschlossener Silbe, z. B. *Mönche*, *Mörder*.

10. Unser ö́ ist der Mittellaut zwischen é und ó, das deutsche ö in offener Silbe (*Löwe*, *hören*). Die Kürze kommt meines Wissens in Deutschland nicht vor.

11. Die obigen 10, mit Einschluss des unbestimmten Vokals 11, mit Einschluss der unvollkommenen Bildung 20 (22) Vokalzeichen sind für allgemeine Zwecke ausreichend. In Wahrheit stellen sie jedoch nur die wichtigsten, häufigsten, am leichtesten unterscheidbaren Vokale dar. Was die unzäligen Zwischenstufen betrifft, von denen freilich das Ohr nur noch verhältnismäsig wenige unterscheiden kann, so dürfte deren genaue Bezeichnung vermittelst lateinischer Lettern und diakritischer Zeichen schwierig sein; über eine andere Methode, welche auch die feinsten Nuancen

der Vokalschattirung anzugeben gestattet, vgl. Tabelle IV unter 2).

Anmerkung. Den Lautwert der Vokale nach ihrer etymologischen Herkunft bestimmen zu wollen, ist ein äuserst misliches Unternehmen. Insbesondere ist die Behauptung J. Grimm's, das deutsche e habe einen verschiedenen Laut, je nachdem es aus a oder aus i stamme, nur mit der grösten Behutsamkeit aufzunehmen und für weite Landstriche ganz gewiss falsch. Hier in Schlesien z. B. trennt kein Mensch *regen* (movere) lautlich von *Regen* (pluvia), obschon dort altes a, hier altes i zu Grunde liegt, sondern das Volk spricht in beiden Fällen: *règen*, die Gebildeten ebenfalls, in beiden Fällen, meistens *régen*. Ganz ebenso ist es — soweit ich beobachten konnte — in Posen und Preusen.

§ 7.
Dauer der Vokale.

1. Jeder Vokal kann sowol in der isolirten Aussprache als in zusammenhängender Rede beliebig lange angehalten werden. Beträgt seine Dauer mindestens zwei Momente, so heist er ein langer Vokal. Man bezeichnet einen solchen in der Regel durch denselben Buchstaben wie den betreffenden kurzen und setzt darüber entweder einen Strich oder einen Circumflex, also ā oder â; andere Methoden, z. B. die Verdoppelung (aa), die Zufügung eines h (ah) oder e (ae) sind zwar in der Orthographie mancher Sprachen noch immer eingebürgert, werden aber nicht in der Sprachwissenschaft angewendet.

2. Der Umstand, dass in älteren Handschriften die langen Vokale in der Regel durch Verdoppelung bezeichnet werden und dass auch in vielen älteren Sprachen zwei gleichartige Kürzen meist zu der entsprechenden Länge zusammenfliesen, z. B. im Sanskrit a + a = â, i + i = î, u + u = û, scheint der Grund gewesen zu sein, dass man in vielen sprachwissenschaftlichen Schriften die Erklärung findet, ein langer Vokal bestehe aus zwei gleichartigen kurzen, zwischen denen der Spiritus lenis weggelassen worden sei. Mit Recht sind dagegen sowol vom historischen als vom phonetischen Standpunkte aus Zweifel erhoben worden. Man wen-

dete vom ersteren ein, dass ja lange Vokale keineswegs immer aus den zwei entsprechenden Kürzen, fondern häufig aus ganz verschiedenen Vokalen entstehen, wovon schon das Sanskrit ein schlagendes Beispiel giebt, wo ê aus a + i, ô aus a + u erwächst, wie denn die Kürzen e und o dort noch gar nicht vorhanden sind. Die Phonetiker fanden das Weglassen des Spiritus lenis in dem betreffenden Falle bedenklich und wollten nicht glauben, dass der zu dem ersten kurzen Vokale angewendete Luftstrom zur Bildung eines langen Vokals hinreichend fei. Vgl. D. L. p. 30 f. Diefe Einwände find ganz richtig und waren in früherer Zeit fehr wol angebracht; heut zu Tage indess wäre eine Erneuerung derfelben wohl nur ein Kampf mit Schatten, da die erwähnte Erklärung felbst von ihren eifrigsten Verfechtern schwerlich noch in dem roh mechanischen Sinne aufgefasst wird, dass man darunter ein materielles, vermittelst der Lautwerkzeuge zu vollziehendes Aneinanderreihen von zwei kurzen Vokalen versteht. Die ganze Erklärung kann nur als ein Sinnbild gelten, welches andeuten foll, dass ein langer Vokal die Dauer von (mindestens) zwei Kürzen hat und dass in gewissen Sprachen grammatisch oft zwei Kürzen zu einer Länge zufammenfliesen.

3. Jakobi und später auch R. v. Raumer (Gef. sprachw. Schr. p. 165) machen darauf aufmerkfam, dass bei den langen Vokalen häufig nicht blos die Quantität, fondern auch die Qualität des Vokals eine andere fei als bei den entsprechenden Kürzen. Das a in *Vater* fei nicht blos ein längeres, fondern auch ein lautlich anderes als das in *Gevatter*; ebenfo das i in *binnen* und *Bienen* etc. Dagegen bestreitet Brücke (Grundz. p. 25), und wir glauben mit Recht, das notwendige Vorhandenfein eines folchen Gegenfatzes in der Qualität kurzer und der ihnen entsprechenden langen Vokale. Jener Gegenfatz besteht nur innerhalb der Grenzen gewisser Idiome, z. B. im Deutschen, wo die fogenannten geschlossenen oder spitzen Vokale (é, ö̈, ó) meines Wissens als Kürzen gar nicht vorkommen, während fie z. B. im Schwedischen nach beiden Quantitäten gar wohl erkennbar

find. Auch ist zu beachten, dass der Unterschied zwischen der Qualität des langen und kurzen a, i, u immer geringer wird, je mehr man die betreffenden Vokale mit vollkommener Bildung zu sprechen fucht, etwas was im Deutschen, wenigstens in gewönlicher Umgangsprache, nur felten geschieht, fo dass alle kurzen Vokale eine gewisse Annäherung an das e oder richtiger an den unbestimmten Vokal verraten, eine Erscheinung, die bekanntlich im Englischen noch viel mehr hervortritt und hier bereits die Mannigfaltigkeit des Vokalismus zu vernichten droht.

4. Es kann ein Vokal aber auch die Dauer oder den Wert von drei und mehr Kürzen haben; wir nennen dies eine Länge höheren Grades und unterscheiden alfo Längen ersten Grades (= zwei Kürzen), Längen zweiten Grades (= drei Kürzen), etc. So ist z. B. im Deutschen das â in *ihr faszt* (fedebatis) bei forgfältiger Sprache etwas kürzer als das in *du fahst* (videbas), obschon beide Wörter in diefer contrahirten Form phonetisch nur *fâst* geschrieben werden können; das erstere â ist gleich zwei, das andere gleich drei Kürzen; jenes alfo eine Länge ersten, diefes eine Länge zweiten Grades. Auch in gewissen Wörtern, welche eine gesteigerte Gemütstimmung ausdrücken, z. B. fehnen, ahnen, flehen u. a. hört man ungemein oft den Vokal als eine Länge zweiten Grades aussprechen, ganz befonders auf der Bühne, der Kanzel und beim Vortrag von Gedichten, ohne dass man deshalb auch nur im Entferntesten dem Redenden den Vorwurf des Affektirten oder Manierirten machen könnte. Noch höhere Längengrade kommen im Deutschen schwerlich vor, dagegen dehnen z. B. die arabischen Koranlefer manche Vokale bis zu dem Werte von fünf Kürzen, alfo zu Längen vierten Grades. Vgl. Brücke Phon. Transscr. p. 41 und 62.

5. Ueber die Bezeichnung der höheren Längegrade hier etwas bestimmen zu wollen, wo wir nur mit den historisch überlieferten Zeichen zu tun haben, ist schwierig und eigentlich unnötig, da ein Bedürfnis danach noch gar nicht empfunden wird. Kommt aber die Zeit, wo das phonetische Bewusst-

fein fo erstarkt ist, dass man jenes Bedürfnis empfindet, dann hat man ficherlich für sprachwissenschaftliche Zwecke den alten historischen Zeichen, wenigstens auf dem Gebiet der reinen Lautlehre, schon entfagt und zu zweckmäsigeren gegriffen, wo dann auch für die Dauer der Laute das vollständigste Rüstzeug zu ihrer graphischen Fixirung vorhanden fein wird. Vgl. § 25, dazu Tab. IV. 6 — 9.

§ 8.
Längebezeichnung der Vokale im Deutschen.

1. Im Gothischen wird die Dauer der Vokale gar nicht bezeichnet; fie kann daher nur durch die Vergleichung mit den entsprechenden Wörtern und grammatischen Vorgängen anderer Sprachen festgestellt, ja muss zum Teil als zweifelhaft angefehen werden, z. B. beim u. Althochdeutsche Handschriften älterer Zeit geben die langen Vokale durch Verdoppelung, spätere durch Circumflexion, feltener durch Hinzufügung eines h. Grimm glaubt, diefer letzterwähnte Gebrauch habe fich zuerst in fremden Wörtern entwickelt, wenn aus zwei Silben gleichartige Vokale an einander stiesen, z. B. *Aharôn* statt *Aaron*; vielleicht hängt die betreffende Sitte auch mit den ahd. fo beliebten Zerdehnungen der Wörter zusammen, z. B. *mahal, prahastun, emezzihic* für *mâl, prâstun, emezzic;* oder beruhen umgekehrt jene scheinbaren Zerdehnungen nur auf ungeschickter Häufung des Längezeichens? Mittelhochdeutsch verliert fich das h als Längezeichen (erst im 15. Jahrhundert kehrt es wieder) und im Allgemeinen darf jetzt der Circumflex als folches gelten, doch wenden die Handschriften auch diefen nur sparfam und unficher an. Ein Zweifel über die Quantität eines Vokals entsteht jedoch hier felten, da in der Regel die Vergleichung mit dem Ahd. und der mhd. Reim hinreicht, um diefelbe ficher zu stellen.

2. Das Neuhochdeutsche hat die alten Quantitätsverhältnisse bedeutenden Aenderungen unterworfen und befitzt

eine Menge von Längen, welche die ältere Sprache nicht kannte. Die Bezeichnung der Längen, gleichviel ob es alte oder erst später entstandene find, geschieht auf höchst unconfequente Weife und bildet unter den vielen Mängeln der deutschen Orthographie wohl den schlimmsten, da er am häufigsten vorkommt und fehr in's Auge fällt. Es erfolgt nämlich die Längenbezeichnung:

A. gar nicht. Beispiele: *war, klar, kam, Schwan, haben, baden, wagen; er, wer, heben, reden, legen; mir, dir, wir; oben, Odem, Bogen, los; Schwur, Fuder, Bube; wäre, Schwäne, käme, böfe, Köder, müde* etc. Vor l auffallender Weife fehr felten, vgl. indess *Mal* (*einmal, zweimal, mit einem Male*).

B. durch Verdoppelung des Vokals. Beispiele: *Saal, Haar, Staat, Seele, leer, Meer, Heer, Moor;* von i und u, auch von den Zwischenvokalen (ä, ö, ü) heute kein Fall mehr; aus dem 15. Jahrhundert finden fich einige ii (ij), z. B. *bij, allzijt* (Hans v. Bühel, bei Wackernagel I. 956), uu find häufiger, f. Kehrein (Gramm. d. D. S. des 15—17. Jahrh. § 17). — Im Holländischen ist dies die gewönliche Methode, z. B. *slaap* (fomnus), *zaak* (res), *maat* (modus), *veel* (multus), *steen* (lapis), *boom* (arbor), *zoon* (filius); die Vokale i und u werden zwar auch geminirt, haben aber alsdann eine etwas andere Aussprache, ii (geschrieben ij) = ei, uu = ü, z. B. *lijden* (pati), *muur* (murus).

C. durch Anfügung eines e an den Vokal. Nur bei i, z B. *Biene, Lied, Ziel, Sieg, Vieh, nieder* etc. Dies ist die im Belgischen übliche Methode, wo fie aber confequent auf alle Vokale angewendet wird.

D. durch Anfügung eines h.

a. an den Vokal felbst. Nur vor Liquida, z. B. *Wahl, Bahn, fehr, Lehne, ihr, ihm, Mohr, Lohn, Huhn, Ruhm, wähle, Söhne, Bühne.*

b. an den vorangehenden Confonanten. Nur beim t, z. B. *Thor, -thum, thun, thäte, Thörin, Thüre.*

c. an den folgenden Confonanten. Ebenfalls nur beim t, z. B. *Rath, Meth,* vom i kein Beispiel, *roth,*

Wuth, *Räthe*, *Röthe*, *Blüthe*. In dem Fall, wo t fowol vorangeht als nachfolgt, wie in *tát* (facinus, feci), hat die Orthographie das zuerst stehende bevorzugt, alfo nicht *taht*, fondern *that*, ebenfo *thut*, *thäte*.

3. Die Verwirrung im Gebrauch der Dehnungszeichen war früher, namentlich im 17. Jahrhundert, noch viel gröser als heute. Bezeichnen wir einen beliebigen Confonanten einmal ganz allgemein mit der Chiffre T, eine Liquida insbefondere mit L, einen beliebigen Vokal mit A, fo ergiebt fich, dass die Formeln TAL, TAAL, TAEL, TAHL, THAL, TALH häufig in denfelben Wörtern angewendet werden, z. B. *Ruhm* und *Rhum* (gloria), ja zuweilen zwei Formeln gleichzeitig in einem Worte, z. B. *Saahl*, *Ziehl*. Und dies geschieht, wie es scheint, bei allen Confonanten, am häufigsten allerdings, wenn auf den Vokal eine Liquida folgt, deshalb in dem obigen Schema die Trennung zwischen T und L. Dass die fonst erfreulicher Weife aufgegebenen beiden Formeln THAL und TALHg erade nur für das Zeichen t fich festgeniftet haben, erklärt fich wol daraus, dass die Erinnerung an das griechische Theta hier einwirkte, während eine entsprechende bei den übrigen Confonanten nicht vorhanden war. Dass diefes deutsche th phonetisch eben nur t und das h lediglich Längezeichen des Vokals war,[1] braucht wol heut zu Tage nicht mehr erst ausdrücklich gefagt zu werden, da an diefer Stelle schon J. Grimm die Sache auch phonetisch ganz richtig auffasste und fein mächtiges Beispiel zahlreiche und praktische Nachfolge fand. Früher allerdings war die Bewusstlofigkeit in Lautbestimmungen fo gros, dass manche Grammatiker alles Ernstes felbst hier an eine Aspirata dachten! — Nicht felten benutzt man den Gebrauch und die Verschiedenheit der Dehnungszeichen, um logische Unterschiede dadurch graphisch anzudeuten, z. B. *Ton* (sonus), *Thon* (argilla); *Tau* (laqueus), *Thau* (ros); *Mohr* (aethiops), *Moor* (palus); *wider* (contra), *wieder* (iterum); früher auch

---

[1] Das Wort *Thurm* ist das einzige Beispiel, wo th neben kurzem Vokal gebraucht wird.

gut (bonus), *Guth* (praedium); *Hut* (pileus), *Huth* (tutela) und Aehnliches. Alles dies ist verwerflich; die Schrift hat lediglich den Laut, nichts Anderes auszudrücken.

4. Sollte man diese Verwirrung denn niemals löſen können? Ich dächte, die Mittel dazu wären nicht ſo schwer weder zu finden, noch auszuführen. Ueberall da nämlich, wo auf einen Vokal Conſonanten von gleicher Art folgen, da bedarf der Vokal gar keines Dauerzeichens, denn ſeine Dauer wird schon daraus erkannt, ob der folgende Conſonant einfach oder geminirt auftritt; eine Verwechſelung zwiſchen *hare* (capilli) und *harre* (exspecto), *bane* (viam operio) und *banne* (interdico), *ban* (via) und *bann* (interdictio), *lam* (claudus) und *lamm* (agnus), *fal* (flavus) und *fall* (casus) etc. ist nicht möglich. Es bleiben alſo nur ſolche Fälle unentschieden, wo auf einen Vokal mehrfache Conſonanz von verſchiedener Art folgt, wie z. B. *hart* (durus), *zart* (tener); *bald* (mox), *malt* (pingit, molit); *herz* (cor), *erz* (aes) etc. Nun könnte man zwar ſagen: da dieſe Unbestimmtheit der Schreibung bisher ſo wenig störend geweſen ist, ja von der überwiegenden Mehrzahl der Leſenden und Schreibenden nicht im mindesten empfunden wird, ſo könnte man die Sache auch ferner dabei bewenden lassen. Ich würde dies jedoch nicht billigen; schon die Conſequenz verlangt, dass, wenn einmal die Dauer der Laute angedeutet wird, dies dann auch überall geschehe. Man bezeichne daher die langen Vokale in ſolchen Fällen mit dem Circumflex, alſo *hârt, bâld, hêrz;* aber *zárt, mált, érz, pférd, lért* (docet, vacuat), *bânt* (viam operit) etc. Auf dieſe Weiſe wäre das Verhältnis wenigstens in der Grundlage geregelt. Völlige Conſequenz ist allerdings damit noch nicht erreicht, aber nur darum nicht, weil einige Grundübel der deutschen Schreibung dabei in's Spiel kommen; kann man ſich entschlieſsen, dieſe letzteren fallen zu laſſen, ſo ist auch in Bezug auf die Dauerzeichen ſofort die abſolute Uebereinstimmung von Theorie und Praxis vorhanden, wie alsbald gezeigt werden ſoll.

5. Die erste Inconſequenz ist die, dass es einige Wörtchen giebt, welche, obschon ſie kurzen Vokal beſitzen, den-

noch nur mit einfachem Confonant im Auslaut gefchrieben werden; es find: *an, in, von, bin, um, mit, bis, das, was* etc., vgl. § 20. 6, wo wir hierauf zurückkommen müssen. Es erklärt fich dies daraus, dass man diefe kleinen, oft gebrauchten, grammatisch im Gegenfatz zu den Hauptwörtern doch nur als unwichtig geltende Partikeln etc. graphisch nicht zu fehr belasten, nicht ungebürlich hervorheben, gleichfam ihnen nicht zu viel Ehre antun wollte; es war ja um die Zeit, wo man für die Substantiva, um ihnen auch äuserlich Respekt zu erweifen, die grosen Anfangsbuchstaben einführte. Was nun tun? Soll man für alle diefe Wörter den geminirten Auslaut einführen? alfo die einzigen, welche im 17. Jahrhundert von diefer Unfitte verschont geblieben find, derfelben auch noch opfern, der Confequenz zu Liebe? Nimmermehr! fondern man laffe entweder an diefem Punkte die Inconfequenz fortbestehen, oder man faffe einen beherzten Entschluss und entfage jener Unfitte felbst, mit welcher wir Deutsche fast einzig dastehen unter allen Völkern der Erde, denn gewiffe ähnliche Schreibungen des Englischen und Schwedischen kommen dagegen bei weitem nicht in Betracht, da fie nur ausnahmsweife auftreten. Man würde alsdann zwar einige Circumflexe mehr fetzen müssen, nämlich nunmehr auch in *bân* (via), *lâm* (claudus), *fâl* (flavus), *kâm* (veniebam), *wân* (error) etc.; dafür erfparte man aber den doppelten Auslaut in *ban* (interdictio), *lam* (agnus), *fal* (casus), *kam* (pecten), *wan* (quando) etc. Die Schreibung kehrte fich in diefer Beziehung eigentlich blos um.

6. Eine andere Inconfequenz besteht darin, dass man diejenigen Confonanten, welche mit zwei oder drei Zeichen geschrieben werden, nämlich ch, sz, sch, niemals zu verdoppeln pflegt (§ 20. 7), alfo auch nicht an den Stellen, wo dies des vorhergehenden Vokals wegen geschehen müsste, um denfelben als kurz zu kennzeichnen. Nun könnte man zwar fagen, der Schaden wird dadurch wieder gut gemacht, dass vor diefen Lauten, als **harten**, einfache (d. h. nicht diphthongische) lange Vokale überhaupt fo gut wie gar nicht

ſich finden (wir kommen darauf ſpäter, § 20. 9, noch einmal zurück); aber das iſt ein ſchlechter Troſt, denn wenn dadurch auch die Unſicherheit praktiſch gehoben wird, ſo bleibt deshalb doch die Inkonſequenz der Schreibung. Genug, der Vokal in *Dach*, *Loch*, *Hasz*, *Fasz*, *rasch*, *Busch* iſt kurz, mithin müſſte nach jetzt noch geltender Regel das ch, sz, sch verdoppelt werden; geht man indeſs auf unſern Vorſchlag ein, d. h. giebt den geminirten Auslaut auf, ſo fällt freilich hier der Uebelſtand weg, aber er bleibt gleichwol noch immer im Inlaut, denn *Daches*, *Loches*, *Haszes*, *Faszes*,[1] *rascher*, *Busches* haben ebenfalls kurzen Vokal und verlangen mithin ebenfalls Gemination des ch, sz, sch. Warum unterläſst man ſie? lediglich darum, weil man ſich vor der monſtröſen Schreibung ſcheute. Hier rächt ſich alſo ein anderer Uebelſtand der deutſchen Schreibung, nämlich die Bezeichnung gewiſſer einfacher Laute mit zuſammengeſetzten Zeichen. Man gebe dieſe Unſitte auf, man ſetze ſtatt ch, sz, sch einfache Zeichen, etwa χ, s, ṣ und ſofort iſt alle Schwierigkeit gehoben, kein Menſch wird alsdann Anſtoſs nehmen: *Daχχes*, *Loχχes*, *Hasses*, *Fasses*, *raṣṣer*, *Buṣṣes* zu ſchreiben, wie denn bei den zwei mittleren Beiſpielen dieſe Schreibung — gleichviel auf welchem Wege gewonnen — ja bereits wirklich in faſt allgemeinem Gebrauch iſt.

7. Bei weitem conſequenter als im Hochdeutſchen iſt die Behandlung der Längebezeichnung im Holländiſchen. Es wurde bereits früher bemerkt, daſs dieſelbe im Allgemeinen durch Verdoppelung des betreffenden Vokals ausgedrückt wird. In der Tat findet dies jedoch ausnahmslos nur in der letzten Silbe eines Wortes ſtatt, die natürlich auch die einzige ſein kann, wie dies ſogar in der Regel der Fall iſt. Tritt jedoch durch Flexion des betreffenden Wortes der Vokal in die vorletzte Silbe, ſo wird, wenn einfacher Conſonant folgt, der Vokal ſofort ebenfalls einfach geſchrie-

---

*) Die beiden mittlern Beiſpiele, von denen gar viel zu ſagen wäre, laſſe ich hier einſtweilen unerörtert, um nicht vor der Zeit in ein Weſpenneſt zu greifen. Darüber wird § 23 handeln.

ben, alſo *zaak* (res), *muur* (murus), Pl. *zaken*, *muren*, oder umgekehrt: *breken* (frangere), *hopen* (sperare), Präſ. *breek*, *hoop*. In dieſen Fällen nämlich bedarf die Länge keiner beſondern Bezeichnung mehr, ſie wird ſchon dadurch erkannt, dass der Vokal in offener Silbe ſteht; ſollte er kurz ſein, ſo müsste *zakken*, *murren*, *brekken*, *hoppen* geſchrieben werden; vgl. *man* (vir), *mes* (culter), *pil* (pillula), *stok* (baculus), *kruk* (fulcrum); Pl. *mannen*, *messen*, *pillen*, *stokken*, *krukken*. Bewirkt die Flexion eine mehrfache Conſonanz, ſo wird der Vokal der vorletzten Silbe, wenn er lang ſein ſoll, natürlich verdoppelt, z. B. *hopen*, Prät. *hoopte*. Schade nur, dass dieſe Regel nicht ganz conſequent durchgeführt wird; es finden ſich nämlich doch einige (von den Holländern ſelbſt getadelte) Fälle von Verdoppelung des Vokals auch in offener vorletzter Silbe, z. B. *bleeken* (album facere), *koopen* (emere); doch kommt dieſer Misbrauch nur bei e und o vor und hat hier meiſt einen hiſtoriſchen Grund, er findet ſich nämlich beſonders da, wo urſprünglich ein Diphthong (im Hochdeutſchen ei, bezüglich au) ſtand. Häufig wird dieſe Verſchiedenheit der Schreibung darum gern geſehen, weil ſie zur Trennung der Begriffe dient, z. B. *geene* (nulli), *gene* (illi); *heelen* (sanare), *helen* (celare); *heeren* (domini), *heren* (exercitus); *leenen* (mutuum dare), *lenen* (incumbere); *reede* (statio in litore), *rede* (sermo); *steenen* (lapides), *stenen* (gemere); *weeken* (cedere), *weken* (hebdomades); *weezen* (orbi), *wezen* (esse); *genooten* (socii), *genoten* (Part. von frui); *hoopen* (acervus), *hopen* (sperare); *hooren* (audire), *horen* (cornu); *loove* (fessus), *loven* (laudare); *nooten* (notae), *noten* (nuces); *pooten* (pedes), *poten* (plantare).

§ 9.
Diphthonge.

1. Diphthonge im phonetiſchen Sinne des Wortes ſind Laute, welche durch Verſchmelzung zweier **verſchiedener** Vokale zu einem Lautganzen entſtehen, ſo dass beide Factoren vernommen werden. Dies geſchieht aber in der

Weife, dass man mit annähernd gleichförmiger Geschwindigkeit aus einer Vokalstellung in die andere übergeht und während diefer Bewegung und nur während derfelben die Stimme lautet. Im Deutschen ai ist weder a noch i, fondern nur der Uebergang von a nach i. Geht man aus der Stellung der Vokale, bei denen der Mundkanal weiter ist, in die Stellung für folche Vokale über, bei denen der Mundkanal enger ist, fo erhält man im Allgemeinen leicht Diphthonge, die vom Ohre fofort als folche erkannt werden, z. B. im Deutschen ai, au. Machen wir aber mit unfern Mundteilen den umgekerten Weg, fo fallen für unfer Ohr die Vokale entweder aus einander, man vergleiche ia, ea, ua, io, iu etc., oder es mischt fich dem ersten derfelben, der die engere Mundstellung verlangt, ein confonantisches Element bei, dass man z. B. etwa *ja*, *wa* etc. zu hören glaubt.

2. Nicht jede Zufammenstellung zweier Vokale ist alfo der Verschmelzung zu einem Diphthongen gleich fähig, fondern diefe letztere waltet wefentlich nur in der Richtung von Vokalen mit weiterer Mundöffnung zu folchen mit engerer, alfo in der natürlichen Vokalstellung i, e, a, o, u hauptfächlich von der Mitte nach den Enden. Die fo entstehenden fechs Laute ai, au; ei, eu; oi, ou, zu denen fich allenfalls noch das ui gefellt, find allein echte Diphthonge; die beiden ersten die ursprünglichsten, im Sanskrit die einzigen; die andern entstehen später. Wenn nun manche Grammatiker überhaupt jede Vokalverbindung als Diphthonge oder Triphthonge bezeichnen, fo stehen fie dabei auf dem rein graphischen Standpunkte und es ist dagegen nichts einzuwenden, wofern fie felbst diefes Standpunktes fich bewusst find und auch den Lefer darüber nicht in Zweifel lassen. Es scheint aber, als ob Viele mit jenem Namen fofort die Vorstellung verbänden, die betreffenden Zufammenstellungen feien auch in lautlicher Hinficht als Diphthonge oder gar Triphthonge zu betrachten, etwas was in zahlreichen Fällen entschieden unrichtig ist. Wenn man nun vollends rein auf Grund diefer graphischen Verhältnisse

für gewisse ältere Sprachen lautstatistische Tabellen anlegt und daraus das diphthongische Element gegenüber dem einfachen Vokalismus mit mathematischer Schärfe bestimmen will, so können wir auf die Resultate jener Rechnungen so lange keinen Wert legen, bis nicht die erforderliche Correctur von Seiten der Phonetik erfolgt ist. Freilich behaupten Viele, der Laut graphischer Vokalverbindungen sei historisch durchaus nach dem Lautwert der einzelnen Vokale zu beurteilen, welche die betreffende Verbindung bilden, also z. B. das französische ai, au, obschon jetzt phonetisch = ä, o, müsse notwendig einmal auch phonetisch = a + i, a + u gewesen sein, gleichviel ob dieselben mit Hiatus oder einsilbig (diphthongisch) gesprochen wurden. Wir möchten diesem Satze nicht unbedingt zustimmen; es können gar wol äusere Umstände für einfache Vokale eine complicirte Schreibung veranlassen. So z. B. ist mir es sehr wahrscheinlich, dass das gothische ei in seinem Laute nicht das mindeste diphthongische Element hatte, sondern eben nur = î war, und Ulfilas lediglich durch die damals bereits herrschende neugriechische Aussprache des ει zu dieser seiner Schreibung bewogen wurde.

3. Jede Verbindung zweier einfacher Vokale, welche weder zu einem langen Vokale noch zu einem der oben genannten echten Diphthonge zusammenfliesen, kann nicht anders gesprochen werden als zweisilbig. Beispiele: ea, eo, ua, uo etc. Ein solches Zusammentreffen von Vokalen hat für die meisten Sprachen etwas Unangenehmes („Hiatus") und wird gewönlich durch mannigfache Mittel (Contraction, Epenthese, Elision etc.) vermieden. Mitunter jedoch bleibt es erhalten und zwar entweder vollständig als eine syllabische Verbindung zweier gleichwertiger Vokale (so besonders ia, io in den ältern Sprachen), oder diese Vokale erlangen eine gewisse Abgeschliffenheit, so dass der eine Laut auf Kosten des andern begünstigt wird, und dieser letztere nur gleichsam verhallend vorangeht oder nachfolgt; z. B. i^e, u^o, oder ^{o}a, ^{u}i. Dadurch erlangt eine solche Verbindung etwas Diphthongisches, und man spricht in Bezug hierauf auch wol von

Halbdiphthongen. Hierher gehört z. B. das französische oi, ui und das italienische ao, uo; übrigens herrscht in Bezug auf die Frage, welche graphische Vokalverbindungen im Italienischen auch phonetisch Diphthonge (wirkliche oder Halbdiphthonge) feien, felbst unter den einheimischen Grammatikern grose Meinungsverschiedenheit. — Solche Verbindungen endlich, welche blos graphisch auftreten, nicht mehr phonetisch wirkfam find, wie das ahd. ie, franz. ai, ou, gr. ου und ähnliche, gehören natürlich nicht hierher, fondern gelten uns als reine Vokale, ie = î, ai = è, ou, ου = û. Gewönlich stammen fie historisch von Diphthongen oder Halbdiphthongen ab, z. B. unfer ie war mhd. noch = i^e, ahd. i^o, i^a; vgl. bei 4. So wird z. B. der Name der Stadt Wien noch heute von vielen Oberdeutschen nicht wie bei uns Wîn, fondern Wi^{e}n ausgesprochen, ein Verharren auf dem mhd. Standpunkte, aus welchem fich auch die romanischen Namen französisch Vienne, italienisch Vienna erklären.

4. In den germanischen Sprachen entberte das Gothische wahrscheinlich der Diphthonge gänzlich, denn ai, au, ei scheinen nichts weiter als è, ò, î bedeutet zu haben, entsprechend der damals schon geltenden griechischen Aussprache des αι = ä und des ει = î; das gothische iu endlich scheint mit fyllabisch getrennten Vokalen gesprochen worden zu fein. Das Althochdeutsche hat zwei echte Diphthonge: au (ou) und ai (ei); auserdem eine Menge Vokalverbindungen (ao, ea, eo, iu, io, ia, oa, ua, uo), die noch heute in Oberdeutschland vorkommen und nach der dort geltenden Aussprache meist als Halbdiphthonge gelten müssen. Das Mittelhochdeutsche bietet drei echte (ou, öu, ei) und drei Halbdiphthonge (uo, iu, ie). Das Neuhochdeutsche endlich hat graphisch zwar fechs Vokalverbindungen: ai, ei, au, eu, äu, ie; davon ist aber der letzte ein völlig einfacher Laut (î); das äu ist vollkommen dem eu gleich und nur aus etymologischer Rückficht von ihm durch die Schrift geschieden, man will die Abkunft von au dadurch andeuten, alfo *Haus, Häufer; Braut, Bräute;* aber schon

nicht mehr *Häu* (foenum), fondern *Heu*, weil die Herkunft von *hauen* nicht deutlich genug gefühlt wird. Selbst das ei klingt in der allgemein üblichen Sprache der Gebildeten ganz wie ai; in *Baier* nicht anders wie in *Freier*; die Scheidung ist alfo unnötig, auch giebt es nur wenige Wörter mit ai und diefe scheinen es nur der Bedeutung wegen zu haben; man glaubte die Verschiedenheit von andern, gleichklingenden Wörtern wenigstens dem Auge vorhalten zu müssen, schrieb alfo *Waife* (orbus), *Weife* (fapiens); *Haide* (campus), *Heide* (paganus); *Saite* (chorda), *Seite* (latus); für *Getraide* wird oft der etymologische Grund angeführt: es stammt von *tragen* (vgl. ahd. *gitragidi*), daher fei das a beizubehalten. Dies Alles mit Unrecht; denn die Schrift hat weder die Herkunft, noch die Bedeutung, fondern lediglich den Laut der Wörter festzustellen. Uebrigens ist in hochdeutscher Rede der betreffende Diphthong weder ein rechtes ai, noch ein rechtes ei, fondern liegt zwischen beiden, jedoch dem ai näher als dem ei. Dialektisch findet fich auch reines ai und ei, erfteres in Oberdeutschland, letzteres am Niederrhein.

5. Was die **niederdeutschen** Sprachen betrifft, fo lieben diefelben im Allgemeinen die Diphthonge nicht, die wirklich vorkommenden (au, eu, ei) finden fich verhältnismäßig nur in wenigen Wörtern. Aus dem **Plattdeutschen** vgl. z. B. *rau* (quies), *haugen* (caedere), *neigen* (suere), *reigen* (purus), *meu* (opera), *fik freugen* (gaudere); dabei ist ei in der Regel Halbdiphthong, nämlich = e^i, fo dass Fremde den Laut oft für blosses ê halten. Das **Holländische** hat zunächst diefelben drei echten Diphthonge: au, phonetisch gleich dem deutfchen, z. B. *paus* (papa), *klauteren* (scandere); ei, ebenfalls wie im Deutschen, z. B. *zeil* (vexillum), *reizen* (peregrinari), mit ihm ist das früher übliche ai verschmolzen worden, z. B. *kaizer* (caesar), *klai* (furfur), jetzt *keizer*, *klei*; endlich ui, phonetisch gleich dem deutfchen eu (äu), z. B. *muis* (mus), *buit* (praeda); ein Halbdiphthong ist ou, nämlich = o^u oder a^u, es ist eigentlich der Laut ò^u unferer Bezeichnung, z. B. *hout*

(lignum), *kouw* (frigor); halbdiphthongisch find auch die ternären Verbindungen aai, ooi, aau, eeu, nämlich = â¹, ô¹, âᵘ, êᵘ; z. B. *kraai* (cornix), *hooi* (foenum), *paauw* (pavo), *leeuw* (leo). Völlig einfache Laute find eu = ō, z. B. *heurel* (collis), *kleur* (color); ie = î, z. B. *vlieg* (musca), *niets* (nihil); oe = u, z. B. *boek* (liber), *stoel* (sella). Im Englischen find nur jene drei echten Diphthonge vorhanden: au (geschr. ou, ow), ei (geschr. i), eu (geschr. oi); keine Halbdiphthonge. — Die nordischen Sprachen haben gar keine Diphthonge, find alfo auch hierin, wie in fo vielen andern Stücken, dem Gothischen gleich, wenn unfere Auffassung des letzteren in diefer Beziehung richtig ist. Selbst in Fremdwörtern werden Diphthonge mehr getrennt ausgesprochen, namentlich im Schwedischen.

§ 10.
Nafalirte Vokale.
(Voyelles nafales).

1. Sie kommen unter allen europäischen Sprachen nur im Portugiefischen fämmtlich vor und werden hier durch eine über den betreffenden Vokal gefetzte Schleife bezeichnet; teilweife aber auch im Franzöfischen (nicht im Italienischen und Spanischen) und im Slawischen, welches letztere fie durch einen unter den Vokal gefetzten Haken (ą) bezeichnet, eine Methode, die Curtius in feiner Griechischen Etymologie auch für die allgemeine Sprachvergleichung eingeführt hat. Demnach ą, franz. an oder en, z. B. *dans, vent*; ę, franz. in, z. B. *vin*, poln. ę, z. B. *ręka* (manus); į, nur im Portugiefischen; ǫ, franz. on, z. B. *mon*, poln. ą, z. B. *mąka* (farina); ų nur im Portugiefifchen.

2. Den germanischen Sprachen mangeln die nafalirten Vokale gänzlich und ihre Ausspache fällt dem deutschen Organe fehr schwer; auch Gebildete verwechfeln häufig die Nafalirung der Vokale mit dem Guttural-Nafal, d. i. unferm Confonanten γ (dem Bopp'schen ṅ), sprechen alfo z. B. das

franz. *enfin* (d. i. *âfẽ* oder *afẽ*) ganz wie *aγfeγ*. Fast scheint es, als ob felbst Corssen diefes Verfehen begangen hätte; vgl. Stellen wie I. 107 (oben).

3. Unter den alten Sprachen befitzt das Sanskrit diefe Laute am vollständigsten. Die Bezeichnung geschieht hier durch einen d a r ü b e r, bezüglich d a n e b e n gesetzten Punkt (Anusvâra); Bopp giebt fie durch ein hinter den betreffenden Vokal gefetztes ṅ, eine Bezeichnungsart, die fich vom etymologischen Standpunkte empfielt, weil die nafalirten Vokale historisch in der Regel aus wirklichen Nafalen entstanden find, und die Verwandtschaft der verglichenen Formen dadurch fofort scharf in die Augen fällt; vgl. z. B. fanskr. *daṅstra* (phon. *dą̊stra*), lat. *dens*, gr. ὀ—δοντ, goth. *tunþ — us*; demnach die Urform vermutlich *daṅstra*.

4. Auch das Lateinische scheint die Nafalirung befessen zu haben. Was hier über den in gewissen Fällen fo fehr schwachen und dumpfen Laut des m und n mitgeteilt wird (Corssen, I. 93 ff.), ist phonetisch kaum zu verstehen, wenn man nicht diefen Vorgang dabei annimmt. Wenn Corssen gleichwol diese Auffassung ablehnt (S. 101), weil die Italienische Tochtersprache des Lateinischen die nafalirten Vokale nicht hat (etwas was überdies in Bezug auf Landstriche und Individuen noch fehr der Prüfung bedarf), fo scheint uns diefer Gegengrund nicht entscheidend. Das Italienische hat diefe Eigentümlichkeit wieder v e r l o r e n, ähnlich wie ja auch das fpätere Litauische (Schleicher. L. G. § 5. 1 und Note).

§ 11.
Die L- und R-Laute.
(Halbvokale)

1. Die L- und R-Laute können, theoretisch aufgefasst, die ganze Reihe der Organe durchlaufen, wirklich nachweisbar ist nur ein Teil derfelben. Wenn nun auch die homor-

gane Verwandtschaft hier nicht in völlig fo hohem Grade von der homogenen überwogen wird, wie dies bei den eigentlichen Vokalen der Fall ist, fo ist doch die Zufammengehörigkeit diefer halbvokalischen Laute unter einander immer noch eine viel innigere als die mit den übrigen Lauten der entsprechenden Artikulationsstellen und wir ziehen es deshalb vor, fie, gleich den Vokalen, abgefondert für fich zu behandeln; wobei wir uns indess vorbehalten, später, wo die einzelnen Artikulationsstellen betrachtet werden, zuweilen einen kurzen Rückblick zu tun.

2. Was nun zunächst das Verhältnis zwischen den L-Lauten überhaupt gegenüber den R-Lauten betrifft, fo zeigt fich die Verwandtschaft beider Gruppen an zahlreichen Stellen der Grammatik und etymologisch tritt diefelbe fo stark hervor, dass von diefem Standpunkte aus die Laute l und r von Bopp geradezu für identisch erklärt werden. Auch in den Lautverbindungen gehen die beiden Reihen des L und R einander fast völlig parallel. Dass die L- und R-Laute den Vokalen fehr nahe stehen, bestätigt mehrfach auch die historische fo wie die Special-Grammatik. Im Sanskrit figuriren neben den Confonanten l und r auch zwei Vokale ḷ und ṛ; ebenfo noch jetzt im Böhmischen, wo viele Silben keinen andern Vokal haben, demnach unaussprechbar blieben, wenn nicht die vokalische Natur diefer Laute phyfiologisch begründet wäre. Beispiele: *Vltawa*, *Trcky*; in Deutschland *Moldau*, *Terzky*.

3. Was die einzelnen Arten des L betrifft, fo ist **labiales l** ein unficherer, lallender Laut, der wol nirgends zur Sprache mitverwendet wird; ja dessen phyfiologische Möglichkeit fogar uns zweifelhaft erscheint, da bei dem, was man allenfalls darunter verstehen könnte, die Lippen doch eine gar zu geringe Rolle spielen. **Dentale l** giebt es vier Arten, von denen das alveolare unfer gewönliches deutsches l ist; das cacuminale foll nach Böhtlingk (Bemerk. zur 2. Ausg. von Bopp's Grammatik d. Sanskr. Petersb. 1845) jenes *Lra* der Veda's fein; denti-palatales (dorfales) l ist, nach unferer Auffassung, das mouillirte l der romanischen

Sprachen (§ 16), während Brücke das letztere für dorfales
l + i erklärt. Interdentales oder Lispel-l findet fich individuell
häufig ohne in der Rede fonderlich aufzufallen. Gutturales
l ist phyfiologisch unmöglich, das polnische ł,
welches von Einigen für guttural gehalten wurde, ist es
durchaus nicht, fondern gehört ins dentale Gebiet. In der
Regel wird es interdental gesprochen, feine fo eigentümliche
akustische Wirkung beruht indess überhaupt nicht in der
strengen Festhaltung einer bestimmten (natürlich immer dentalen)
Artikulationsstelle, fondern teils in der gröseren
Weite der feitlichen Oeffnung, teils in dem vertieften,
etwas dumpfen Klang der Stimme, welcher durch das Herabziehen
des Kehlkopfes entsteht. Diefer eigentümliche
Klang (Timbre) ist für das ł der Polen fogar charakteristischer
als das confonantische Element felber; in Warschau
wird der Laut häufig fo gesprochen, dass er zwar den vollkommen
charakteristischen Timbre, von einem L aber gar
nichts mehr an fich hat, fondern eher wie ein schwaches w[1]
klingt. Vgl. Brücke, Phon. Transscr. p. 23.

4. Labiales r, durch Vibration der Lippen entstehend,
ist ein bekannter Kinderlaut, bei dem man zweifeln
möchte, ob er als Sprachlaut wirklich zu brauchen
fei; doch foll nach Forster allerdings ein Lippenzitterlaut
in dem Namen einer Infel nicht weit von Neuguinea
und auch fonst in der dortigen Sprache vorkommen.
Dentales r, alveolar gebildet, ist unfer gewöhnliches
europäisches r, die Inder rechneten indess bekanntlich
das ihre zu den Cacuminalen (Cerebralen). Brücke
bezweifelte ursprünglich (Grundz. p. 42) die Möglichkeit
diefes Lautes und meinte: da die Inder die alveolare Artikulationsstelle
nicht unterschieden, fo mussten fie ihr r entweder
zu den Dentalen (Interdentalen bei uns), oder Cerebralen
zählen, und zogen, wahrscheinlich wegen des heraufgebogenen
Zungenrandes, das letztere vor. In einer fpätern
(brieflichen) Mitteilung äusert er fich jedoch fo: „Prof. von
Piotrowski hat mir das cacuminale r fo vorgesprochen, dass
es fich in der Tat ganz wefentlich vom gewönlichen alveolaren

unterscheidet." Gutturales r, durch Vibration des Zäpfchens (uvula) gebildet und daher auch uvulares genannt, findet fich dialektisch häufig ("Schnarren"), es ist z. B. das fogenannte provençalische r der Franzofen. In Deutschland wird es vielfach, teils provinziell, teils individuell vernommen. Verbunden mit χ giebt es das arabische *Cha*, mit j das arabische *Ghain*. Ueber einen laryngalen Zitterlaut, den man alfo ja wol als laryngales r anführen könnte, vgl. bei den Laryngalen.

5. Auffallend ist es, dass diefe beiden den meisten Sprachen fo wefentlichen Lautgruppen (die L- und R-Laute) manchen Völkern gänzlich fehlen. So entbehrt das Armenische und die alte Send-Sprache das L, gleichwol ist es im Neuperfischen vorhanden, felbst in folchen Wörtern, die nicht femitischen Ursprungs find. Dem Chinefischen, den Kaffern und den polynefischen Sprachen fehlt das R ganz, andern wenigstens im Anfang der Wörter, wie dem Mandschurischen, Mongolischen und Türkischen. Dass die Griechen das anlautende ρ mit dem spiritus asper bezeichneten, follte wol nur den das r felbst durchdringenden starken Hauch ausdrücken, nicht aber, wie Manche zu glauben scheinen, eine äuserliche Verbindung des h mit r.

§ 12.
Reine Labiales und Denti-Labiales.

1. b^1 und p^1 des in § 4 aufgestellten Alphabets bezeichnen reines deutsches b und p, wie es in Norddeutschland allgemein gesprochen wird, während in Süddeutschland häufig das b wie p klingt und in Mitteldeutschland (Sachsen, Thüringen, Franken) beide zu einem Mittellaute verschmelzen. Es werden diefe beiden Laute lediglich mit den Lippen gebildet, find alfo reine Labialen. Von den dazu gehörigen Spiranten findet fich die Lenis in Deutschland nur hinter k, hier aber stets; und vermutlich war das dunkle Gefühl diefer Eigentümlichkeit die Veranlassung, dass man die Lautverbindung kw auf befondere Weife, nämlich durch qu

bezeichnete; *Qual, Quelle* ist phonetisch = Kw'al, Kw'elle. Das englische w darf als identisch mit w¹ betrachtet werden, obschon bei strengster Auffassung es fich ergeben dürfte, dass dabei das w¹ etwas unvollkommen gebildet wird, und auserdem ihm auch noch ein fehr verkürztes u vorangeht, etwa eine Kürze zweiten Grades. Da eine folche in gewönlicher Schrift und überhaupt unter gewönlichen Umständen nicht bezeichnet wird, fo fetzt man englisches w in der Regel ohne Weiteres = w¹. Die dazu gehörige Fortis ist leicht zu bilden, wenn man beide Lippen zufammenschliest und nun die Frication eintreten lässt; es ist geradezu ein Blafen, als ob man Staub entfernen oder etwas Heises abkülen wollte. Ueber das historische Vorkommen diefes letzteren Lautes vgl. unter 3. — Der zu den reinen Labialen gehörige Nafal ist das allen Völkern gemeinfame m; über den labialen Zitterlaut, fo wie den hierher gehörigen L-Laut ist bereits bei den Halbvokalen berichtet.

2. f² ist das deutsche f oder v, welche, wenigstens im Anlaut, völlig identisch find; das w² ist das englische und franzöfische v, deutsche w (ausgenommen hinter k). Diefe Laute werden nicht mit den beiden Lippen gebildet, fondern mit der Unterlippe und dem Rande der oberen Zahnreihe, find alfo Denti-Labiales. Die dazu gehörigen Mutae und der Nafal, das denti-labiale p, b, m find zwar in der Tabelle theoretisch aufgestellt, dürften aber nirgends praktisch vorkommen; phonetisch unmöglich jedoch find fie nicht, vorausgefetzt, dass die oberen Zähne vollständig erhalten find und nicht zu weit von einander entfernt stehen.

3. Der Unterschied zwischen dem lateinischen f und dem altgriechischen φ der späteren Zeit, d. h. nachdem diefes letztere aufgehört hatte Aspirata und Affrikationslaut (vgl. §§ 21—22) zu fein, alfo ein einfacher Laut geworden war, ist ficherlich kein anderer gewefen als der zwischen unferm f¹ und f². Die Beweife der Einfachheit des späteren griechischen φ hat in überzeugender Weife R. v. Raumer dargelegt. Steht diefe aber einmal fest, fo handelt es fich nur noch um die Artikulationsstelle und da

ergiebt sich denn, dass in Assimilationsfällen die Griechen ihr φ als Labialis behandelten (συμφέρω, ἐμφαίνω), die Römer dagegen ihr f als Dentalis (confero, infans). Dazu das Zeugnis Priscian's: „Non tam fixis labris est pronuntianda f, quomodo φ, atque hoc solum interest inter f et φ." Die Bezeichnung „fixis labris" bedeutet, dass die Lippen beim φ sich einander berühren, etwas was bei dem denti-labialen f nicht geschieht. Sehr bezeichnend für die Sachlage ist es auch, dass Cicero einmal über einen griechischen Zeugen spottet, weil dieser nicht *Fundanius*, sondern *Phundanius* spreche. Es beweist dieser Umstand zweierlei: 1) dass das griechische φ zu Cicero's Zeit bereits ein einfacher Laut war, denn der Unterschied zwischen einem lat. f und der labialen Aspirata (p + h), bezüglich einem labialen Affrikationslaute (p + f), ist so gros, dass er auch dem stumpfesten Ohre vernehmlich wird und von jenem Zeugen unmöglich auser Acht gelassen werden konnte, wenn er, der schon in Rom heimisch war, einen ihm wolbekannten römischen Namen aussprach; 2) dass trotz dieser Einfachheit beide Laute dennoch etwas verschieden waren, so dass ein feineres Ohr den Unterschied merkte und nötigen Falls, wo es sich um einen Angriff handelte, ihn rügen konnte; dies ist gerade das Verhältnis zwischen f^1 und f^2, deren Unterschied auch heut zu Tage von der überwiegenden Mehrheit selbst der Gebildetsten nicht gekannt, aber vorkommenden Falls doch dunkel empfunden wird.

4. Das v ist ein der deutschen Sprache vollkommen unnötiges Zeichen, da es entweder für den Laut f oder für den Laut w steht. Das Erstere geschieht im Anlaut und findet sich gegenwärtig nur noch in folgenden Wörtern und deren Ableitungen: *Vater* (*Vetter*), *Vieh*, *Vogel*, *Vogt*, *Volk*, *viel*, *vier*, *voll*, *von*, *vor* und dem Präfix *ver-*, vor hundert Jahren fanden sich noch einige mehr, z. B. *vest*. Allerdings nun giebt es Personen, auch Bücher, welche behaupten, der Anlaut in *Vater*, *voll* etc. sei auch lautlich ein anderer als z. B. der in *Faden*, *füllen* (trotzdem dass *voll* und *füllen* denselben Stamm haben!); *Vetter* (consanguineus),

fetter (pinguior) feien auch durch die Aussprache zu unterscheiden; etc. Wenn man nun in fie dringt, diefen Unterschied doch einmal durch ihre Rede anschaulich zu machen (denn für gewönlich sprechen auch fie wie alle Andern eben nur reines f), fo läuft die Sache meistens darauf hinaus, dass folche Perfonen alsdann das v rein labial, das f dentilabial sprechen, mit andern Worten: fie fetzen hochdeutsch $v = f^1$ und hochdeutsch $f = f^2$. Natürlich ist dies eine ganz willkürliche Scheidung, welche ihnen eben die Not an die Hand giebt, um die fie felber fich, wie gefagt, fonst nicht im mindesten kümmern und die, jeder wissenschaftlichen Stütze ermangelnd, keine weitere Beachtung verdient. — Interessant dagegen wäre es zu unterfuchen, aus welchen Gründen das Zeichen v gerade in jenen vereinzelten Fällen geblieben ist. Althochdeutsch unterscheiden fich diefelben in nichts von den übrigen mit f (v) anlautenden Wörtern; es heisst *fatar*, *fetiro*, *fir-*, *fiho*, *filo*, *fior*, *fogal*, *fogat*, *folc*, *foll*; *fon*, *fora*; das letztere fogar desselben Stammes mit *furi*, welches im Nhd. (*für*) das f behalten hat. Mhd. haben fie freilich alle in der Regel v, aber keineswegs etwa strenger als andere Wörter; ja, das Präfix *ver-* findet fich fogar recht oft als *fer*[1]. Vermutlich haben hier niederdeutsche Einflüsse mitgewirkt; im Holländischen spielt v eine grose Rolle, und der Verkehr mit Holland war im 17. Jahrhundert, diefer für unfere Orthographie fo einflussreichen Zeit, fehr gros.

5. Inlautend follte das v der ahd. Handschriften offenbar nur den Laut w ausdrücken (das Zeichen w oder vielmehr uu bedeutete etwas anderes), vgl. meine D. L. § 150. Es findet fich hier und auch mhd. noch fehr häufig. Im Nhd. ist v in dem einzigen *Frevel* geblieben, und auch in Fremdwörtern steht es nicht allzuhäufig: *Malve*, *Pulver*, *Livree* etc.; die Aussprache ist meistens gleich dem nhd. w, nur dialektisch und individuell (beides namentlich in Ober-

---

[1] Vgl. z. B. Deutsche Predigten des XIII. Jahrh., herausgegeben von Grieshuber. 1844. 1846.

deutschland) = f. Die übrigen ahd. und mhd. v find graphisch zu f geworden, alfo *Briefes, Hufes, Grafen, Hofes, Wolfes;* offenbar, weil man die Uebereinstimmung mit dem Auslaute herstellen wollte; die nhd. Sprache liebt nun einmal nicht den Wechsel der Buchstaben innerhalb eines und desselben Wortes. *Frevel*, bei welchem diefer Umstand nicht in Betracht kommt, behielt demnach auch fein v, und hiernach durfte man allerdings auch bei *Käfer, Zweifel, Schiefer*, dasselbe erwarten, aber fie folgten lieber der Analogie der Mehrzahl; *Neffe* und *Kolbe* haben eigentümliche Wege eingeschlagen. So viel von der Schrift. Die Aussprache ist auch bei diefen Wörtern, welche f annehmen, im grösten Theile von Deutschland reines w, ganz wie in *Frevel;* alfo man spricht *Briewes, Hûwes, Grâwen, Hôwes, Wolwes, Käwer, Zweiwel, Schiewer.* Wenn nun von Manchen verlangt wird, man folle diefe Aussprache aufgeben und wirklich *Briefes* etc. sprechen, fo heist dies nichts Geringeres als: man folle einer orthographischen Grille der Schriftgelehrten zu Liebe ein tiefgehendes Lautgefetz des deutschen Idioms opfern; nämlich die Neigung: auf langen Vokal im Inlaut die Lenis folgen zu lassen; vgl. *Lop, Lobes; Bat, Bades; Tak, Tages,* norddeutsch *Tax, Tajes; Glas, Glafes;* und fo auch *Hof, Howes; Brief, Briewes;* etc.

6. Recht dringend möchten wir endlich vor einer, leider weit verbreiteten Auffassung des v warnen, der zufolge fich diefes Zeichen zwar nicht phonetisch, wol aber etymologisch rechtfertigen lasse; es stehe nämlich überall da, wo goth. f gewaltet habe, während hochdeutsches f bekanntlich etymologisch gothischem p entspricht. Wir lassen die Frage, ob es recht fei einen phonetisch einheitlichen Laut aus etymologisch-historischen Gründen orthographisch zu spalten, hier noch ganz auf fich beruhen, da fich später (§ 23) zur Prüfung derfelben eine passendere Gelegenheit bietet; wir stellen uns vielmehr hier noch völlig auf den Standpunkt der fogenannten „historischen Schreibung" und behaupten, dass felbst von diefem Standpunkte aus jene Scheidung durchaus ungerechtfertigt ist. An der Tatfache freilich, dass goth.

p etymologisch = hochd. f ist, zweifelt Niemand, die vorangehende Behauptung jedoch, dass goth. f etymologisch = hochd. v fei, beruht auf einem Irrtum; vielmehr entspricht dem gothischen f ebenfalls hochdeutsches f. Der Irrtum entstand daraus, dass Jakob Grimm vermöge feines Systems der Lautverschiebung wünschen musste, dass dem goth. f ein hochdeutsches b entspräche. Da nun dies nicht der Fall war, fondern fich eben nur f fand, fo erfasste er den Umstand, dass diefes f zuweilen auch v geschrieben wurde, um anzunehmen, v fei eigentlich bh und diefes erfetze nun die gewünschte Media b. Die Ehrfurcht vor dem Meister deutscher Sprachforschung darf uns nicht abhalten, es offen auszusprechen, dass diefes Alles grundfalsch ist. Es ist falsch zunächst von Grimm's eigener Auffassung aus, denn die Aspirata bh kann nicht als Erfatz für die Media gelten; fodann ist diefe Auffassung felbst ihrerfeits nicht minder falsch, denn v ist durchaus nicht = bh, ist überhaupt keine Aspirata; endlich ist die Tatfache falsch, welche Grimm dabei vorausfetzt, nämlich dass die althochd. Denkmäler den Laut des ursprünglichen (gothischen) f haben durch v bezeichnen wollen, während fie f für den Laut des ursprünglichen (gothischen) p angewandt hätten. Nach Graff's Unterfuchungen haben nur fechs Denkmäler (darunter keins der ältesten) ausschliesslich v statt des gothischen f; fechsundfiebzig Denkmäler (darunter die wichtigsten) haben ausschliesslich f, ja bei Otfried ist das zuweilen vorkommende v in f corrigirt; alle übrigen Denkmäler haben abwechfelnd f und v. Der Grund von Grimm's Irrtum ist offenbar der, dass er fein Lieblingskind, das Gefetz der Lautverschiebung, gern in möglichster Schönheit erhalten hätte, während es doch, eben der Aspiraten wegen, an einem unheilbaren Siechtume litt. Vgl. § 21, 6 unter IV. Es ist dies ja fo natürlich, fo verzeihlich; ein neues System tritt erobernd in die Welt, es will fich Alles unterwerfen, ja es muss fo verfahren, fein Erfolg, feine Existenz hängt zum Teil von diefer rücksichtslofen Energie ab; einer fpätern Zeit fällt dann die Aufgabe zu,

Gerechtigkeit zu üben, und jetzt nach beinahe 50 Jahren feit Grimm's Auftreten dürfte es endlich Zeit dazu fein. Es ist betrübend, wenn in neueren wissenschaftlichen Werken höchsten Ranges, die den Anfängern taufendfältig als Vorbild und Wegweifer dienen, gerade in folchen Einzelheiten der längst nachgewiefene Irrtum noch immer fortwuchert.

7. Zum Schluss müssen wir noch einen Blick auf das Holländische werfen, wo nach Ausfage aller Spezialgrammatiker die Zeichen f, v, w auch lautlich durchaus verschieden find; ihre Beschreibungen des dabei eigentlich allein fraglichen Lautes v find jedoch fo unklar, dass fich schlechterdings nichts dabei denken lässt. Ich wandte mich deshalb an Herrn Prof. de Vries in Leiden. Auch er nun verficherte in feiner Antwort, die drei Laute feien im Holländischen stets und völlig verschieden und erklärte fie dann fo: „f ist immer scharf, wie im Franzöfischen *(feu, faire)* und Englischen *(for, fire)*, — — —[1] w ist gleich deutschem w *(wasser, wein)*; v ist von f und w ganz klar unterschieden, es ist immer fanft und lautet dem franzöfischen v *(vin, votre, vous)* vollkommen ähnlich; — — —[2] es macht diefe fanfte Aussprache des v wirklich einen charakteristischen Unterschied aus zwischen der niederdeutschen und hochdeutschen Sprache." Mit diefer Erklärung war mir nicht geholfen, denn ich wusste von keinem Unterschiede zwischen deutschem w und franzöfischem v. Später wandte ich mich an Herrn Prof. Brücke. Derfelbe schrieb mir, er habe mit einem Holländer (aus Amsterdam) Proben angestellt und dabei gefunden, das holl. f fei völlig gleich dem deutschen f, das v und w feien beide gleich deutschem w, nur werde das erstere mit Flüsterstimme, alfo nach Art der Süddeutschen, w mit tönender Stimme, alfo nach Art der

---

1) Es folgt hier noch die muthmasliche Meinung, dass das deutsche f im Anlaut etwas schärfer fei als das franzöfische. Dem ist jedoch nicht fo.

2) Es folgt hier eine grammatische, das Wefen des Lautes nicht berührende Bemerkung.

Norddeutschen, gesprochen. — Eine Woche später jedoch schrieb mir Hr. Prof. Brücke: „Ich muss zurücknehmen, was ich Ihnen über die Bezeichnung des holländischen v geschrieben. Ich habe wieder mit meinem Amsterdamer darüber conferirt und ihn eine grösere Anzahl von Wörtern aussprechen lassen. Da finde ich es nun meistens dem f ähnlicher, ſo dass ich es nicht mehr ſicher von dem Laute unterscheiden kann, den wir indiscriminatim dem f und v im Deutschen geben. Wenn ich ihm dann ſage, er möge in der Aussprache dem v ein f ſubſtituiren, ſo spricht er es schärfer, d. h. mit engerer Oeffnung und stärkerem Impuls aus, als wir dies im Deutschen gewönlich tun. Ich wage es nicht, mich über die Bezeichnung zu entscheiden, ehe ich noch mit mehreren Holländern conferirt habe. Es scheint mir übrigens, dass der Unterschied zwischen f und v mehr von Grammatikern und Sprachlehrern gemacht als ursprünglich ist; denn die plattdeutsche Zunge, von der ſich doch das Holländische abgezweigt hat, weis von dieſem Unterschiede nichts und im Englischen findet ſich das v echtholländischer Wörter durch f erſetzt. Bemerken muss ich noch, dass mein Gewährsmann zugiebt, dass nur die Gebildeten f und v unterscheiden: das gemeine Volk von Amsterdam beobachte dieſen Unterschied gar nicht." — In einer dritten Mitteilung endlich schreibt Hr. Prof. Brücke: „Ueber holländisches f und w ist kein Zweifel. Es handelt ſich nur noch um das v. Ich bin schlieslich zu dem Reſultate gekommen, dass ſeine Aussprache zwischen geflüstertem w und reinem, d. h. völlig tonloſem f hin und her schwankt, oder vielleicht besser gefaßt, zwischen beiden schwebt. Es ist dies deshalb möglich, weil zwischen der tonlos verengten und der weit offenen Stimmritze eine continuirliche Reihe von Abstufungen vorhanden ſein muss. Nach dem Briefe von de Vries gilt die dem geflüsterten w genäherte Aussprache für die richtige, während die Aussprache als f die der Frieſen und nach meinen Nachrichten auch die des Amsterdamer Pöbels ist. Es ist mir vorgekommen, als ob in den Wörtern, in denen v für französisches v steht, mehr (geflüstertes) w gesprochen würde; in denen, in welchen es für deutsch oder englisch f steht, mehr f; aber die Holländer wissen nichts davon, dass dies der Fall oder geboten sei. Wenn man, wie dies Czermak für die Bezeichnung des h wünscht, noch ein Zeichen für die halboffene Stimmritze einführte,[1] so würde dies wol mit dem des w zu einem Zeichen verbunden, die Aussprache des holländischen v für die Majorität der Fälle ausdrücken."

So weit die Mitteilungen Brücke's. Ich selbst vermag über die Natur des holländischen v nichts weiter anzuführen, da sich mir keine Gelegenheit zu unmittelbarer Prüfung dieses Lautes geboten hat.

§ 13.
Interdentales.

1. Mit ş und ſ bezeichne ich den Laut des englischen th, und zwar gilt ş für den harten (*thing*), ſ für den weichen (*that, whether*). Ihnen genau entsprechen die Laute des neugriechischen ϑ und δ. Was die dazu gehörigen Verschlusslaute ţ und ḑ betrifft, so ist deren Vorkommen, ja sogar deren Möglichkeit bezweifelt worden. Mit Recht bemerkt jedoch Brücke (gegen Kudelka, p. 25), der luftdichte Verschluss zwischen Zunge und Zähnen sei nur für denjenigen unausführbar, welcher weit auseinanderstehende Zähne oder Zahnlücken habe; es werde vielmehr von manchen Individuen auch in Deutschland das t und d wirklich interdental gebildet. Neuerdings hat sich denn auch ergeben, dass die heutigen Inder diese Laute auf die hier angegebene Art aussprechen (Brücke, Aussprache d. Aspiraten, p. 8, Note) und dass mithin das t und d des Sanskrit den

---

[1] Also die Mitte haltend zwischen den § 25 E. b) und c) aufgestellten Zeichen. Ich bezeichne diesen Zustand der Stimmritze durch das Zeichen E. b), verbunden mit dem der unvollkommenen Lautbildung. Verf.

Namen Dentales in einem viel prägnanteren Sinne führen als man bisher meinte.

2. Die beiden oben erwähnten Laute des Englischen, wie fie in der Regel gesprochen werden, find **einfach** und lassen fich eben nur als Interdentales kennzeichnen. John Walker in den principles of English pronunciation fagt: „Th in think, and the same letters in that, are formed by protruding the tongue between the fore teeth, pressing it against the upper teeth, and at the same time endeavouring to sound the s or z; the former letter to sound th in think, and the latter to sound in that." Ziemlich übereinstimmend damit Buschmann (Lehrbuch der englischen Aussprache. Berl. 1832, p. 62): „Das th ist im Allgemeinen gelispeltes s, d. h. man spreche den Laut s aus, aber nicht mit geschlossenen Zähnen und die Zunge hinter den Zähnen liegend, fondern man dränge die Zunge zwischen beide Zahnreihen, fo dass fie an die obere Reihe anstöst, hervor und spreche dabei s." Je nachdem man das Zeichen s im Sinne von scharfem oder mildem, alfo nach unferer Bezeichnung s oder f nimmt, entsteht entweder das harte oder das weiche th.

3. Neben diefer einfach-interdentalen Aussprache des th (s und f) existirt nun aber in England auch noch eine andere. So giebt Buschmann felbst zu (p. 69): „Einige fagen, bei dem th höre man im Hintergrunde ein d (einige Sprachlehrer finden ihre Schüler fogar mit einem reinen d ab!); — wenn dies ist, **was man wol wird zugestehen müssen**, fo erkläre ich das für zufällig" etc. Noch bestimmter aber Schulze (Engl. Sprachlehre): „Am besten wird man tun, wenn man in allen Fällen ein d mit einem darauf folgenden Hauch hören lässt." Raumer (A. u. L. p. 21 ff.), dem ich diefe Stellen entnehme, bemerkt dazu, er felbst habe aus englischem Munde in gewissen Wörtern das th entschieden mit vorschlagendem d, in andern dagegen nach Walker's Angabe rein interdental sprechen gehört; es scheint, dass dabei nach Provinz und Individualität ein gewisses Schwanken herrscht. — Die **zweite** Art der Aus-

sprache ergiebt, wie diese Beschreibung lehrt, keinen einfachen Laut mehr, sondern ist das, was wir später als einen Affrikationslaut werden kennen lernen, und dieser selbst wieder ist hervorgegangen aus einer Aspirata, also einem ebenfalls zusammengesetzten Laute, daher das zusammengesetzte Zeichen. Von den beiden jetzt üblichen Aussprachen des englischen harten und ebenso des weichen th ist die **affrikative** demnach die ältere, die **rein frikative** (einfach-interdentale) die jüngere. Jene erstere besteht nur noch in einigen Resten und wird wahrscheinlich in nicht allzu langer Zeit völlig getilgt sein.

4. Ein ähnliches Verhältnis scheint im Spanischen obzuwalten bei dem Laute, welcher vor a, o, u mit z, vor e und i aber mit c bezeichnet wird. Beide Zeichen drücken hier ungefähr den Laut des englischen th aus; gleichwol scheint ein gewisser Unterschied zwischen ihnen obzuwalten. Velasco beschreibt den letzteren so: El sonido de la ç[1] se forma con la estremidad de la lengua casi mordida de los dientes no apretados; und den des z: Arrimada la parte anterior de la lengua a los dientes, no tan apegada como para la ç, sino de manera que quede passo para algun aliento o espiritu, que adelgazado o con fuerça salga con alguna manera de zumbido, que es en lo que differe de la ç." (Diez I^2. 360).

5. Dass die Aspirata th zu einer einfachen Frikativa wurde, entspricht dem allgemeinen Entwickelungsgesetz. Dass diese Frikativa aber gerade eine **Interdentalis** ist, beruht auf einer Eigentümlichkeit der betreffenden Idiome. Im Hochdeutschen ist statt derselben die reine Alveolaris (s) aufgetreten. Interessanter Weise nun scheint die Interdentalis selbst in jenen Idiomen, welche sie erzeugt haben, keineswegs fest zu stehen, sondern die Neigung zu haben, ebenfalls Alveolaris zu werden. Im Englischen z. B. gilt

---

[1] So wird das c vor e und i zuweilen auch geschrieben, um den Unterschied zwischen ihm und dem gutturalen, welches vor a, o, u und Consonanten gilt, auch für das Auge hervorzuheben.

das th der 3 Sing. Präf. nur noch in der Poefie, fonst steht dafür bereits s, alfo nicht *loveth* fondern *loves*. Dass in anderen Fällen für jetzt die Aussprache s statt th in England noch als Ziererei oder Ausländerei betrachtet wird, darf dagegen nicht geltend gemacht werden. — Auch im Spanischen wurden die Laute z, c (ç) und s in Schrift und Rede häufig unter einander verwechfelt, z. B. *Zaragoza, Çaragoça, Saragosa*, und obschon auch hier der reine (alveolare) S-Laut in diefen Fällen oft als fehlerhaft bezeichnet wird (*cecear*, lispeln), fo scheint derfelbe doch mehr und mehr, namentlich statt des z, einzudringen und in manchen Grammatiken wird z ohne Weiteres = s (vielleicht auch f) gefetzt.

6. Das Englische ist die einzige niederdeutsche Sprache, welche interdentale Laute bildet, im Holländischen und Plattdeutschen finden fie fich fo wenig wie im Hochdeutschen. Auch unter den nordischen Sprachen begegnen fie nur im Isländischen, wo überdies im vorteilhaften Gegenfatz zum Englischen der weiche Laut vom harten auch graphisch unterschieden wird, nämlich entweder dh und th oder ð und þ; Beispiele *ordh, medh, hundradh, ödhrum, thadh, thau, thvi*. In den ältern Perioden des nordischen und niederdeutschen Idioms find die Zeichen th und dh fehr verbreitet; ob diefelben aber damals auch schon interdentale Spiranten oder nicht vielmehr Aspiraten bezeichnen follten, ist schwer zu entscheiden. Im Gothischen findet fich nur th (þ), welches indess möglicher Weife den weichen Laut mit zu vertreten hatte; auch von ihm ist der phonetische Wert schwer zu bestimmen. In Fremdwörtern lässt Ulfilas es regelmäßig das griechische ϑ vertreten, leider ist der phonetische Wert diefes letzteren zu jener Zeit auch nicht ficher festzustellen. Wir unfererfeits find der Meinung, dass, fo gut wie φ damals schon unzweifelhaft eine Spirans gewefen fein muss (vgl. § 12. 3), fo auch die Dentalklasse bereits die Aspirata verloren hatte, alfo ϑ nichts anderes als die heutige (neugriechische) Spirans ş gewefen ist, etwas was dann für das gothische þ mit entscheiden würde. Zweifelhafter ist diefe Frage für das Altfächfische, Angelfächfische, Altnordische.

Das im Altſächſiſchen begegnende Schwanken zwischen der Schreibung th, dh, d innerhalb eines und desselben Wortes, z. B. *werthan, wurdhun, werdan; ertha, erdhu, erdu; othar, odhrun, odrun* scheint auf wirkliche, wenn auch ersterbende Aspiration zu deuten. Vgl. Raumer's A. u. L. p. 29.

7. Da die Zunge bei Bildung der Interdentalen den beiden Lippen ſehr nahe kommt, ſo ist es nicht zu verwundern, dass ſie dieſelben, namentlich die Oberlippe, zuweilen berührt und in Folge dessen ein Laut entsteht, welcher eine gewisse labiale Färbung hat, alſo dem f oder bei der Lenis dem w gleicht, und zuletzt bei manchen Individuen, ja ſelbst in manchen Landstrichen, völlig in dieſe Laute übergeht. So ſetzt die englische Volkssprache häufig f statt th, wie man aus Dickens entnehmen kann, z. B. *nuffin, nuffing* statt *nothing*. Im Neugriechischen ist dieſe Entartung, wie es scheint, noch viel weiter verbreitet; hier sind Nebenformen wie Θήβα, Φήβα (gesprochen *Fiwa*) ſehr gewönlich; vgl. Ross, Wanderungen in Griechenland, I, p. 22, 32. Hiezu halte man jene Beispiele ähnlichen Lautwechſels aus dem Altertume: θήρ, äol. φήρ, lat. *fera*; θύρα, lat. *fores*; θυμός, lat. *fumus*; ἐρυθρός, lat. *rufus*. Das Russische endlich hat alle griechischen θ conſequent in f verwandelt, auch in der Sprache der Gebildeten und ſogar in der Schrift, daher *Feodor* (Theodor), *Marfa* (Martha), *Afanasia* (Athanasia).

§ 14.
Alveolares.

1. Unser t und d, genauer t^2 und d^2 (bei Brücke t^1 und d^1) bezeichnen das reine deutsche t und d, wie dieſe Laute in Norddeutschland allgemein gesprochen werden, während in Süddeutschland häufig das organische d wie t klingt; in manchen Gegenden Mitteldeutschlands aber (Sachſen, Thüringen, Franken) beide zu einem eigentümlichen Mittellaute verschmelzen; vgl. § 2, 11. Der zu dieſer Klasse gehörige Naſal (n^2) ist unser gewönliches deutsches n (aus-

genommen, wenn letzteres vor g oder k steht) und wol allen Sprachen gemeinfam.

2. Die zu jenen alveolaren Explofivlauten (t, d) gehörigen Frikativlaute haben wir in unferer Tabelle mit s und f bezeichnet.

a) Demnach ist unfer s der Laut, den man in Deutschland mit sz (fs), ss, s, z. B. *reiszen* (*reifsen*), *Meissen, das,* in Frankreich mit s, c, ç, z. B. *son, celui, ça;* in fast allen übrigen europäischen Sprachen aber mit blosem s bezeichnet.[1]

b) Unser f dagegen ist der Laut, welcher in den deutschen Wörtern *Sand, Segel, Wiefe, Rofe,* wenigstens bei norddeutscher Aussprache gilt. Seine Schreibung in den europäischen Sprachen ist auffallend schwankend. Ganz confequent bezeichnen ihn nur die Holländer und fämmtliche Slavenvölker, nach Schleicher auch die Littauer, nämlich durchaus mit z. Beispiele: holl. *zand* (arena); *zegel* (sigillum), *zeil* (vexillum), *razend* (demens) etc.; poln. *zabić', razem.* Die Franzofen und Engländer schreiben diefen Laut teils mit z, teils mit s. Beispiele der erstern Art: franz. *hazard, zèle;* engl. *gazing, zeal.* Beispiele der letzteren Art: franz. *maison, raison;* engl. *reason, treason.* Die Italiener schreiben ihn stets s, alfo ganz wie die Fortis, unterscheiden aber beide Laute theoretisch als *s gagliardo* (die Fortis) und *s rimesso* (die Lenis); das letztere gilt nur vor Vokalen, alfo nach unferer Schreibung: *avvifo, teforo, paefe, virtuofo* (einzige Ausnahme *cosi*) und vor tönenden

---

[1] Brücke in seinen „Grundzügen" (p. 38) giebt an, das in Deutschland normale S fei nicht das alveolare, fondern das dorfale (dentipalatale). Auf eine an Herrn Prof. Brücke hierüber brieflich gerichtete Frage war derfelbe fo gütig mir Folgendes zu erwidern: „Ich glaube jetzt in der Tat, dass auch in Deutschland, wenigstens bei uns hier, das alveolare S häufiger fei als das dorfale. Ich hatte früher, als ich der gegenteiligen Anficht war, den Fehler begangen, mir das S zu oft ifolirt oder in bloser Vokalverbindung vormachen zu lassen, während faktisch in der fortlaufenden Rede die vielfache Berührung mit alveolaren Confonanten der alveolaren Artikulation ein gröseres Gebiet erobert." — In der „Phon. Transscr." is das deutsche S überall durch das alveolare Zeichen ausgedrückt.

Confonanten (Lenis und Liquida): *ſguardo*, *ſdegno*, *ſbarcare*, *ſlanciare*, *ſradicare*, *ſnervare*, *ſmunto*, *ſvelto*. Den Spaniern ſoll (wenn man den, in ſolchen Dingen nicht ſehr zuverläſſigen, Grammatiken glauben darf) dieſer Laut gänzlich fehlen; ihr s wäre demnach immer ſcharf und ihr z ein ganz anderer Laut (Interdentalis, das engliſche th). Die Portugieſen haben die franzöſiſch-engliſche Bezeichnungsart.

3. Die wahrhaft quälende Verwirrung, welche in Betreff dieſer Laute, ſo wie der mit ihnen ſo eng zuſammenhängenden s̩ und ſ (§ 15) herrſcht, wäre mit einem Schlage gelöst, wenn man ſich entſchlieſen wollte, die von uns hier und auch früher ſchon (D. L.) vorgeſchlagene Sonderung der Zeichen s und ſ vorzunehmen, wie dies allerdings zuweilen, z. B. von Michaelis, bereits geſchehen ist. Das von den meisten europäiſchen Völkern für den weichen Laut eingeführte z eignet ſich für uns Deutſche darum nicht, weil wir uns zu ſehr daran gewöhnt haben, dabei an den Doppellaut ts zu denken, welchen wir nicht gern mehr in ſeine Beſtandteile zerlegen möchten, ſo dass wir *reitsen*, *hetsen*, *tantsen*, *wits*, *prints* ſchrieben, wie die Holländer, Dänen und Schweden tun. Wir könnten ſogar einen phonetiſchen Grund anführen, welcher uns eine ſolche Zerlegung des z als nicht wünſchenswert erſcheinen läſst. Unſer deutſches z iſt im Anlaut keineswegs im strengen Sinne = t + s, ſondern es iſt = 's, vgl. § 20, 4. Und wir können das Zeichen z für den weichen S-Laut ja ſo leicht entbehren, da ein glücklicher Zufall uns gerade bei dem Buchſtaben S zwei Zeichen an die Hand gegeben hat. Was bisher ein bloſer Tand war: machen wir es zu einem wertvollen Besitztum!

4. Es ist ein groser Mangel der älteren Grammatik, dass ſie den Unterſchied dieſer beiden Laute, des „*hizzing*" und „*buzzing*" S (wie die Engländer denſelben bezeichnen), ſo gut wie gar nicht achtete, ſondern, durch die Schrift verführt, beide als einen und denſelben Laut behandelte. Und doch bestand jener Unterſchied bereits in den beiden klasſiſchen Sprachen. Nach Corssen (I. 121) war das lat. s

im Inlaut zwischen zwei Vokalen und nach dem schwachlautenden n gleich unſerem Laute ſ. Ganz ähnlich im Griechischen, wo zwischen Vokalen (μοῦσα) und vor weichen Conſonanten (σβέννυμι, βύσδην, μίσγω) ſicherlich der weiche Laut galt. Vgl. Heyſe, Syst. d. Sprachw. p. 274. Dieſe Erscheinung ist phonetisch ſehr wol erklärlich. Die beiden Vokale, als tönende Laute, haben den zwischen ihnen stehenden Laut durch homogene Assimilation ebenfalls zu einem tönenden (weichen) gemacht. Vgl. § 20, 9—10. Im Neugriechischen werden alle ζ als ſ gesprochen und dieſe Aussprache muss schon ſehr früh, um Christi Zeit, gegolten haben; vgl. Mullach, Neugriech. Gramm. Obschon nun die Neugriechen alſo für den Laut ſ ein eigenes Zeichen beſitzen, ſo wenden ſie dies doch keineswegs conſequent für denſelben an; ſie schreiben nicht μοῦζα, κόζμος, obschon ſie ſo sprechen, ſondern lassen die altgriechische Schreibung bestehen, etwas was wohl Niemanden befremden wird, da die neugriechische Schreibung auch ſonst ſich sklavisch an die altgriechische anschliest, ſo dass ſie z. B. den Laut i nunmehr durch fünf verschiedene Zeichen geben muss. Die Herrlichkeit des vergangenen Zustandes gegenüber dem Verfall der Gegenwart darf freilich hier als Entschuldigung, ja als ein Recht zu ſolchem Verhalten gelten.

5. Ganz das nämliche Verhältnis wie im Lateinischen und Griechischen scheint in Betreff der beiden Zischlaute s und ſ auch im Gothischen stattgefunden zu haben, indem hier auslautendes *s*, wenn es durch Flexion oder Wortbildung in den Inlaut zu stehen kommt, ſehr häufig zu *z* wird, z. B. *þus, þuzei; jus, juzei; us, uzuh; hatis, hatiza; ans, anza;* etc. Es ist kaum noch einem Zweifel unterworfen, dass dieſes *z* eben den Laut ſ unſers Systems darstellen ſollte und die Wahl dieſes Zeichens nach dem Vorbild des griechischen ζ geschehen ist, welches, wie bereits bemerkt, zu Ulfilas' Zeit schon längst jenen Lautwert beſaſs. Damit stimmt denn auch trefflich der zuweilen eintretende Wechſel der Buchstaben *s* und *z* (*saislêp, saizlêp*), der fast gänzliche Mangel des Buchstabens *z* im Auslaut, endlich der Umstand,

dass *z* fich ausschlieslich vor Vokalen und tönenden Lauten findet, ganz wie es der phonetische Charakter des Lautes f erheischt. Grimm freilich (D. G. I², p. 65) hält das gothische *z* für zufammengefetzt aus *d* + *s* (*f*) und knüpft eine Menge von verworrenen Vorstellungen daran („Umlaut des *s*" etc.), in welche von Seiten der Phonetik einen Lichtstral bringen zu wollen, vergebliche Mühe wäre (vgl. unter 6). Dagegen fassen die Altenburger Herausgeber des Ulfilas das Verhältnis bereits mit einer für jene Zeit (1843) überraschenden Klarheit und Sicherheit auf; ein Verhalten, welches fie auch an anderen Stellen der Lautlehre betätigt haben und weshalb fie mehrfach ein misbilligendes Stirnrunzeln, auch wol manche feltfame Zurechtweifung von Seiten der strengen „Schule" ernteten.[1] — Bemerkenswert ist übrigens, dass das auslautende *s* in den oben angegebenen Fällen die Umwandelung in *z* nicht immer erleidet; es heist *raus, rausa; hus, husa; svês, svésa;* etc., nicht *rauza, huza, svêza;* dazu vgl. Verbalformen wie *visan, vêsum,* etc., wo nach phonetischer Wahrscheinlichkeit ebenfalls der weiche Zischlaut zu erwarten wäre. Sollte dies nur als eine Unge-

---

1) So z. B. wegen des gothischen Zeichens ☉, dessen wahrscheinlichen Lautwert fie mit *w* bestimmten und demgemäs bezeichneten. In Folge dessen äusert sich Vilmar folgendermasen: „Es ist ein starker Fehler, wenn im Druck das gothische Zeichen ☉ durch *w*, eine Spirantenverdoppelung (statt *hv*, eine Spirantenverbindung) ausgedrückt wird." Man bemerke die in diefem Urteile enthaltene Verwirrung der Begriffe: 1) Weil ☉ etymologisch meist an der Stelle steht, wo Sanskr. Lat. Griech. einen Guttural (*k*) + einer labialen Spirans (*v, w*) bietet, darum foll auch der phonetische Wert des ☉ durchaus *h* (Lautverschiebung des *k*) + *v* (was Vilmar damit für einen Laut meint, bleibt unklar) gewefen fein, alfo Verwechfelung des phonetischen mit dem etymologischen Standpunkte. 2) Das *w* fieht Vilmar als eine Spirantenverdoppelung an, und zwar darum, weil das Zeichen *w* aus der Verschlingung von *vv* oder *uu* erwachfen ist; alfo Verwechfelung des phonetischen Standpunktes mit dem graphischen. 3) Die völlige Unklarheit darüber, was ein Spirant eigentlich ist und weshalb auch das *h* dazu gehört, von welchem man nicht erfährt, ob es der spiritus asper oder der Laut χ fein foll, den *h* im Gothischen wahrscheinlich bezeichnet.

nauigkeit der Schreibung gelten dürfen? Dazu find diefe Fälle doch zu häufig und der Buchstabe *s* in ihnen zu constant. Es scheint, dass im Gothischen der harte Laut auch zwischen Vokalen wirklich vorkam.

6. Wie stand es in Betreff diefer Laute im **Alt- und Mittelhochdeutschen**? Die **Schrift**, fich auch hier an die lateinische Schreibung anlehnend, giebt darüber keinen Aufschluss und fomit würde man auch bei J. Grimm vergeblich in irgend einem feiner Werke eine Aufklärung oder auch nur eine bestimmte Erwähnung diefer Verhältnisse fuchen, ja man darf zweifeln, ob er überhaupt ein klares Bewusstfein von dem Vorhandenfein jenes Lautpaares hatte. Die wenigen Stellen, in welchen er auf die Aussprache des S eingeht, (D. G. I^2. 64. 166), find schwankend, kurz und dunkel. Das eine S wird darin ein „zufammengefetzter, trüber, kraufer" Laut genannt, das andere dagegen ein „einfacher, heller, spitzer"; aber ob unter dem Zisch-, bezüglich dem **Saufe**-Laute das gemeint ist, woran wir dabei denken: dies felbst ist höchst zweifelhaft. Ich will auf den Umstand, dass die betreffenden Bestimmungen zu der Natur jener Laute durchaus nicht passen, gar nicht einmal Gewicht legen, fondern ich stütze mich auf die hundertfältig erprobte Art und Weife, wie Grimm überhaupt Lautfragen zu behandeln pflegt. Seine Vorausfetzungen find felbst da, wo er den phonetischen Standpunkt einmal ausnahmsweife zu betreten scheint, von durchaus anderer Natur; er kennt in Wahrheit den lebendigen Laut gar nicht, fondern nur die todten Zeichen, die **Buchstaben**, und fein Bestreben auf diefem Gebiet hat niemals ein anderes Ziel als diefelben mit andern todten Zeichen früherer oder späterer Perioden zu vergleichen. Es ist, als ob Jemand emfig **Ziffern** ordnete, aber die ihnen zu Grunde liegenden Werte, die **Zahlen**, nicht kennte und darum auch kein Refultat anzugeben vermag. Wer dies einmal durchschaut hat, der wird schon im Voraus wissen, dass hier bei der Frage von hartem und weichem S, wo die Schrift den Forscher im Stich lässt, bei Grimm kein Rat

zu holen ist, und dass, wenn hie und da eine Stelle dagegen zu sprechen scheint, diefelbe bei näherer Betrachtung ebenfalls ganz gewiss auf eine historisch-etymologische Buchstabengleichung hinauslaufen wird. In der Tat ist es auch mit den obigen Aeuserungen fo; es handelt fich (p. 64) um das gothische und (p. 166) um das ahd. S, und Grimm's Annahme zweier Laute bei diefem Zeichen stützt fich eigentlich nur auf jene Tatfache, dass im Gothischen auslautendes s, wenn es in den Inlaut tritt, häufig zu z wird. Was diefes letztere jedoch bedeute, ist ihm unklar, und fo reihen fich ihm daran hier und im Ahd. die wunderlichsten Folgerungen und Combinationen, welche zum Teil mit der vorliegenden Frage ganz und gar nichts zu tun haben. Dabei ist ihm die Wahrheit fortwährend unter den Händen; er erwähnt fogar die englische Scheidung zwischen „*hissing*" und „*buzzing*" S, aber da er damit keinen bestimmten phonetischen Begriff verbindet, fo entfchlüpft fie ihm fortwährend und verschwindet endlich. An der Stelle, wo man vor Allem berechtigt war, eine Aufklärung über den Laut des S zu fuchen, bei der Besprechung der nhd. Confonanten, wo der lebendige Laut felbst zu beobachten war, da findet fich über die fragliche Scheidung — auch nicht ein Wort! Und doch ist gerade diefe heutige Aussprache auch für jene älteren Perioden das einzige Mittel über den Laut oder die Laute des Buchstabens S einigen Aufschluss fich zu verschaffen. Wir glauben, dass derfelbe damals im Wefentlichen fo gesprochen wurde, wie noch heute in Oberdeutschland geschieht und das überwiegende Vorkommen des harten Lautes in diefen Gegenden macht es einigermasen erklärlich, dass die Schreibung an diefer Stelle fo unvollkommen blieb.

7. Hinfichtlich diefer jetzt üblichen Aussprache des Buchstabens S in Deutschland fei Folgendes bemerkt: Anlautend wird derfelbe vor Vokalen in ganz Norddeutschland als f gesprochen, alfo *fand*, *filber*, *fonne*, *fôn* (filius), *fauer*, *fêr* (valde). *ficher*, *fuchen*; ebenfo in Holland, nur dass hier der Laut auch graphisch fixirt wurde: *zand*, *zil-*

ver, *zon*, *zoon*, *zuur*, *zeer*, *zeker*, *zoeken*. In ganz Süddeutschland dagegen gilt s, alſo wie bei den Engländern und den romanischen Völkern, ſo dass die obigen Beispiele: *sand*, *silber*, *sonne* etc.[1] lauten. Von Conſonanten kommen hinter S jetzt nur noch p, t, k vor, und vor dieſen als tonloſen Lauten wird auch der Zischlaut tonlos (hart) geſprochen, alſo *spalt*, *sprung*, *stein*, *streuen*, *skalp*, *sklave*. Hätten wir die Verbindung mit *b*, *d*, *g*, dann ergäbe ſich ſicherlich *ſb*, *ſd*, *ſg*, wie im Italienischen, vgl. oben unter 2; ebenſo im Englischen, vgl. *sdain*, gesprochen *ſdên*. In einem grosen Teile Deutschlands geht übrigens in den Verbindungen *sp*, *st*, *sk* die Alveolaris in den Cacuminallaut ṣ (nach deutscher Schreibung: *sch*) über, alſo *schprung*, *schtein*, *schkalp*. Dasselbe ist mit den im Mhd. noch vorkommenden Verbindungen *sl*, *sn*, *sm*, *sw* geschehen; in dieſen Fällen ist die Schrift der Aussprache gefolgt, alſo mhd. *slâfen*, *snîden*, *smaehen*, *swimmen*; nhd. *schlâfen*, *schneiden* etc. Was den Inlaut betrifft, ſo gilt hier vor Vokalen in Norddeutschland durchweg der milde Laut (ſ), alſo *Roſe*, *leiſe*, *Hälſe*, *Gänſe*, *Ferſe*; der übrigens hinter r dialektisch gern in ſ ausweicht, alſo *Ferſe*, *Hirſe*; in Süddeutschland gilt vielfach auch hier der harte Laut, doch vermag ich dabei keine landschaftliche Grenze anzugeben; in manchen Teilen Mitteldeutschlands tritt ein schwankender Laut ein; vgl. § 2, 11. Vor Conſonanten (p, t) wird inlautend im ganzen Norden und auch im Südosten reines s gesprochen, alſo *Last*, *Fest*, *ist*, *Kost*, *Brust*, *Haspel*,

---

1) Kempelen, der in Wien lebte, hatte von der weiten Verbreitung des Lautes ſ in Deutschland ſo wenig Kenntnis, dass er ſich darüber (Mech. d. menschl. Spr. p. 339) folgendermasen ausspricht: „Manche glauben der Sprache einen beſonderen Nachdruck zu geben, dass ſie fast alle S in franz. Z verwandeln. Ich habe einige der geschickteſten Schauspieler auf der Bühne ſagen gehört: „*Zo tief zind zie gezunken?*" — Jene Schauspieler werden dies wol nicht aus Ziererei getan haben, ſondern ſie waren entweder wirklich Norddeutsche oder hatten ſich die norddeutsche Weiſe in dieſem Punkte bereits angeeignet (wie auch heute viele Süddeutsche tun), weil ſie die natürlichere (vgl. 4) und darum bequemere ist.

Wispel, Knospe, auch wenn ein Confonant vorhergeht: *hôlst, Kunst* etc. Im Südosten dagegen spricht man (die Gebildeten allerdings von Jahr zu Jahr weniger) hier den Laut s, alſo *Laſt, Feſt, iſt* etc., oder nach deutſcher Schreibung: *Lascht, Fescht, ischt* etc. Im Auslaut endlich, gleichviel ob Vokal oder Confonant vorhergeht, gilt in ganz Deutschland, wie ja auch bei andern Lauten, ſo hier ebenfalls nur die Fortis (s), wobei ſich indess mundartlich statt s mitunter ſ einſchleicht, z. B. *Vers*, mundartlich *Verſ* (in deutſcher Schreibung: *Versch*), Plur. *Verſe* (vgl. oben); in *Hirsch* (statt *Hirs*, ahd. *hiruz*) ist dieſe Eigentümlichkeit ſogar hochdeutsch und schriftmäsig geworden. Ausführlicheres hierüber ist mitgeteilt D. L. p. 289 ff.

8. Auffallend ist es, dass auch in neuester Zeit und bei Sprachgelehrten, welche in der Lauttheorie den Grimm'ſchen Standpunkt längst überwunden haben, gerade in dieſem Falle, bei der Scheidung des harten und weichen S, unzweifelhafte Irrtümer ſich finden. So behauptet Schleicher, ein in Lautfragen ſo bewährter Forscher, in ſeiner „Litauiſchen Grammatik" (1856) p. 22: der Laut des litt. ſlaw. franz. z oder, wie er erklärend hinzufügt, des medialen S, ſei dem Deutschen fremd; und in einem ſpätern Werke: „Deutſche Grammatik" (1860), p. 140 wiederholt er dieſe Behauptung mit der Hinzufügung: „derſelbe ist für die meisten Deutschen ſogar schwierig zu bilden" (d. h. ſie beſitzen ihn nicht und, wenn ſie ihn hören, vermögen ſie ihn nur schwer nachzusprechen!). Auch ein Phyſiologe, Merkel, Verfaſſer eines grosen Werkes „Anatomie und Phyſiologie des menschlichen Stimm- und Sprachorgans" (1857), kennt das weiche (tönende) S nicht; vgl. a. a. O. p. 868. Es lässt ſich dergleichen nur dadurch erklären, dass beide Männer, aus Mitteldeutschland stammend, durch jene Eigentümlichkeit dieſes Landstrichs, wonach harte und weiche Laute in einen einzigen zusammenfliesen, getäuscht worden ſind. Aber doch ſind ſie bei den andern Lautpaaren dieſes Unterschiedes ſich vollständig bewusst, namentlich Schleicher; worin lag gerade beim S die Schwierigkeit? Mir erscheint der

Unterschied zwischen deutschem s und ſ durchaus nicht weniger auffallend als der zwischen f und w, χ und j.

9. Es ist aber wirklich, als walte bei dieſem Lautpaare ein ganz beſonderes Misgeschick, denn auch in Betreff der nordischen Sprachen weichen hier die Angaben der Grammatiker, falls ſie dies Verhältnis überhaupt erwähnen, weſentlich von einander ab. Rapp („Geschichte des Buchstabens S" in der Deutschen Vierteljahrschrift, 1856, Heft 4, S. 143 ff.) giebt an, es fehlen dieſen Völkern die milden Zischlaute gänzlich. Damit stimmt überein Lytt („Schwedische Grammatik," p. 6.): „s lautet immer scharf wie deutsches sz; z. B. *se* (videre), *sitta* (sedere), *sol* (sol), *susa* (stridere) etc." Dagegen Sjöborg („Schwedische Grammatik," p. 11): „Das s lautet in den meisten Fällen wie das hochdeutsche, alſo in *söt* (dulcis), *mysa* (ſubridere) **gelinde** wie in *ſanft*, *Roſe*; dagegen in *mos* (puls), *lös* (expers) **scharf** wie in *los*, *hasz*; ferner **gelinde** in *slaf* (ſervus), *små* (parvus), *snö* (nix), **scharf** in *häst* (equus), *visma* (marcescere)" etc. Ich bin geneigt die Angaben Sjöborg's für richtig zu halten, denn ſie stimmen mit dem phonetischen Prinzip der Assimilation überein; auch lassen ſich dergleichen genaue Bestimmungen, zumal von einem Nationalschweden, nicht wohl als Irrtum des Gehörs abweiſen, während andererſeits die Allgemeinheit der ersteren Angaben viel eher die Annahme eines Ueberſehens zulässt.

10. Bemerkenswert ist die Geneigtheit der alveolaren harten Spirans zur Verbindung mit den harten Mutis. Die Lautverbindungen sp, st, sk und ps, ts, ks ſind im Allgemeinen — die einzelnen Sprachen bieten darin manches Abweichende — ſehr häufig, und insbeſondere denen der labialen und gutturalen Spirans an Verbreitung weit überlegen. In den Verbindungen nun, worin die Spirans den zweiten Faktor bildet (ps, ts, ks), zeigt ſich dabei ein phonetisches Uebergewicht derſelben, ſo dass der erste Faktor eine Reduction erleidet und die Verbindung dadurch eine ungemein innige wird. Dies war vermutlich Urſache, dass

diese Lautverbindungen von manchen Völkern durch einfache Zeichen ausgedrückt wurden, so ps, ks bei den Griechen durch ψ, ξ; ts bei den Deutschen durch z, bei den Polen und Böhmen durch c. Das altgriechische ζ war allerdings nicht ts, sondern dſ und auch dies nur etwa bis zur Zeit Christi, später wurde es zu blosem ſ; ganz irrig ist die hie und da zu findende Annahme, es sei ſd gewesen, es war dies lediglich eine dorische Metathese, wie in diesem Dialekt auch σπ, σκ umgestellt wurden, z. B. σπέλλιον, σκένος, σκίφος für ψέλλιον, ξένος, ξίφος, daher auch σδυγόν für ζυγόν etc. In ganz Griechenland war dieser Dorismus bekannt und lächerlich, und er fiel um so mehr auf, als die Lautverbindung σδ sonst fast gar nicht vorkam. In einigen Fällen fand sie sich indess doch, und dies bewirkte, dass man dieselben irrtümlich ebenfalls für Dorismen hielt und vermeiden zu müssen glaubte, also statt Ἀθήνασδε, Θήβασδε, βύσδην lieber Ἀθήναζε, Θήβαζε, βύζην setzte; gerade so wie ungebildete Norddeutsche statt *Treppe*, *Lippe* glauben *Trepfe*, *Lipfe* sprechen zu müssen, weil sie dies für hochdeutscher halten. Vgl. S c h l e i c h e r, Zur vergl. Sprachengeschichte, p. 42 ff. — Das italienische z ist teils ts (*nazione*, *condizione*), teils und häufiger dſ, namentlich da, wo es lateinischem d entspricht; z. B. *mezzo* (medius), *razzo* (radius). Die griechischen Laute ψ und ξ waren immer hart, wie ausdrücklich von den Alten bezeugt wird, e n t s t a n d e n sind sie allerdings nicht blos aus πσ, κσ, sondern ebenso häufig aus βσ, φσ und γσ, χσ; wie ja auch beim ζ der Lautwert (dſ) durchaus nicht immer der etymologischen Entstehung entspricht, da es bekanntlich vielfach aus δj (ἕζομαι) und γj (κράζω) erwachsen ist. Auch das lateinische und deutsche x ist durchweg hart, dagegen das französische, wenn es vor einem Vokale steht (*exemple*), weich, also gſ. Man sieht, die weiche Spirans schickte sich zuweilen an, in die Fussstapfen ihrer Schwester zu treten, es blieb jedoch bei vereinzelten Fällen. — Man pflegt jene einfachen Zeichen und die durch sie vertretenen Laute: D o p p e l c o n s o n a n t e n, c o n s o n a n t i s c h e D i p h t h o n g e, z u s a m m e n g eſetzte **Laute** zu nennen. Dies ist vom phonetischen Standpunkte nicht zu billigen, es find lediglich **Lautverbindungen**, oder da auch dies Wort misverstanden werden kann: es handelt ſich bei ihnen lediglich um eine **Lautfolge**, d. h. ein **Aufeinanderfolgen zweier Laute**, deren Schreibung aber durch ein einfaches Zeichen geschieht. Ein **zuſammengeſetzter Laut** dagegen im phonetischen Sinne ist ein ſolcher, bei welchem die Lautorgane zwei Laute zu gleicher Zeit hervorbringen, wie dies z. B. beim arabischen *Cha* und *Ghain* der Fall ist.

---

§ 15.

Cacuminales (Cerebrales).

1. In den indischen Sprachen giebt es eine Klasse von Lauten, welche allgemeiner Angabe zufolge ſo gebildet werden, dass die Zungenspitze nach oben bis hinter den Alveolarrand zurückgelegt wird, ſo dass ſie den Palatalpunkt erreicht und hier die Exploſion, bezüglich Frikation erzeugt. Man nennt ſie *mûrdanya*, von *mûrdan* (caput, cacumen), alſo eigentlich und zwar ſehr passend **Gaumendachlaute** (vgl. M. Müller und Lepſius); der Ausdruck *Cerebrales* beruht nur auf einer falschen Ueberſetzung der englischen Grammatiker. Früher nannte man ſie *Linguales*; aber abgeſehen davon, dass die Zunge fast bei allen Lauten ins Spiel kommt, wird dieſer Name von manchen Grammatikern auch schon für gewisse ſemitische Laute, jene „Literae emphaticae," gebraucht, welche inſofern denſelben mit einer Art Recht tragen, als bei ihnen die Zunge ganz beſonders angestrengt wird, etwas was bei den hier in Rede stehenden Cerebralen oder Cacuminalen keineswegs der Fall ist. Bopp bedient ſich zur Bezeichnung derſelben eines unter die gewönlichen Dentalen (Alveolaren) zu ſetzenden Punktes, alſo ṭ, ḍ; nur den dazu gehörigen Spiranten, dessen Laut der unſeres deutschen sch ſein ſoll, hat er auffallender Weiſe nicht durch

s, fondern durch ṡ ausgedrückt.[1] Da wir zu diefer Unterbrechung der gemeinfamen Bezeichnung durchaus keinen Grund haben, überdies die Unterpunktirung diefer Lautklasse bereits allgemein angenommen ist, fo wenden wir diefelbe gleichförmig, alfo auch für Bopp's ś an.

2. Das ṣ unfers Alphabets bezeichnet alfo den bekannten Laut, welcher im Deutschen mit sch, im Englischen mit sh, im Französischen mit ch, im Polnischen mit sz (unkonfequent, die Analogie des weichen Lautes, welchen die Polen ź schreiben, erforderte hier ś), im Böhmischen mit š, im Russischen, Altslawischen, Sanskrit und in den femitischen Sprachen mit einem befondern Zeichen geschrieben wird und welcher meiner Meinung nach phonetisch einfach ist, obschon er historisch öfters aus zwei Lauten hervorging und ihn daher die westlichen Völker durch zufammengefetzte Zeichen ausdrücken. Beweis für feine Einfachheit in dem Sinne, dass er nicht aus einer Aufeinanderfolge von Lauten besteht, wie Viele glauben, find allein schon die beiden Tatfachen: 1) dass man ihn continuiren kann: ṣṣṣṣ...., etwas was keine Lautfolge zulässt; 2) dass man ihn nicht rückwärts sprechen kann, etwas was jede Lautfolge zulassen muss. Auch reicht schon eine geringe Aufmerkfamkeit hin, um zu lehren, dass, während man ṣ spricht, die Zunge in der nämlichen Lage verharrt. Ob man demfelben nicht in einem andern Sinne als dem hier dargelegten die Einfachheit absprechen müsse, darüber wird später (unter 5 und 6) gehandelt werden. — Die Schreibung diefes Lautes ist übrigens auserordentlich mannigfaltig, die oben angeführten Zeichen, obschon die wichtigsten, erschöpfen die Sache noch bei Weitem nicht.

---

1) Vermutlich war für die Wahl diefes Zeichens der Umstand entscheidend, dass man das deutsche sch als eine Aspirata betrachtete. Das auf diefe Weife frei gewordene Zeichen s benutzte Bopp später, um im Send und auch in andern Sprachen den Laut unfers f auszudrücken, natürlich als ganz willkürliches Zeichen, da diefer letztere Laut zu den Cacuminalen (Cerebralen) gar nicht gehört.

So z. B. findet er fich im Englischen, abgefehen von der normalen Schreibung sh, auch an Stellen, wo die Buchstaben ch, ce, ci, s, ss, sci, ti stehen, vgl. *bench* (zwar eigentlich = phon. *bentṣ*, aber in der Regel nur *benṣ* gesprochen), *ocean, precious, pleasure, passion, conscience, patience;* es find dies etymologische Schreibungen, welche einen früheren Stand der Laute ausdrücken und nun gleichfam versteinert daliegen. Ganz ähnlich im Schwedischen, wo der Laut ṣ erst in den letzten Jahrhunderten entstand und deshalb gar nicht einmal ein befonderes Zeichen mehr erlangen konnte, welches ihn im abfoluten Zustande darstellt, wie es doch die Engländer in ihrem sh befitzen. Er findet fich hier in der Regel nur vor hellen Vokalen (i, y, e, ö, ä) und vertritt die Lautfolgen sk, sj, stj, skj; z. B. *skilja* (sejungere), *skyt* (tutela), *ske* (fieri), *skön* (pulcher), *skämt* (jocus), *sjelf* (ipse), *stjerna* (stella), *skjuta* (jaculari), gesprochen: *ṣilja, ṣyt, ṣe, ṣön, ṣämt, ṣelf, ṣerna, ṣuta;* manchmal auch vor dunkeln Vokalen, z. B. *marskalk, menniska* (homo), gesprochen *marṣalk, menniṣa,* in eingebürgerten Fremdwörtern folgen die Schweden der deutschen Schreibung, z. B. *kalesch, marsch.* Die Holländer haben diefen Laut in ihrer Sprache gar nicht, ihr sch ist = sχ, in eingebürgerten Fremdwörtern geben fie ihn nach englischer Sitte durch sh. Die Italiener schreiben ihn sc (vor e und i) oder sci (vor a, o, u), alfo *ruscello, scimia* (phon. *ruṣello, ṣimia*), aber *coscia, sciolto, asciulto* (phon. *koṣa, ṣolto, aṣulto*). Die Spanier haben diefen Laut nicht, in eingebürgerten Fremdwörtern schreiben fie ihn nach französischer Sitte ch (obschon dies Zeichen bei ihnen eigentlich tṣ bedeutet), z. B. *Chomberga* (Schomberg). Die Portugiefen geben ihn teils wie die Franzofen durch ch (*chamar*), teils durch x, z. B. *calexe* (franz. *calèche*). Im Walachischen ist er fehr häufig und wird bei der hier fo schwankenden Orthographie entweder durch ş oder ŝ (fo von Diez) geschrieben. Die Magyaren geben ihn durch s, z. B. ihre Stadt *Pest* wird gesprochen *Peṣt,* wäre alfo nach deutscher Orthographie *Pescht* zu schreiben.

3. Ganz ebenſo einfach wie die Fortis ṣ ist nach unſerer Auffaſſung die dazu gehörige Lenis, von uns mit ſ̣ bezeichnet, poln. ż, böhm. ž, ruſſ. altslaw. mit eigenem Zeichen (Ж), franz. j (vor allen Vokalen) oder g (nur vor e und i). Dem Hochdeutſchen fehlt dieſer Laut, doch findet er ſich dialektiſch und iſt überhaupt für die deutſche Zunge leicht zu bilden, nur ganz Ungebildete ſprechen dafür ṣ, z. B. *Schenie* (*genie*), *schaluh* (*jaloux*); auch findet er ſich mundartlich gar nicht ſelten. Die Engländer haben dieſen Laut nur in romaniſchen Wörtern, z. B. *mansion*, *pretension* (phon. *menſn*, *pretenſn*), die Italiener nur in der Lautverbindung dſ̣, vgl. § 24. 1. Portugieſen und Provençalen ſchreiben ihn wie die Franzoſen j oder g (dies letztere nur vor e und i); in der walachiſchen Sprache häufig und Diez ſchreibt ihn hier ż. Bei den Magyaren zs. Die Bezeichnung der Grammatiker und Dialektforſcher iſt ſehr verſchieden. Weinhold (D. D. p. 81), welcher den harten Laut (unſer ṣ) durch ſch giebt, ſchreibt den hier in Rede ſtehenden weichen mit ſch'. Bei Andern fanden wir den Gegenſatz ausgedrückt durch sh — ṣh, sh — zh; vermutlich weil auch hier der Gedanke an eine Aspirata im Hintergrunde lag. Intereſſant iſt die Verlegenheit, in welcher die mhd. Handſchriften ſich dieſem Laute gegenüber befinden, wenn er ihnen in Fremdwörtern begegnet. Da lieſt man *schent* (franz. *gent*), *schoie* und *zhoie* (*joie*), *salvaesche* (*salvage*), *loschieren* (*loger*), *sarjant* (*sergeant*), *tjost* (*joste*), *tjustieren* (*jouster*) etc.

4. Alle die wunderlichen Meinungen anzuführen und zu widerlegen, welche über die beiden zuletzt beſprochenen Laute, beſonders das ṣ als den bekannteren, zu finden ſind, iſt kaum möglich und in der Tat heut zu Tage auch nicht mehr nötig. Die Einen ſahen darin einen Diphthongen, weil es etymologiſch gewönlich aus sk hervorgegangen iſt, Andere gar einen Triphthongen, wegen der deutſchen Schreibung sch. Ja, ſelbſt Heyſe noch ſetzt Syſt. d. Sprachw. p. 269 unſer ṣ = s + χ und das ſ̣ = ſ + j, widerruft dies jedoch im Weſentlichen p. 275, indem er hiebei „mehr

eine Annäherung als Mischung" annnimmt. Wir unfrerfeits läugnen jegliche Berechtigung eines Additions-Zeichens bei den Lauten ṣ und ſ; es find eben blos Zwischenlaute zwischen s, ſ einerfeits und χ, j, genauer χ', j' andererfeits. Auf einer Verwechfelung des graphifchen und phonetifchen Prinzips beruht endlich auch die felbft jetzt noch ganz gewönliche, felbst in Sprachwerken höchſten Ranges fich findende Annahme, der Laut ṣ fei eine Aspirata. Es wird nicht immer klar, ob Die, welche ihn fo nennen, mit diefem letzteren Worte wirklich einen beftimmten Begriff verbinden, denn die Verwirrung ist hier gros (vgl. § 21), fo viel jedoch steht fest, dass der Laut ṣ mit einer Aspirata im phonetifchen Sinne, d. h. einer Lautverbindung von Muta + Spiritus asper gar nichts gemein hat, als den rein äuserlichen Umstand, dass Engländer, Franzofen und Deutsche bei feiner Schreibung ein h mitverwenden. Wem diefer Umstand genügt, um jenen Ausdruck festzuhalten, mit dem können wir nicht weiter rechten. Wir wenden uns lieber noch einmal zu der Frage über die Einfachheit diefes Lautes zurück, von deren Entscheidung zugleich die über die entsprechende Natur feines Genossen ſ abhängt.

5. Der einzige beachtungswerte Einwand, welcher gegen die Einfachheit diefer Laute erhoben worden ist, stammt von Brücke. Dabei ist nun aber vor Allem zu bemerken, dass diefer Forscher den Begriff eines zufammengefetzten Lautes anders fasst, als derfelbe gewönlich genommen wird. Er verſteht darunter einen folchen, bei dem die Mundteile gleichzeitig für zwei verschiedene Confonanten eingerichtet find. Bei dem ṣ nun foll die Stellung der Organe zugleich wie beim s und beim χ fein. B. fährt dann fort: „Ich weis, dass alle neuern Schriftsteller, welche von der Phyfiologie der Sprache handeln, das sch für einen einfachen Laut halten, aber ihre Angaben über dasselbe finde ich nirgends vollständig und genau. Nach der gewönlichen Nomenclatur, welche x und z zufammengefetzte Confonanten nennt, ist sch allerdings einfach; aber x und z find keine zufammengefetzte, fon-

dern lediglich zwei aufeinanderfolgende Confonanten, die der Bequemlichkeit halber mit einem Zeichen geschrieben werden, und ich hielt es nicht für rätlich, mich an eine Nomenclatur zu binden, die fich an einen Brauch knüpft, der Nutzen für Copisten und Setzer, aber keinen für die Lautlehre hat. Zieht man es jedoch vor, den Namen *Compofitae* für diefe Lautzeichen beizubehalten, fo mag man meine zufammengefetzten **gemischte** oder **Concretae**, oder wie man fonst will, nennen; als *Confonantes simplices* aber darf man fie nicht bezeichnen, weil fie von diefen wefentlich verschieden find. Für die Anficht, dass sch ein einfacher Laut fei, kann zwar geltend gemacht werden, dass man in ihm weder ein reines s noch ein reines χ hört, und dass, wenn Einer ein s und ein Anderer ein χ spricht, daraus noch kein sch wird. Dies ist aber in Rückficht auf die Definition, welche ich von zufammengefetzten Confonanten gegeben habe, nicht nötig, fondern diefe verlangt nur, dass bei ihrer Bildung die Anordnung der Mundteile gleichzeitig verschiedenen Confonanten entsprechen foll, und dies ist beim sch allerdings der Fall. Man bringe nur zuerst ein χ hervor und beuge dann, ohne irgend etwas anderes zu verändern, den vorderen Teil der Zunge fo weit nach aufwärts, dass er fich zum s stellt, fo wird in demfelben Augenblicke das χ in sch verwandelt werden. Um fich noch ficherer von der Stellung der Mundteile zu überzeugen, lege man fich eine Bleikugel auf die Zunge und bringe sch continuirlich hervor. So lange man den Kopf gerade hält, wird die Kugel, wenn fie nicht zu gros ist, frei auf der Zunge liegen; wenn man den Kopf stark vorn überneigt, fo rollt fie gegen ein Hindernis, die Enge für das s, und wenn man den Kopf stark hinunter (nach hinten) beugt, fo rollt fie ebenfalls gegen ein Hindernis, die Enge für das χ."

6. Hierauf erlaube ich mir zu erwidern: Was zunächst das Aeuserliche (die Nomenclatur) betrifft, fo unterschreibe ich Alles, was Brücke über den Begriff eines zufammengefetzten Lautes fagt, vollständig und ich würde keinen Augenblick Bedenken tragen, unfer ṣ als einen folchen zufammen-

gesetzten oder gemischten Laut zu betrachten, sobald ich mich nur überzeugen könnte, dass bei ihm die Organe wirklich die Lage von s und χ zu gleicher Zeit inne hätten. Wie ungern ich nun Herrn Prof. Brücke auf einem Felde widerspreche, auf welchem er so sehr Meister ist, so kann ich doch um der Sache selbst willen nicht umhin, meine der seinigen entgegengesetzte Wahrnehmung wenigstens darzulegen. Alle Prüfungen der Sache führten mich immer wieder zu dem Ergebnis, dass hier nicht eine Gleichzeitigkeit oder Verbindung zweier Stellungen, sondern im Wesentlichen die blose Cacuminalstellung der Zunge obwaltet. Meine Gründe sind folgende:

a) Man continuire ssss.... und unmittelbar darauf ohne eine Pause eintreten zu lassen ṣṣṣṣ...., so findet man, dass die Zungenspitze beim Uebergange in den letzteren Laut etwas zurücktritt. Oder umgekehrt: man continuire ṣṣṣṣ.... und unmittelbar darauf ssss...., so wird die Zungenspitze vorwärts rücken. Ueber beide Tatsachen ist eine Täuschung nicht wohl möglich; ich habe die Erscheinung nicht blos an mir selbst, sondern auch an Andern erprobt, desgleichen haben noch Andere ihrerseits sie bestätigt, z. B. auch R. v. Raumer's gewichtige Stimme (Gesammelte sprachw. Schr. p. 373). Zugegeben also, dass ṣ ein zusammengesetzter Laut sei, so wäre wenigstens in ihm nicht alveolares s enthalten. Und doch meint Brücke eben nur dieses, denn er weist in der Stelle, wo vom alveolaren s die Rede ist (Grundz. p. 38) auf den hier in Rede stehenden Zischlaut (unser ṣ) im Voraus hin und bezeichnet ihn dann durch [$s^1 \chi^2$]; die Alveolaren haben bei ihm den Index 1.

b) Continuire ich das velare χ, also $\chi\chi\chi\chi$.... und unmittelbar darauf ohne eine Pause eintreten zu lassen ṣṣṣṣ...., so fühle ich, dass beim Uebergange in den letzteren Laut die leise Berührung der Zunge mit dem Gaumen, welche das χ hervorbrachte, sich löst. Umgekehrt: continuire ich erst ṣ und dann χ, so fühle ich deutlich, dass beim letzten Laute nicht blos die vordere Berührung sich löst, fondern hinten noch eine andere eintritt, welche vorher nicht vorhanden war. Dies könnte aber doch nicht stattfinden, wenn im ṣ wirkliches χ vorhanden wäre.

c) Besteht der Laut ṣ wirklich aus s + χ (das Zeichen + natürlich immer im Sinne Brücke's gemeint), fo müssten denn doch beide Laute darin gehört werden; mir erscheint aber das Reibungsgeräusch des ṣ als ein von beiden andern Lauten durchaus verschiedenes und zugleich in fich einfaches. — Umgekehrt dagegen: befolge ich Herrn Prof. Brücke's Weifung (Grundz. p. 64) bei der Bildung des Lautes ṣ, nämlich: spreche ich χ und beuge dann, ohne irgend etwas anderes zu verändern, den vordern Teil der Zunge fo weit nach aufwärts, dass er fich zum s stellt, fo erhalte ich meinerfeits durchaus nicht den Laut ṣ, fondern einen diesmal auch für mein Ohr wirklich zufammengefetzten Laut, der etwas mühfam herauskommt und ganz deutlich χ + s hören lässt; vom ṣ aber ist derfelbe wefentlich verschieden.

d) Wenn ich die Zunge in die cacuminale Stellung bringe und die Frikation eintreten lasse, fo erhalte ich meinerfeits eben nur ṣ, d. h. einen Laut, welchen Jeder, der ihn hört, für ein ṣ erklärt, obschon ich nicht läugnen will, dass beim gewönlichen deutschen ṣ, wie ich es fonst spreche, die Zungenspitze ein wenig mehr nach vorn liegt (aber doch nicht fo weit wie beim s). Ob dies bei dem indischen ṣ eben fo war oder ob dies rein cacuminal gesprochen wurde, bezüglich gesprochen wird, weis ich nicht. Im letzteren Falle würde das indische ṣ eben nur eine kleine Abweichung von dem deutschen bieten, wie fie auch bei andern Lauten vielfach, felbst unter ganz nahe stehenden Perfonen vorkommt, ohne dass man deshalb die Identität der betreffenden Laute läugnet. Mit andern Worten: das deutsche ṣ hat fich, weil wir fonst keine Cacuminalen befitzen, den Alveolaren etwas genähert, ohne doch darum feine eigentliche Natur aufzugeben. Auserdem scheint mir, dass beim deutschen sch und ebenfo bei dem dazu gehörigen weichen Laute (franz. j) auch feitlich etwas Luft abfliest und vielleicht ist der letztere Umstand gerade das, was diefen Lauten ihre eigentümliche Färbung verleiht. Auch Brücke übrigens erwähnt diefer Erscheinung, allerdings erst in einer fpätern Schrift (Phon. Transscr. p. 28) und wie es scheint, ohne derfelben einen Einfluss auf die von ihm in den Grundzügen aufgeftellte Theorie diefer Zischlaute einzuräumen.

Den von Herrn Prof. Brücke empfohlenen Verfuch mit der Kugel habe ich angeftellt; er hat mich aber nicht überführt. Die Enge, welche die Kugel am Hinuntergleiten in den Schlund hinderte, war allerdings da, aber meiner Ueberzeugung nach bildete fich diefelbe immer erft dann, wenn die Kugel hinabgleiten wollte. Der Reiz, welchen diefe letztere auf die hinteren Mundteile ausübte, war fo ftark und das Hinabgleiten felbst fo widrig, dass die Organe (Gaumenfegel und Zunge) fich jedesmal unwillkürlich verengten, um die Kugel aufzuhalten. — Hienach kann ich nicht anders als einstweilen noch die ältere Meinung von der Einfachheit der Laute ş und ſ festhalten. Diefelben find, meiner Auffassung nach, um es hier zum Schluss noch einmal in aller Kürze hinzustellen, im Wefentlichen = cacuminalem s, bezüglich ſ; gewisse Abweichungen von der völligen Strenge der letztgenannten Lautbildung find teils zu unbedeutend und schwankend, als dass fie graphisch zu fixiren wären, teils beruhen fie gar nicht mehr auf einer Verschiedenheit der Artikulationsstelle, fondern auf einem eigentümlichen, fonst fehlenden Moment der Lautbildung, welches einstweilen keiner graphischen Fixirung bedarf.

---

§ 16.
Denti-Palatales oder Dorfales.

1. Die Bildung der hier in Rede ftehenden Laute geschieht fo, dass man mit dem vorderen, convex gemachten Teile des Zungenrückens den vorderen Teil des Gaumens berührt, während die Zungenspitze nach vorwärts gebogen und gegen die unteren Schneidezähne gestemmt ift. Diefe Zungenlage scheint für Deutsche ungemein schwer; es fehlen nicht

nur fämmtliche auf diefe Weife gebildeten Laute der deutschen Sprache gänzlich, fondern auch ihre Nachahmung macht jedem Deutschen grose Mühe und gelingt in rechter Weife Vielen fogar niemals. Die Mutae diefer Klasse finden fich meines Wissens nur in den slawischen Sprachen, werden im Russischen durch d, t mit einem folgenden Jer bezeichnet und heisen deshalb jerirte Laute, auch wol, befonders in der polnischen Grammatik, gequetschte Laute.

2. Das ś und ź unfers Alphabets bedeuten die Laute, welche im Polnischen ś und ź geschrieben werden, z. B. in *pierś* (pectus), *wieś* (vicus), *świt* (diluculum), *raźno* (commode), *źródło* (fons), *gałąź* (ramus), *paź* (puer). So wenigstens vor Confonanten und im Auslaut. Vor Vokalen dagegen schreibt man *si*, *zi*, z. B. *się* (sibi, se), *mosiądz* (aurichalcum), *zioła* (herba), *ziemia* (terra), nicht *śę*, *mośądz*, *źoła*, *źemia*, obschon dies phonetisch ganz diefelbe Wirkung hätte. Recht deutlich tritt diefer Unterschied der Beziehung in der Flexion hervor, z. B. *struś* (struthio), Gen. *strusia* (nicht *strusa*); *paź* (puer), Gen. *pazia* (nicht *paźa*). Ist aber der dem ś, ź folgende Vokal gar ein i, fo hat diefes felber erweichende Kraft, alfo *prosi* (rogat), *zima* (hiems) phonetisch = *prośi*, *źima*. Es könnte hienach scheinen, dass die Polen gar nicht im Stande wären, phonetisch si, fi durch ihre Orthographie auszudrücken, da ja, wie wir eben gefehen, ihr *si*, *zi* etwas ganz Anderes, nämlich śi, ſ'i bedeutet. Sie helfen fich indess dadurch, dass fie in jenem Falle statt i ein y fetzen, alfo *sy*, *zy*. — Auch im Litauischen finden fich diefe Laute, fehlen aber gänzlich den germanischen und romanischen Sprachen. Diefer Mangel ist denn auch die Urfache, dass jene Laute den franzöfischen, englischen und felbst den deutschen Sprachforschern zum gröſten Teil völlig unbekannt bleiþen, d. h. fie kennen gar wol die Zeichen ś und ź und deren etymologische Geltung, wissen aber nicht, was fie bedeuten, ja es giebt Deutsche, welche des Polnischen vollkommen kundig zu fein behaupten, fogar darin unterrichten, und doch diefe

Laute nicht nur nicht aussprechen können (dies würde weniger schaden), fondern auch von ihrer Natur nichts wissen und von ihnen halbwahre oder geradezu falsche Angaben machen. Aehnliches geschieht in Schriften; fo wird z. B. auf der trefflichen und mit Recht weit verbreiteten „Völker- und Sprachenkarte von Oesterreich" von Kiepert das polnische ź durch böhmisches ž, magyarisches zs und deutsches weiches sh (franz. j ist gemeint!) erklärt, alfo mit ż verwechfelt.

3. Ich glaube hier nochmals ausdrücklich anführen zu müssen, dass die Laute des polnischen ś und ź mir im Deutschen, auch nur dialektisch, niemals begegnet find; namentlich war es mir interessant, diefelben fogar in denjenigen Gegenden Schlefiens nicht zu finden, welche dem slawischen Gebiet dicht anliegen und zum Teil bereits von slawischen Gängen durchkreuzt werden, während doch andere slawische Laute, z. B. das polnische ł, hier bereits vielfach gehört werden, z. B. im Militscher Kreife, wo die Landleute häufig *Geld*, *Milch* sprechen. Ja viele Polen felbst sprechen jene Laute nicht richtig aus, z. B. in Oberschlefien die fogenannten Wasserpolen; welche dafür ganz wie es ein Deutscher tun würde, ş und ſ hören lassen. Erst im innern Polen, befonders um Warschau, erlangen fie ihre volle Reinheit und gelten dort als ein Schibolet zwischen Polen und Deutschen, da die letzteren auch nach jahrelangem Aufenthalte fie in der Regel noch immer fehr schlecht hervorbringen. Um fo befremdlicher war es mir, bei Rapp („Geschichte des Buchstabens S") die Aeuserung zu finden, man könne den Laut ś — nur diefer nämlich kann dem Zusammenhange nach gemeint fein — in Schwaben alle Tage hören, nämlich dann, wenn die Volkssprache ihr sch anfängt in hochdeutsch s zu erheben, z. B. *ischt* in *ist*, wo dann häufig ein Mittelglied *iśt* gehört werde. Ich wage darüber nicht zu entscheiden; mein Aufenthalt in Schwaben war viel zu kurz, um darauf Gewicht zu legen, dass mir felbst jene Erscheinung niemals begegnet ist. Aber auch an hier in Schlefien weilenden Würtembergern habe ich nichts davon bemerkt. Wenn fie einen Mittellaut zwischen *ischt* und

ist hören lieſen, ſo war dieſer darum noch lange kein ś, ſondern er entſtand dadurch, dass die Zungenſpitze etwas weiter nach vorn lag als beim sch, aber noch nicht ganz an der Stelle des s. Dadurch entſteht noch kein ś; es muss bei dieſem vielmehr der mittlere Teil der Zunge gehoben werden.

4. Der zu dieſer Klaſſe gehörige Naſal ist der Laut des franz. ital. gn (*Champagne, Bologna*), poln. ń, vor Vokalen ni, z. B. *koń* (equus), Gen. *konia*. Die Spanier geben ihn durch ñ (n con tilde), früher auch durch Gemination (*Espanna, España*); die Portugieſen schreiben nh (*Saldanha*), die Provençalen schwanken zwischen nn und nh, die Catalonier ſetzen ny (*banya*). Den Deutschen ist der Gebrauch dieſes Lautes, weil er auch in romanischen Sprachen vorkommt, praktisch viel näher gelegt als der der übrigen bisher besprochenen Denti-Palatalen (t', d', ś, ſ'); gleichwol vermochten ſie nicht ſeiner völlig Herr zu werden; ſelbst Gebildete ſetzen dafür gewönlich nj, Ungebildete wohl gar nχ, namentlich im Auslaut, z. B. *Champagne* wird von den Meisten gesprochen *ṣampanj, ṣampanχ*; beides ist falsch.

5. Der zu dieſer Klaſſe gehörige L-Laut ist das franz. ll (*famille, merveille*), ital. gli (*famiglia, maraviglia*), span. ll (*batalla, maravilla*) und hier auch im Anlaut: *llave* (clavis), *llaga* (plaga), *llama* (flamma), port. lh (*batalha*), anlautend nur in *lhama* (ein Stoff), *lhano, lhe* (Pron.); die Provençalen schwanken auch hier, wie beim n, zwischen ll und lh. Nach Brücke, der ſich hiebei auf Miklosich stützt, wäre auch der Laut des polnischen (ungestrichenen) l mit dem hier besprochenen romanischen Laute identisch. Die Deutschen begehen hier ganz denſelben Fehler wie beim Naſal, ſie sprechen lj, lχ. — Hinſichtlich der franzöſischen Ausſprache ſowol des gn als des ll ist übrigens zu bemerken, dass man vielfach die Zunge nicht ganz bis zum Gaumen hebt, ſondern ſie ihm nur nähert, ſo dass beide Laute ſich immer mehr in ein bloses phonetisches j (franz. y) auflöſen, alſo *agneau, fouillé* klingt ſo ziemlich wie *ayeau, fouyé*.

6. Die eben beschriebenen Laute unſers ń und l' führen bekanntlich in der franzöſiſchen Grammatik den Namen mouillirte und dieſe Bezeichnung hat ſich für dieſe beiden auch in der allgemeinen Grammatik bereits ſo eingebürgert, dass man ſie nicht mehr füglich daraus entfernen kann. Es ist aber alsdann nötig, dass dieſer Name auch auf die übrigen Denti-Palatalen ausgedehnt werde, welche phyſiologisch dieſen beiden durchaus gleichstehen. Ebenſo, wenn man aus der russischen (slawischen) Grammatik die Bezeichnung jerirte Laute in die allgemeine Grammatik einführen will, ſo muss derſelbe conſequenter Weiſe durchaus auf alle Denti-Palatalen angewendet werden. Man gewöhne ſich alſo an Ausdrücke wie: „Das russische Jer zeigt an, dass der davor stehende Conſonant mouillirt werden ſoll," oder: „Das franzöſiſche ll, gn ist nichts als jerirtes l, n."

7. In Betreff der hier in Rede stehenden Lautklasse weicht unſere Auffassung wiederum von der Brücke'schen wesentlich ab und schliest ſich an die von Kempelen und einiger Andern. Herr Prof. Brücke betrachtet nämlich die mouillirten (jerirten) Laute der romanischen und slawischen Grammatik nicht wie wir als identisch mit den Denti-Palatalen oder nach ſeiner Terminologie: mit den Dorſalen, ſondern er ſetzt jene im Allgemeinen = Dentalis + j, wobei diesmal das Zeichen + nicht Gleichzeitigkeit, ſondern Aufeinanderfolge ausdrückt (Grundz. p. 71. 72); auserdem wird bemerkt, dass die Dentalis allerdings in der Regel eine Dorſalis ſei, weil bei dieſer die Zunge nur eine äuserst geringe Bewegung zu machen braucht, um aus der Stellung des betreffenden Dentals in die des j überzugehen; am schwersten dagegen eignen ſich die Cacuminalen zur Mouillirung (p. 73. 74). Das zur Mouillirung dienende j ſei immer das palatale; je weiter man das Jot nach vorn schiebt, um ſo eleganter wird der mouillirte Laut (p. 73). Ist übrigens der zu mouillirende Laut eine Fortis („ein tonloſer Verschlusslaut"), ſo tritt nach dem Gefetz homogener Assimilation statt des palatalen j gewönlich das palatale χ ein (p. 74).

8. Für diefe Auffassung wird als Hauptbeweis aufgestellt, dass man die mouillirten Laute nicht continuiren könne. Wolle man z. B. in *campagne* eine folche Continuirung verfuchen, fo höre man immer nur entweder *campannnn....* oder *campajjjj....* Vgl. Grundz. p. 71 ff. und gegen Kudelka p. 17 f. Ich möchte jedoch zunächst daran erinnern, dass jener von Herrn Prof. Brücke befragte Pole (Piotrowski) in diefe Theorie fofort dadurch eine Lücke brachte, dass er einen, nach aller phyfiologischen und grammatischen Analogie zu den mouillirten gehörigen Laut, nämlich das polnische ś (und natürlich auch das ź), fehr gut zu continuiren vermochte. In Folge dessen erklärt nun Brücke (p. 65) das ś für zufammengefetzt im Sinne des s; diefes letztere ist ihm alveolares s verbunden mit χ^2, das ś dagegen dorfales s verbunden mit χ^1. Ich meinerfeits glaube fo wenig an die Zufammenfetzung des ś als des ʂ und habe, weil ich beim ś mich auf meine Erfahrung allein nicht verlassen mochte, ebenfalls mehrfach Polen zu Rate gezogen; fie stimmten alle darin überein, dass aus s, wenn es mit χ (auch noch fo weit nach vorn gelegenem) zufammengesprochen werde, doch nimmermehr ein ś entstehe. — Und wie, wenn das, was Herr Piotrowski vom ś nachwies, nicht blos von diefem, fondern von allen mouillirten Continuis (denn von diefen kann doch überhaupt nur die Rede fein) gälte? mit andern Worten: wenn es Perfonen gäbe, die auch l', ń zu continuiren vermöchten? Natürlich nicht nach der bereits in Entartung begriffenen franzöfifchen Aussprache, wonach freilich nur ein *jjjj....* herauskommen könnte, fondern nach der streng fystematischen, wie fie Brücke bei feinen Dorfal-Lauten vorausfetzt. Und da kann ich denn die Verficherung geben, dass mir allerdings mehr als einmal Gelegenheit wurde, das ń (z. B. im polnischen *koń*) continuirt zu hören und zwar fo, dass ich an eine Täuschung des Ohrs nicht zu glauben vermochte; es war der continuirte Laut ficherlich kein n und kein j, auch kein [n+j], fondern eben jenes dünne, dem deutschen Ohr fo fremdklingende, ich möchte fagen: jenes mit

i getränkte n, welches hier unausgesetzt zu vernehmen war. Was aber vom ń gilt, wird wol auch vom l' gelten. Herr Prof. Kudelka behauptet ausdrücklich, alle mouillirten Dauerlaute continuiren zu können.

§ 17.
Palatales, Velares, Faucales.

1. Das k, g, χ oder bei Bezeichnung durch Indices das k^2, g^2, $χ^2$ unsers Alphabets entspricht dem deutschen k, g, ch neben dunkeln Vokalen (a, o, u), also z. B. in *Kamm, Gast, ach; wacker, Tage, lachen;* und wir nennen dieselben Velar-Laute. — Dass im Deutschen für den einfachen Laut χ ein zusammengesetztes Zeichen gebraucht wird, ist, wie später gezeigt werden wird, historisch sehr wol erklärlich, nichts desto weniger aber zu beklagen. Die Polen und Böhmen haben sich von den Deutschen dieses leidige *ch* aufdrängen lassen; im Russischen und Altslawischen schreibt man den Laut mit dem Zeichen χ und wir wünschten mit Lepsius, dass dieses auch von Volney (L'alphabet Européen appliqué aux langues Asiatiques. 1818), Joh. Müller (Handb. d. Physiologie. 1837. Band II. p. 237. 238), Rapp (Physiologie der Sprache, p. 65), Bunsen (Aegyptens Stelle in der Weltgeschichte. Bd. I) u. A. benutzte Zeichen durchdränge, statt des von Michaelis vorgeschlagenen umgekehrten c (ɔ), obschon dieses letztere sich dadurch empfielt, dass es in allen Officinen gleich vorrätig wäre.

2. Das j^2 unseres Alphabets dagegen findet sich in Deutschland nur dialektisch, z. B. in dem Worte *sagen,* wie es von einem echten Berliner, überhaupt von einem Niederdeutschen gesprochen wird; es ist der Laut, welchen Merkel nicht eben glücklich als *G mollis* bezeichnet, er verhält sich zu ch in *ach* wie unser gewönliches deutsches j zu dem ch in *ich;* Raumer (A. u. L. p. 17) giebt ihn (im Jahre 1837) durch hh, sein jj dagegen ist unser $χ^1$. Genau unserm j^2 entspricht das neugriechische γ vor den Vokalen α, o, ω, das plattdeutsche und im Wesentlichen auch das

Holländische g. Diefes letztere wird nämlich nicht mit tönender oder flüsternder, fondern mit halboffener Stimmritze gesprochen, wodurch es eine Annäherung an das χ erlangt; es verhält sich zu diefem letzteren wie holländisches v zu f; nach einer (brieflichen) Mitteilung Brücke's wird beim holländischen g auch zuweilen noch uvulares r gehört. Die Ratlofigkeit der holl. plattd. neugr. Spezialgrammatiken bei Beschreibung diefes Lautes ist gros; die Einen nennen ihn „ungefähr dem deutschen g gleich, nur weicher," Andere sprechen von „fehr mildem ch," noch Andere von g „mit einem gelinden Hauche," und Aehnliches.

3. Rückt man die eben beschriebenen Velarlaute weiter nach vorn, an eine Stelle, welche zwischen dem Velar- und Cacuminalpunkte liegt, fo entstehen die Palatalen, welche wir mit k^1, g^1, χ^1, j^1 oder k', g', χ', j' bezeichnen. Schon im Deutschen find fie annähernd vorhanden, da die Gutturalen vor und hinter den hellen Vokalen eine ganz andere Aussprache haben als fonst; man vergleiche *Kamm, Kind; Hacke, Wicke; ach, ich;* nur das j ist in der deutschen Gemeinsprache wie es scheint immer palatal, das *g* bewegt fich in engeren Grenzen als k und ch, d. h. es wird niemals weder fo velar wie jenes, noch fo palatal wie diefes. Stehen k, g, ch zwischen dunkeln und hellen Vokalen, fo entscheidet, für uns Deutsche wenigstens, der vorhergehende, alfo *Sache, Loche, Buche* werden mit velarem; *Recha,* στίχος, λείχω mit palatalem Laut gesprochen; vgl. dagegen im folgenden Abschnitt das neugr. γίγας! Recht auffallend wird der Gegenfatz beider Lautarten empfunden, wenn in einzelnen Fällen der palatale Laut ausnahmsweife einmal auch hinter dunkle Vokale tritt, wie dies in den Deminutiven geschieht. Das χ in *Aachen, rauchen, Kuchen* (placenta) ist ein ganz anderes als das in *Mamachen, Frauchen, Kuhchen* (vaccula), nämlich jenes velar, diefes palatal, wobei man deutlich fpürt, wie im letzteren Falle die Zunge nach dem Vokale, befonders nach dem a, fich vorwärts bewegt, während fie im ersteren Falle am hintern Gaumen bleibt. — Wirkliche Velarlaute hinter hellen Vokalen zu sprechen,

vermögen Norddeutsche nur nach langer Uebung; wol aber tun es regelmäsig die Schweizer (man denke an ihr *ich, Milch!*), deren Idiom dadurch sofort eine eigentümliche Färbung erhält.

4. Im Neugriechischen hat das γ, wie bereits erwähnt, vor dunklen Vokalen den Laut j^2, vor hellen den Laut j^1; folgt auf das γ noch ein Consonant (der Fall $\gamma\gamma$ gehört natürlich nicht hierher), so entscheidet immer erst der Vokal, ob dasselbe velar oder palatal sein soll. Beispiele: $\gamma\acute{\alpha}\mu o \varsigma = j^2amos$ (Hochzeit), $\gamma\acute{\epsilon}\lambda\omega\varsigma = j^1elos$ (Lachen), $\gamma\tilde{\epsilon}\tilde{v}\mu\alpha = jewma$ (Mittagessen), $\gamma\acute{\iota}\gamma\alpha\varsigma = j^1ij^2as$ (Riese), $\gamma\lambda\acute{v}\varphi\omega = j^1liffo$ (ich schnitze), $\gamma\varrho\acute{\alpha}\varphi\omega = j^2raffo$ (ich schreibe). In allen mir bekannten neugriechischen Grammatiken sind diese Verhältnisse entweder gar nicht erwähnt oder äuserst verworren dargestellt, hauptsächlich wie es scheint darum, weil den Verfassern der Unterschied zwischen velaren und palatalen Lauten unbekannt oder unklar war.

5. Der gutturale Nasal ist der Laut des deutschen n vor g und k; und er nimmt an der Scheidung zwischen velarer und palataler Bildung Teil. Im ersteren Falle steht er hinter dunkeln Vokalen, z. B. *Anker, Wange, Onkel, Ronge, Trunk, Schwunge;* im letztern Falle hinter hellen Vokalen, z. B. *Enkel, Enge, Winkel, Dinge.* Dieser letzterwähnte palatale Nasal ist also nicht etwa gleich dem denti-palatalen (dorsalen) n, wie bei Bopp, Lepsius und vielen Andern angegeben wird, welche hiebei durch die indische Grammatik irre geführt wurden. — Die Existenz des gutturalen Nasals (gleichviel ob velaren oder palatalen) ist übrigens den Meisten unbekannt, weil sie sich hier wie so oft von der Schrift täuschen lassen; wie viel Deutsche haben denn eine Ahnung davon, dass das n in *Anker, Wange* ein ganz anderer Laut ist als das n in *Kante, Bande?* Auch die Römer schrieben diesen Laut mit n, doch erkannten wenigstens die Grammatiker die Wechselnatur des betreffenden Buchstabens (*n verum et adulterinum*); die Griechen geben ihn bekanntlich durch γ ($\check{\alpha}\gamma\varkappa\nu\varrho\alpha$, $\check{\alpha}\gamma\gamma\epsilon\lambda o\varsigma$), die Inder allein durch ein eigenes Zeichen. Bopp schrieb diesen Laut

früher ṅ; später, in der 2. Ausgabe der Vergl. Gramm.,
wo er das Zeichen ṅ für Anusvâra (d. h. die Nafalirung der
Vokale) verwendet, giebt er ihn durch ï. Wir unfererfeits
müssen, unferem Prinzip gemäs zunächst im griechischen
Alphabete Aushilfe zu fuchen, ihn durch γ ausdrücken.

6. Sehr scharf tritt der Unterschied zwischen Velaren
und Palatalen im Slawischen auf, wo namentlich das k
in den Verbindungen *ke, ki* etwas eigentümlich Dünnes hat,
fo dass dort die Bezeichnung „gequetschter Laut" entstehen
konnte. Die deutschen Palatalen stehen zwischen diefen und
den Velaren in der Mitte. Was die fanskritischen Palatalen betrifft, deren Laute jetzt bekanntlich = tṣ, dſ gefetzt
werden, fo stimmen wir vollkommen mit Raumer und Schleicher überein, dass diefe Aussprache unmöglich die ursprüngliche gewefen fein kann, fondern auf Assibilation (bei Schleicher „Zetacismus" genannt) beruht, eine Entartung, welche
fast in allen Sprachen eine bedeutende Rolle spielt. Ursprünglich waren gewiss auch die Palatalen des Sanskrit einfache
Laute, entweder völlig identisch mit unfern, bezüglich den
slawischen Palatalen, oder doch denfelben fehr nahe. Das
palatale n (Bopp's ń) dürfte alfo ursprünglich wol auch nur
unfer γ^1 gewefen fein und erst später den Laut des mouillirten n (franz. *gn*, span. *ñ*) erhalten haben. Ganz die nämliche Assibilation wie die fanskr. Palatalen zeigt der arabische Laut *Dschim,* welcher jetzt = dſ ist, ursprünglich
aber, wie alte Transscriptionen beweifen, nichts weiter als
ein G war, welcher Laut nunmehr dem Arabischen fehlt;
damit stimmt auch fein Name (*Dschim* aus *Gim,* hebr.
Gimel, fyr. *Gomal*) und feine Stelle im Alphabet, auch
wird er in Aegypten heute noch fo gesprochen. Es scheint
jedoch, dass nur das palatale *Gim* diefe Assibilation erlitt,
das velare rückte noch weiter zurück und gestaltete fich
allmälig zu *Ghain* (vgl. unten), welcher letztere Laut denjenigen femitischen Sprachen fehlt, die den Laut g bewahrt
haben. Im Italienischen hat das palatale (d. h. vor e und i
stehende) g genau diefelbe Aenderung erlitten, d. h. ist zu
dſ geworden; vgl. § 24.

7. Es findet sich aber auch noch hinter dem Punkte, an welchem die deutschen Velar-Laute gebildet werden, eine Artikulationsstelle und wir nennen diefelbe die faukale, weil sie bereits im Schlunde liegt; die vermittelst derfelben entstehenden Laute alfo Faucales. Der zu diefen gehörige harte Verschlusslaut, unfer ḳ, ist das *Kaf* der Araber und Perfer, der weiche Verschlusslaut, unfer g, ist demnach leicht zu bilden. Der harte Reibungslaut, unfer χ, ist in dem *Cha* der Araber enthalten, indem dadei nur noch das Zäpfchen zu vibriren, d. h. gutturales (uvulares) r gebildet zu werden braucht; der weiche Reibungslaut, unfer j, ist im arabischen *Ghain* enthalten, indem dabei wiederum uvulares r, jedoch tönend, gebildet werden muss. Bei den Perfern ist fogar *Cha* geradezu = χ und *Ghain* geradezu = j, und dies ist der Grund, weshalb das letztere von Abendländern, freilich fehr unvollkommen, zuweilen durch g umschrieben wird, z. B. in dem Worte *Bagdad*; während andererfeits der bei den Arabern mit jenen Gutturalen verbundene Zitterlaut es erklärlich macht, weshalb diefelben oft, namentlich von den Franzofen, denen alle gutturalen Spiranten schwer fallen, geradezu durch r umschrieben werden, z. B. in dem Worte *razzia*, welches im Arabischen keineswegs mit *Ra*, fondern mit *Ghain* anlautet.

---

§ 18.
Einige Befonderheiten in der Aussprache und Bezeichnung der Gutturalen.

1. Nachdem nunmehr die Sonderung der Gutturales in die drei Gruppen der Palatales, Velares und Faucales genügend festgestellt ist, blicken wir nochmals auf das betreffende Artikulationsgebiet im Allgemeinen zurück, um einige Bemerkungen nachzutragen, welche fich auf die Aussprache und Bezeichnung namentlich der Palatales und Velares im Deutschen und in den romanischen Sprachen beziehen. Eine Sonderung der zwei eben genannten Artikulationsstellen ist

dabei nicht nötig, die betreffenden Tatſachen durchkreuzen ſich aufs mannigfachste.

2. Hier ist nun zunächst die Verschiedenheit in der Aussprache zu erwähnen, welcher das g im Deutschen, mehr als irgend ein anderer Buchstabe, ausgeſetzt ist. An- und inlautend nämlich spricht man dasselbe in einem grosen Teile Norddeutschlands wie j und zwar vor hellen Vokalen (e, i) als palatales, vor dunkeln (a, o, u) als velares. In Schleſien wird es fast durchweg rein gesprochen, nur in einzelnen Fällen hört man j, z. B. *Jeneral, Jicht, Könije, wenije;* vor dunkeln Vokalen kenne ich anlautend kein Beiſpiel von dieſer Entstellung des *g*, inlautend nur das einzige *Bräutijam*, wobei das j übrigens nicht velar, ſondern ebenfalls palatal gesprochen wird. Im übrigen Mitteldeutschland, namentlich in Sachſen, Thüringen, am Niederrhein gilt vielfach, obschon nicht durchgängig, die Aussprache χ, am entschiedensten zwischen hellen Vokalen, ſo dass man *Reigen* (chorea), *Teigen* (mulsis), *zeigen* (demonstrare) von *reichen* (praebere), *Teichen* (stagnis), *Zeichen* (signum) lautlich nicht zu scheiden vermag, ja ſelbst im ABC und in der Muſik wird der betreffende Buchstabe nicht *ge*, ſondern χe genannt. In Franken, Hessen, Nassau; Frankfurt schwankt die Aussprache zwischen g und χ, z. B. χ*egeben*, χ*egangen*, *Au*χ*uste*, *re*χ*ieren*. In Oberdeutschland endlich herrscht durchweg der reine Laut g. Was das auslautende g betrifft, ſo wird dasselbe im Allgemeinen als k, in Norddeutschland als χ gesprochen, alſo im letzteren Falle *Ta*χ, *tru*χ, *zo*χ, *We*χ, *güti*χ, *Bal*χ, *Wer*χ, durch Flexion in den Inlaut tretend wird es zu j, alſo *Tajes, trujen, Wejes, Berjes* etc. die beiden ersten mit velarem, die beiden letzten mit palatalem j. Schleſien spricht wie der Süden: *Tak, truk, zok, Wek, Balk, Berk*, nur hinter i wie der Norden: *Köni*χ, *weni*χ, *güti*χ, *ewi*χ, inlautend *Könije* etc.

3. Wie ſollen ſich unter den obwaltenden Verhältnissen dieſes Lautes die Dichter verhalten? Bürger in ſeinem Hübnerus redivivus verteidigt Reime wie *weich: Zweig, zeigt: reicht, borgt: horcht, durch: Burg, Tag: sprach*,

Pflug: Buch, und dergleichen begegnen auch gar nicht selten in den Schriften nord- und mitteldeutscher Dichter, z. B. in den bekannten Schlussworten zu Goethe's Faust II. Teil:
„Alles Vergängliche ist nur ein Gleichnis,
Das Unzulängliche, hier wird's Ereignis."
In Frankfurt a. M. ist die Aussprache *Ereiχnis* noch keineswegs unerhört und möglich ist's, dass Goethe dieselbe teilte. Aber auch ein anderer Fall ist denkbar. Vielleicht diktirte Goethe *Erreiχnis* (von *erreichen*) und der (sächsische) Schreiber, dieses neugebildete Wort nicht verstehend, glaubte darin das wolbekannte und ihm völlig gleichklingende *Ereignis* zu hören. Der Sinn der Stelle verträgt beide Auffassungen. — Im Allgemeinen jedoch darf die süddeutsche Aussprache als die für Poesie masgebende betrachtet werden und heut zu Tage gelten Reime wie die oben angeführten als unreine.

4. Eigentümlich verhält es sich mit dem Zeichen ng im Auslaut. Dass in diesem Falle das n, wie stets vor gutturaler Muta, den Laut γ hat, versteht sich von selbst. Was aber den Laut des Zeichens g dabei betrifft, so wird dasselbe in Norddeutschland, auch in Schlesien, als k gesprochen, demnach *Gesaγk*, *Riγk*, *juγk*; inlautend jedoch dann *Gesaγγes*, *Riγγes*, *juγγen*. Am Niederrhein dagegen wird das auslautende ng als bloses γ gesprochen, also *Gesaγ*, *Riγ*, *juγ*, inlautend wie vorhin: *Gesaγγes* etc. Dasselbe geschieht in Schwaben, wobei zu verwundern ist, dass die mittelhochdeutschen Dichter gleichwol *lanc, klanc* schrieben und diese Wörter auf *danc, kranc* reimten. Wie wäre das bei der Aussprache γ möglich gewesen! Es muss sich dieselbe in jener Landschaft seitdem verändert haben. Die Schweizer und auch die Oesterreicher sprechen wie die Norddeutschen: γk. — Die Lautverbindung γg kommt in Norddeutschland gar nicht vor, dagegen hörte ich sie oft in Oesterreich, besonders fiel sie mir in dem Worte Ungarn immer sehr auf. Wir Alle hier sprechen dasselbe natürlich *Uγγarn*, also ganz wie *Gesaγγes* etc.; in Oesterreich hörte ich durchweg *Uγgarn* und meistens auch *Gesaγges, laγger,*

riygen, juygen. Ob diefe Eigentümlichkeit auch fonst im Süden Deutschlands stattfindet, kann ich nicht fagen.

5. Durch die letzte Betrachtung werden wir noch einmal auf das lateinische „n adulterinum" geführt. Dass die Ausfprache des lateinifchen *n* vor Gutturalen den Laut γ unferer Beichnung hatte, ist unzweifelhaft; vgl. Priscian I, 39. Gellius XIX. 4. 7. Es frägt fich nur, ob der Laut γ nicht auch noch in einem gewiffen andern Falle gegolten hat, nämlich für *g*, wenn *n* folgt und ein Vokal vorhergeht. Schneider (Lat. Gramm. I. 272 f.) schliest aus der zuweilen begegnenden Schreibweife *singnum*, dass auch in *agnus, magnus, segnis, ignis, gigno, pugna,* etc. ein gutturaler Nafal gehört worden fei. Diefe Vermutung nun foll nach Corssen I. 106 widerlegt werden durch das Italienifche, Französifche und andere Romanifche Sprachen, die lateinifch gn wie nj ausfprechen, vermöge einer Erweichung des g und Lautumstellung. Aus jener Schreibweife *singnum* könne man daher höchstens schliesen, dass die Romanifche Ausfprache jener Wörter schon in der Volkssprache der fpätern Römifchen Kaiferzeit anfing, und daher jene fehlerhafte Schreibweife entstand, die das n vor das g stellte, wie die Romanifchen Sprachen es hören liesen, aber es auch hinter dem g beibehielt, wie die alte Schreibung war. Wenn die Grammatiker über eine Lauteigentümlichkeit schweigen, fo folge daraus zwar keineswegs immer, dass diefelbe nicht vorhanden gewefen ist, aber an den Stellen, wo fie fo bestimmt und eingehend über das n adulterinum handeln, würden fie auch eines der Wörter wie *signum, agnus* etc. angeführt haben, wenn fie mit diefem Laute gefprochen worden wären.

6. Sollte diefe Auffaffung Corssen's wohl richtig fein? Wir wollen davon abfehen, dass dabei von Corssen das franz. ital. gn (unfer ń) ohne Weiteres = nj gefetzt wird (vgl. § 16, 4); aber es leuchtet uns auch gar nicht ein, dass die Bezeichnung diefes romanifchen Lautes jemals durch ngn verfucht worden fei, eine Zufammenstellung, womit derfelbe phonetisch schlechterdings gar keine Aehnlichkeit hat.

Corssen sieht nun freilich darin ein Schwanken zwischen phonetischer und etymologischer Schreibweise. Aber ein solches Schwanken, oder vielmehr eine solche Verbindung beider Prinzipe von einer und derselben Hand in einem und demselben Falle ist doch sehr unwahrscheinlich. Wer einmal sich anschickt phonetisch zu schreiben, entsagt damit, wenigstens für den concreten Fall, jeder andern Rücksicht. Der Schreiber wollte die Lautverbindung *sin-jum* (nach Corssen) bezeichnen, er setzt also richtig zunächst *sin-*, was ist natürlicher, als dass er nun seinem Ohr weiter folgt und ruhig *jum* oder *ium* daranknüpft. Aber nein, daran soll ihn nach C. der Skrupel gehindert haben, dass man ja sonst in diesem Worte ein *gn* zu schreiben pflege; er kümmert sich also nicht weiter um den Laut, den er bisher zu fixiren suchte, sondern setzt mechanisch *gn*. Das scheint mir unpsychologisch und nur im höchsten Notfalle als Erklärung zuzulassen. Hier aber dürfte es doch eine andere geben. Ich glaube nämlich, dass Schneider (s. oben) schon Recht hatte, in jenem *singnum* einen Beweis zu sehen, dass der Laut g vor n zu unserm γ (Bopp's ṅ) wurde, nur geschah es vielleicht nicht so ausschlieslich, wie Schneider anzunehmen scheint, sondern hielt sich mehr in individueller Sphäre. Dieser Uebergang nämlich ist ein phonetisches Bedürfnis, er beruht auf dem **Gesetz homogener Anähnlichung**, wonach z. B. im Sanskrit aus *vag mama* zwar nicht notwendig, aber doch oft *vaγ mama* wird; vgl. auch σεμνός (für σεβνός), *somnus* (aus *sopnus*) u. A. Wie tief dieses Gesetz begründet ist, geht daraus hervor, dass in Deutschland mindestens die Hälfte aller Lateinredenden nicht *signum*, *gigno* etc., sondern *siγnum*, *giγno* spricht, ohne dass ihnen dies jemals so gelehrt worden wäre, ja in der Regel ohne dass es ihnen auch nur recht zum Bewusstsein kommt. Hierin endlich liegt auch der Grund, weshalb die Lateinischen Grammatiker der Sache keine Erwähnung tun. Der Vorgang war erstens zu ihrer Zeit vielleicht nicht allgemein genug, sodann aber, wenn er auch weit verbreitet war, so wurde er gerade wegen seiner Natürlichkeit nicht beachtet. Wie leicht man in der

Grammatik früher und bis auf unfere Tage die phonetischen Fragen zu nehmen geneigt ist, davon liegen ja auch fonst die Beispiele allenthalben vor Augen.

7. Interessant ist die Bezeichnung der Gutturalen in den romanischen Sprachen wegen der hier herrschenden Mannigfaltigkeit.

I. Der Laut k wird in allen romanischen Sprachen vor dunkeln Vokalen (*a, o, u*) und vor Confonanten durch c ausgedrückt. Vor hellen Vokalen (*e, i*) schreiben ihn die Italiener ch; die Franzofen, Spanier, Portugiefen und Provençalen aber fetzen qu.

II. Der Laut g wird in allen romanischen Sprachen vor dunkeln Vokalen und vor Confonanten durch g ausgedrückt. Vor hellen Vokalen schreiben ihn die Italiener gh (*ghirlanda*), die Uebrigen gu, z. B. franzöfisch *guirlande*. Soll in diefem Falle das u nicht blos Lefezeichen, fondern wirklicher Laut fein, fo fetzt man das Trema, z. B. spanisch *agüero, argüir*.

III. Der Laut χ findet fich unter den romanischen Völkern nur bei den Spaniern. Auch diefe aber waren fichtlich in Verlegenheit, wie fie ihn schreiben follten und haben ihre fonst einfache und confequente Orthographie gerade an diefem Punkte hässlich entstellt. Sie bezeichnen diefen Laut nämlich (nach dem von der königlichen Akademie zu Madrid aufgestellten, im Jahre 1815 abgeschlossenen orthographischen Systeme, welches von der Regierung unterstützt und zur allgemeinen Annahme empfohlen wurde) auf dreifache Art:

A. Durch g. Dies geschieht:
    a) in allen den Fällen, wo die Grundsprache das Zeichen g hat: *gente, gigante, regir* (phon. χente, χiχante, reχir);
    b) statt des ursprünglichen x vor e und i: *egemplo, egercito, egecutar, Gerges* (phon. eχemplo etc.) Vgl. B. b).

B. Durch j. Dies geschieht:
    a) in allen Fällen, wo die Grundsprache j (i) hat: *jamas, Jesus, justo* (phon. χamas etc.)

b) statt des ursprünglichen x vor a, o, u, als *Alejandro, dejar, Quijote, enjuto* (phon. *Alexandro*, etc.); manchmal auch vor hellen Vokalen, teils mit g wechselnd, z. B. *Gerges* und *Jerjes* (phon. χerχes, lat. *Xerxes*), teils dasselbe ganz verdrängend, z. B. in *projimo, Mejico*.

C. Durch x. Nur im Auslaut, z. B. *relox*, phon. *reloχ* (horologium).

IV. Der Laut j fehlt den romanischen Sprachen; das französische y, z. B. in *Mayence*, welches zuweilen damit verglichen wird, ist entweder bloses i oder eine Verschmelzung von i und j, genauer: ein reducirtes i + einem unvollkommen gebildeten j. Dasselbe gilt auch von dem italienischen j, z. B. in *jeri, noja, buja*.

§ 19.
Laryngales oder Kehlkopflaute.

1. Wir bezeichnen mit diesem Namen die unmittelbar durch Vorgänge am Kehlkopfe selbst entstehenden Laute und rechnen hierher den **Spiritus lenis** der Griechen, mit welchem das **arabische Hamze** identisch ist; und den **Spiritus asper** der Griechen. Mit diesem letzteren identisch oder nahe verwandt sind die verschiedenen Modificationen des *H* der modernen Völker; die äusersten Grenzen dieser H-Reihe bildet einerseits das arabische *Hé*, andererseits das arabische *Hha*. Endlich gehören hierher der **Zitterlaut des Kehlkopfs** („das niederdeutsche r") und das ihm nah verwandte **arabische Ain**. Als wahre Confonanten können die Kehlkopflaute nicht mehr betrachtet werden, da sie durch keine der Bedingungen entstehen, welche alle übrigen Confonanten hervorbringen, weshalb sie auch in einer systematischen Tabelle der Confonanten besser ausgeschlossen bleiben. Dagegen können sie etymologisch und grammatisch allerdings manche echte Confonanten vertreten. — Hin-

ſichtlich der arabiſchen Laute bemerke ich im Voraus, dass ich dieſelben nicht aus eigener Beobachtung, ſondern nur aus Beſchreibungen kenne, hauptſächlich aus denen von Brücke, der aber ſeinerſeits aus beſter Quelle ſchöpfte, indem ein wiſſenſchaftlich gebildeter Orientale (Herr Prof. Hassan) ihm bei ſeinen Arbeiten hierin zur Seite ſtand.

2. Wenn wir den Kehlkopf (die Stimmritze) ſchlieſen und dann zur Ausſprache eines Vokals öffnen, ſo erhalten wir einen ſchwachen exploſiven Laut, der in den orientaliſchen Sprachen beſonders bezeichnet wird, in den europäiſchen aber, auſer der griechiſchen, nicht. Es ist derſelbe ein leiſes Schnappen am Kehlkopf; wir vernehmen ihn am beſten zwiſchen zwei aufeinanderfolgenden und getrennt geſprochenen Vokalen, wie im Italieniſchen *sara a casa*, engliſch *no order*, deutſch *See-adler*, oder auch nach Conſonanten, wenn wir *mein Eid* recht deutlich unterſcheiden wollen von *Meineid* oder *Fisch Art* von *Fischart* (Lepſius); beſonders wenn wir die Verſuche mit Flüſterſtimme vornehmen. Die Araber nennen dieſen Laut Hamze, d. h. Kehlkopfverſchluss; ganz paſſend, denn er wird gebildet durch feſten Schluss der Stimmritze und darauf folgendes Aufſpringen derſelben. Nach Czermak's Unterſuchungen mit dem Kehlkopfſpiegel wird bei dem möglichſt vollkommen erzeugten Hamze nicht blos die Stimmritze durch die bis zur Berührung genäherten Stimmbänder geſchloſſen, ſondern auch der Kehldeckel mit zur Verſtärkung des Verſchluſſes feſt darauf gedrückt. — Ein Hamze zwiſchen zwei Vokalen bedeutet mehr als ein bloſes Zeichen des Hiatus, denn dieſer letztere iſt auch ohne Schlieſung der Stimmritze möglich durch die bloſe Unterbrechung der tonerregenden Exſpirationsbewegung, ohne Unterbrechung des Luftſtroms ſelber.

3. Sind bei vollkommener Oeffnung aller Mundorgane auch noch die Stimmbänder ſo weit von einander entfernt, dass ſich zwiſchen ihnen eine Oeffnung befindet, aus der die Luft geräuſchlos hervorſtrömt, ſo bringt dieſe letztere immer noch durch ihren Anprall an der Rachenhöle ein gewiſſes

mehr oder weniger deutliches Geräusch hervor und diefes wurde von den Griechen durch den Spiritus asper über dem folgenden Vokal, von den Neueren durch einen befonderen Buchstaben, das h, bezeichnet. Diefes h ist der einzige Kehlkopflaut, welchen die historische Grammatik bisher in den Kreis ihrer Betrachtung gezogen hat. Man hat ihn von diefem Standpunkte aus unter die Gutturalen gestellt, obschon das Kriterium derfelben, die Berührung zwischen Gaumen und Zungenwurzel hier doch offenbar nicht vorhanden ist. Dass die Gutturalen, namentlich durch einige slawische und femitische Laute, fich dem Spiritus asper ungemein nähern, fo wie dass anderfeits die historische Grammatik unläugbare Uebergänge der Gutturalen in den Spiritus asper nachweist, ist kein Beweis dagegen, fondern beruht auf einem Wechfel der qualitativen Reihen, wie er fich auch bei andern Lauten findet.

4. Das Gefühl diefer Ungehörigkeit des h zu den übrigen Lautreihen mag es denn auch gewefen fein, welches die bekannte vielbesprochene Frage veranlasst hat: „Ob denn das h ein wirklicher Buchstabe fei?" In diefer feltfamen Form, welche die früher und zum Teil heut noch herrschende Verwirrung der lautwissenschaftlichen Standpunkte abspiegelt, müsste fie freilich die neckende Antwort erhalten: „Ja! Warum denn nicht? Das h ist fo gut ein Buchstabe wie jedes andere Lautzeichen des Alphabets." Bringen wir indess diefelbe auf ihre wahre Bedeutung, fo wird fie wol fo gestellt werden müssen: „Ist der Spiritus asper[1] ein echter Sprachlaut fo gut wie die übrigen, namentlich die historisch ihm fo nahe stehenden χ, k etc." — Hinfichtlich der Ant-

---

[1] Das Zeichen h bedeutet keineswegs immer den Spiritus asper. Im Gothischen und Althochdeutschen drückt es vielleicht stets, gewiss aber öfters die Spirans χ oder doch wenigstens einen Mittellaut zwischen ihr und dem Spiritus asper aus, ähnlich dem polnischen h. So wären auch im Lateinischen Bildungen wie *veho*, *vexi*; *traho*, *traxi* nicht entstanden, wenn das h reiner Spiritus asper gewefen wäre. Vgl. auch umbrisch *rehte* (*recte*), *uhtur* (*auctor*), *frehtu* (*frictum*); dazu Corssen, p. 47.

wort hierauf vgl. Raumer (A. u. L. § 24) und im Gegenſatz dazu Schleicher (Zet. p. 140).

5. Wir unſerſeits hätten etwa Folgendes dabei zu bemerken: Dass das h kein Laut wie das χ, k etc. ist, geht ſchon daraus hervor, dass es kein Gaumen-, ſondern ein Kehlkopflaut iſt; und da unſere europäiſchen Alphabete ſonſt keine Kehlkopflaute kennen, ſo würde das h ſchon darum eine völlig iſolirte Stellung verdienen. Es frägt ſich nur, ob man nicht noch weiter gehen muss und das h nicht einmal im Sinn der übrigen Kehlkopflaute mehr als Sprachlaut betrachten darf. Man hat geſagt, dass dem h die weſentliche Bedingung eines Sprachlauts, die Artikulation, gänzlich fehle, ja dass ſein Weſen gerade in dem Mangel derſelben beſtehe. Stimmritze, Rachenhöle, Mundhöle und Lippenſpalte ſtehen weit offen, die Zunge drückt ſich abwärts, um ſo viel Luft als möglich ausſtrömen zu laſſen. Ein ſolches Ausſtrömen von Luft ſei aber weſentlich ein bloſer Naturlaut, ein bloſes Ausathmen, und dass dieſes von manchen Völkern zur Sprache mitverwandt werde, ändere in der Hauptſache nichts. So ſagt denn ſchon Heyſe (Syſt. d. Spr. p. 270): „Das h, als formloſer, elementarer Lautſtoff kann natürlich in einem Syſtem der Conſonanten keine Stelle finden." — Indess iſt dagegen geltend zu machen, dass jenes leiſe Reibungsgeräuſch, welches dieſen Laut begleitet, ſelbſt da, wo er am zarteſten auftritt, wie im franzöſiſchen (noch hörbaren) *h* oder im arabiſchen *Hé*, denn doch eine gewiſſe Artikulation vorausſetzt, die Stimmbänder ſelbſt bilden ſie; und dieſes Reibungsgeräuſch kann durch Verengung der Stimmbänder und der Rachenhöle immer mehr geſteigert werden, ſo dass der reine Spiritus asper in unzäligen Abſtufungen einerſeits (durch Verengung der Stimmbänder) in das arabiſche *Hha*,[1] anderſeits (durch Verengung der Rachenhöle

---

1) Das arabiſche *Hha* iſt durch die oben angegebene Beſtimmung nur unvollkommen erklärt. Es erfordert dieſer Laut, abgeſehen von der Annäherung der Stimmbänder, auch noch eine eigentümliche Stellung des Kehlkopfes, ſo dass „die Stimmfortſätze der Giesbeckenknor-

und mit Hilfe des weichen Gaumens) in den Laut χ übergeht. Das polnische h, z. B. in *hrabia* (comes) wird zwischen Spiritus asper und dem Laute χ ungefähr die Mitte halten.

6. Den Zitterlaut des Kehlkopfs (das „niederdeutsche r") beschreibt Brücke, ein geborener Norddeutscher und des Plattdeutschen vollkommen kundig, folgendermasen: „Wenn man einen immer tiefern und tiefern Ton zu fingen fucht und dabei vermöge der wachfenden Abspannung feiner Stimmbänder zuletzt die untere Grenze feines Stimmumfangs überschreitet, fo wird man bemerken, dass die Stimmbänder nicht mehr in der gehörigen Weife tönen, fondern in einzelnen wahrnehmbaren Stösen zittern und dadurch ein Geräusch hervorbringen, welches, wenn man es mit der Vokalfolge *oa, oa, oa* verbindet, dem Quaken der Frösche nicht unähnlich ist. Diefer Laut, obschon nicht zu den wahren Confonanten gehörig, kann dennoch einen der Confonanten, nämlich das r, vertreten; z. B. in den Wörtern *ôrt* (Ort), *wûrt* (Wort), *Dürt* (Dorothea) u. a. m." Er findet fich auch im Dänischen, z. B. *har* (habeo) wird in schneller Rede häufig statt mit dem eigentlichen (alveolaren) r mit jenem Zitterlaut des Kehlkopfes gesprochen. Wie foll ihn das allgemeine Lautfystem bezeichnen? Es fehlt dafür, wie überhaupt bei den Kehlkopflauten (mit Ausnahme des h), jeder Anhalt und ein ganz willkürliches Zeichen vorzuschlagen, widerstrebt dem Organismus unferes § 4 aufgestellten Zeichenfystems. Man fühlt hier eben recht deutlich das Unzureichende der ganzen bisherigen Buchstabenschrift für allgemein phonetische Zwecke. Einstweilen werde ich den hier besprochenen Laut wegen feiner nur schwach hervortretenden akustischen Wirkung mit einem kleinen r über der Linie bezeichnen, alfo o^rt, wu^rt, $Dü^rt$, ha^r. Ueber eine bessere Art der Bezeichnung vgl. § 25.

7. Geht man bei Hervorbringung des eben beschriebenen Lautes mit dem Ton der Stimme in die Höhe, fucht

---

pel ecksteinartig in die geöffnete Stimmritze hineinragen." Brücke, Phon. Transscr. p. 19.

aber das Zittern der Stimmbänder beizubehalten, fo erzeugt man, unter dem Gefühl eines leichten Druckes in der Kehle, einen harten, knarrenden Ton, fast wie das Knarren einer Thür oder eines Stiefels; dies ist das *Ain* der Araber. Den genaueren phyfiologischen Hergang bei Erzeugung diefes Lautes hat Czermak vermittelst des Kehlkopfspiegels unterfucht, vergleiche darüber Brücke, Phon. Transscr. p. 31. Nach Wallin (Zeitschr. d. deutsch. morgenl. Gefellschaft, IX, p. 1) ist das *Ain* nichts weiter als der tönende Laut zum *Hha*, d. h. der Laut des *Ain* tritt ein, wenn man bei der Stellung des Kehlkopfes, welche derfelbe beim *Hha* einnimmt, die Stimmbänder schwingen lässt; vgl. dazu Brücke Grundz., p. 100. In Deutschland foll, wie Brücke (Grundz. p. 11) verfichert, das *Ain* gar nicht felten bei vokalischem Anlaut gehört werden, teils von Perfonen, die in ihrer Aussprache affectiren, teils von folchen, die auf dem Katheder oder auf der Bühne durch Verhärtung des Timbre ihrer Stimme eine grösere Tragweite zu geben fuchen. — Was das dem arabischen Ain entsprechende hebräische *Ajin* betrifft, fo ist es wol keinem Zweifel unterworfen, dass dasfelbe ursprünglich ebenfo gesprochen wurde, wie die Araber noch heut ihr *Ain* bilden, wie denn auch in Yemen, wo die Juden neben der arabischen noch die hebräische Sprache in lebendigem Gebrauch haben, beide Laute völlig gleich behandelt werden. Die europäischen Juden haben den Laut aufgegeben und fein Zeichen ist phonetisch bedeutungslos, ganz wie das *Aleph*, geworden.

Anmerkung. Ueberträgt man das Verhältnis der eben besprochenen Kehlkopflaute auf die Lippenlaute, deren Bildung man am leichtesten zu unmittelbarer Anschauung bringen kann, fo entspricht *Hamze* dem *p*, die verschiedenen *H*-Laute im Allgemeinen einem Blafen durch die mehr oder weniger verengten Lippen, das *Hha* insbefondere einem kräftigen rein labialen *f*; das niederfächsische *r* entspricht dem gewönlichen Zitterlaute der Lippen und das *Ain* der Modifikation desselben, die man erhält, wenn man die Lippen stärker an einander presst, fo dass ein „Prusten" entsteht.

§ 20.
Dauer der Confonanten.

1. Während die Bezeichnung kurzer und langer Vokale in der Grammatik eine althergebrachte ist, war man bisher wenig geneigt, von kurzen und langen Confonanten zu sprechen, und doch ist das wefentliche Verhältnis in beiden Fällen ganz das nämliche. Jeder Laut, gleichviel ob Vokal oder Confonant, kann bis zu einem gewissen Grade beliebig lange angehalten werden. Von Vokalen und gewissen Confonantengruppen, nämlich von Halbvokalen (l, r), Nafalen (m̓, n, γ) und Spiranten (w, f, j, f, s, χ) bezweifelt dies ja auch Niemand; dagegen wird es von den Mutis, wie es scheint, allgemein in Abrede gestellt; diefe follen durchaus nur einen Augenblick dauern können, daher auch ihr Name Schlaglaute (Explosivae). Man fasst dabei wol den Begriff der Dauer etwas zu eng, indem man diefelbe lediglich nach dem Verhalten des Lautes im ifolirten Zustande bemisst. Es ist wahr, unter folcher Vorausfetzung wird bei den harten Mutis (p, t, k) die Wirkung auf das Ohr nur einen Augenblick dauern, fie beginnt und endet nämlich mit der Wiederöffnung der Organe, der fogenannten Explofion, die freilich etwas Momentanes ist. Anders schon ist es bei den weichen Mutis (b, d, g), wenn man fich bei ihrer Erzeugung einerfeits des Purkinje'schen Blählautes, d. h. eines langfamen Einpressens des Luftstromes in die nach vorn abgesperrte Mundhöle, andererfeits der entschiedenen Mithilfe der Stimme, d. h. des wirklichen Tönens derfelben, nicht des blosen Flüstergeräusches, bedient. Alsdann ist eine Continuirung der betreffenden Laute dem Ohre gar wol vernehmbar, wenngleich diefelbe weder fo lange dauern, noch der Laut felbst fo entschieden hervortreten kann, wie bei denjenigen Confonantengruppen, wo die Organe nicht völlig geschlossen find, alfo der Luftstrom nach ausen entweichen kann. Aber warum will man denn überhaupt die Dauer eines Lautes gerade nur in Bezug auf dessen ifolirten Zustand als Masstab hierbei gelten lassen? Hinter andern

Lauten, insbesondere zwischen Vokalen, werden auch die harten Mutae (denn um diese allein handelt es sich ja eigentlich nur noch) ihre kürzere oder längere Dauer gar wol vernehmbar machen. Sie werden nämlich sofort erkannt, wenn der Verschluss der Organe eintritt, dauern, obschon nunmehr verstummend, doch virtuell, d. h. für die Auffassung des Hörenden, fort, so lange der Verschluss währt, und enden mit der Wiederöffnung der Organe (der Explosion), welche letztere dem Ohre deutlich vernehmbar ist. Es ist ein Irrtum, dass die Explosion allein die (harten) Mutae vernehmbar mache; dies ist höchstens im Anlaut der Fall, im Auslaut bedarf man ihrer dazu keineswegs; man kann *ap* sagen und beim *p* die Lippen geschlossen lassen, der Laut wird trotz dessen deutlich erkannt werden, und zwar in demselben Augenblick, wo sich dieselben berühren; ganz ebenso ist es natürlich mit *at* und *ak* in Bezug auf die zugehörigen Organe; von *ab*, *ad*, *ag* versteht es sich nach dem Obengesagten von selbst. Am entschiedensten endlich tritt die Dauer einer Muta beim Inlaut hervor, besonders zwischen Vokalen; es ist ein groser Unterschied, ob man *abd* oder *abbbd*, *apt* oder *apppt;* noch mehr, ob man *aba* oder *abbba*, *apa* oder *apppa* spricht; die betreffende Muta wird auch hier sofort erkannt, sobald sich die Lippen schliesen (Beginn des Lautes), sie dauert für den Eindruck der Rede fort so lange dieselben geschlossen bleiben; sie endet, sobald dieselben sich öffnen, um in die neue Lage überzugehen. Die gewönliche Erklärung: Ein Laut dauert so lange, als man ihn hört, würde demnach für diesen Standpunkt in folgende verwandelt werden müssen: Ein Laut dauert so lange als die betreffenden Organe in der zur Erzeugung desselben nötigen Stellung verharren.

2. Ein langer Consonant hat in der Regel die Dauer von zwei kurzen, ganz wie bei den Vokalen, und man bezeichnet ihn auch so, wie in den ältesten Denkmälern des Ahd. die langen Vokale bezeichnet werden, nämlich durch Verdoppelung. Diese Methode ist eben nicht die beste, sie

erweckt die Vorstellung, als würden hiebei zwei Laute wirklich gesprochen, wie ja auch die fast allgemein herrschende Meinung darüber ist. Dem ist aber nicht ſo; ſo wenig wie in *â* das *a* zwei geſonderte Male hinter einander gesprochen wird, ſo wenig geschieht es in Fällen wie *alla, abba, appa, assa* u. ſ. w. mit den betreffenden Conſonanten; ſondern es wird, wenigstens in gewönlicher Rede, nur **einer** gesprochen, dieſer aber hat eine doppelte Dauer. Die **geſonderte** Aussprache, welche ja auch leicht ausführbar ist, würde eine völlig verschiedene akustische Wirkung machen; es würde ungefähr ſo klingen, als wollte man Jemandem die einzelnen Silben nicht etwa blos mit langer Trennungspauſe, ſondern als zwei völlig getrennte Worte dictiren; oder als wollte man den Unterschied zwischen *Mittags Anfang* und *mit Tag's Anfang* auch abgeſehen von der verschiedenen Betonung recht scharf hervorheben. In *âla, âba* u. ſ. w. dauert der Verschluss nebst der Exploſion nur einen Moment und gehört zur zweiten Silbe; in *alla, abba* u. ſ. w. dauert er zwei Momente, von denen der eine noch zur ersten Silbe gezogen wird, der andere mit der Exploſion zur zweiten. Man kann aber den Verschluss auch noch länger dauern laſsen, dann haftet er in der Regel mit Ausname des letzten Moments an der ersten Silbe. Will man dieſe höheren Längengrade ebenfalls nach dem Prinzip der graphischen Gemination bezeichnen, ſo würde man alſo z. B. eine Länge zweiten Grades durch *allla, abbba* u. ſ. w. ausdrücken, wie auch im Vorhergehenden bereits mehrfach geschehen ist.

3. Im Deutschen kommen in gewönlicher Rede höchstens Conſonanten von dreifacher Dauer, alſo Längen des zweiten Grades vor; und auch dieſe meist nur in Folge von Synkope. So wird z. B. die Endſilbe *nen* in der gewönlichen Umgangssprache Norddeutschlands häufig zu einem *n* von dreifacher Dauer zuſammengezogen, z. B. bei *nennen, drinnen*, wo man in bequemer Rede blos *nennn, drinnn* spricht. Die Schrift pflegt dergleichen längere Dehnungen gänzlich unberückſichtigt zu lassen; ein ſolches tieferes Eingehen in die Phonetik liegt dem allgemeinen Bewusstsein noch viel

zu fern. Es würden zwar Manche in folchen Fällen nicht abgeneigt fein *nenn'n*, *drinn'n* zu schreiben, was scheinbar unferer Auffassung fehr nahe käme, in Wahrheit aber grundverschieden von ihr ist, denn fie würden mit dem dreifachen Zeichen durchaus nicht ein n von dreifacher Dauer meinen, fondern fie hätten dabei lediglich die drei betreffenden Buchstaben der vollen Form bezeichnen wollen; es ist, um den Gegenfatz ganz scharf hervorzuheben, nicht **phonetifche** fondern **etymologifche** Gewissenhaftigkeit, was jene Schreibung veranlasst, wie ja auch schon der Apostroph genugfam andeutet. So giebt es auch Viele, ja es find vielleicht die Meisten, welche schreiben *Schifffärt*, *Schnellläufer*, *Kammmacher*, *Betttuch* u. f. w., aber man würde fich fehr irren, wenn man darin ein phonetisches Prinzip finden wollte; es wäre hier auch gar nicht der Ort dazu, denn man spricht in gewönlicher Rede folche Zufammenfetzungen durchaus nicht anders als die einfachen Wörter *Schiffer*, *schneller*, *Kammes*, *Bettes*, mit andern Worten: der betreffende Confonant hat blos eine zweifache, nicht eine dreifache Dauer. Aber die etymologische Gewissenhaftigkeit oder richtiger Pedanterie verlangt das dreifache Zeichen, weil ja schon das erste Wort mit Doppelconfonant im Auslaut geschrieben wird; nun kommt noch einer hinzu, macht zufammen **drei**. Sie wissen oder überlegen nicht, dass jener auslautende Doppelconfonant felber eine orthographische Grille ist, von welcher z. B. unfere ältere Sprache noch nichts wusste und über welche Ausländer lachen. — Dabei wollen wir indess nicht unerwähnt lassen, dass dergleichen Wörter in **gehobener** Rede wirklich zuweilen mit Confonanz von dreifacher Dauer gesprochen werden; ich habe z. B. auf der Bühne und der Kanzel mehrfach *Schifffärt*, *Hofffärt* gehört; dann wäre alfo jene Schreibung — ihren Schreibern freilich ganz unbewusst — auch phonetisch richtig; aber wohlgemerkt, auch **nur dann**!

4. Es giebt umgekehrt auch Confonanten, welche nicht einmal auf die gewönliche Dauer eines kurzen kommen. So wird mit dem polnischen Zeichen rz, böhmisch ř, ein

Laut angedeutet, welcher das ſ unſerer Tabelle ist, nur dass
ihm ganz kurz und leicht ein Zitterlaut vorangeht, gleichſam ein halbes r, ähnlich wie bei den Halbdiphthongen,
z. B. beim franzöſischen *oi* oder beim deutschen *ui* der erste
Laut nur ein ganz kurzer Vorschlag ist. Ich schreibe alſo
nach der in meiner D. L. befolgten Methode jenen slawischen
Laut ʳſ. Aber auch die andern Conſonanten, ſowol die Spiranten als die Mutae, ſind der Reduction unterworfen. So
z. B., um ein naheliegendes Beispiel anzuführen, wird das
deutsche pf und z im Anlaut keineswegs als die Verbindung
zweier gleichwertiger Lautfactoren gesprochen, ſondern man
spricht ᵖf und ᵗs. So tun ſelbst die Gebildetsten in feier-
licher Rede, ein wirkliches p + f, t + s, welche ja ebenfalls leicht zu sprechen ſind, würde ſofort dem Ohre auffallen. Das Volk und bei schneller Rede ſelbst viele Gebildete
pflegen die Reduction noch weiter, oft bis zur völligen Til-
gung der Muta fortzuſetzen und man hört alsdann *fund*
(libra), *ferd* (equus), *feifen* (sibilare), *sâl* (numerus), *sîn*
(trahere), *seiχen* (signum).[1] An den drei ersten Fällen wird
Niemand zweifeln, die Sache ist allbekannt; hinſichtlich der
drei letzten, bei denen vielleicht mancher Leſer stutzen wird,
bemerke ich, dass dieſelben nicht etwa von mir der Analogie wegen erfunden ſind, ſondern auf ganz bestimmter Wahrnehmung beruhen; am häufigsten habe ich ſie im jüdischen
Jargon beobachtet, keineswegs aber dort allein angetroffen,
ja die Erscheinung bleibt gar nicht in der individuellen
Sphäre, ſondern greift in die dialektische und nationale über,
vgl. z. B. hochd. *Zabern* (aus *Taverna*), franz. *Savern*.
Ferner: der ſogenannte Affrikationsprozess, nach welchem
im Laufe des Sprachlebens die Mutae und Aspiraten in Dop-
pelconſonanten und Spiranten übergehen, ist nur durch die
Annahme ſolcher reduzirter Conſonanten erklärlich, ja wir
lernen daraus, dass es ganz wie bei der Dehnung auch bei

---

1) Aus Vorſicht füge ich die drei letzten Beispiele lieber auch
noch mit gewönlicher Schrift bei: *szâl, szîn, szeichen;* damit nicht etwa
Jemand trotz der am Anfang stehenden Lauttabelle das s als ſ leſe.

der Reduction der Laute mehrere Stufen giebt, obschon die Bezeichnung **einer** Stufe in der Regel für die praktische Anwendung ausreichen wird. Ueber diese Bezeichnung selbst vermittelst einer vollkommneren Methode als der hier einstweilen angewandten vgl. § 25.

5. Wir möchten an dieser Stelle auf gewisse ternäre Lautverbindungen aufmerksam machen, bei deren Aussprache der mittlere Laut mit phonetischer Notwendigkeit verkürzt wird, oft bis zum völligen Verschwinden. Und zwar geschieht dies in der Verbindung Nasalis + Muta + Spirans innerhalb einer und derselben Organ-Klasse, wobei es sich von selbst versteht, dass Muta und Spirans gleichwertig, d. h. beide entweder hart oder weich seien, denn eine grammatische Verschiedenheit in dieser Hinsicht würde sofort durch Assimilation phonetisch ausgeglichen werden. Es handelt sich also um die sechs Lautverbindungen *mpf*, *nts*, *ŋkχ*, *mbw*, *ndſ*, *ŋgj*, von denen ich behaupte, dass in ihnen die Laute p, t, k, b, d, g bis zur Unkenntlichkeit, ja bis zum Verschwinden reduzirt werden. Praktisch kommen hauptsächlich die zwei ersten Fälle vor, vgl. *Kampf, Dampf, stampfen, kämpfen, Schimpf, dumpf, Rumpf, Tanz, Kranz, Franz, Lanze, Wanze, Tänzer, Lenz, Winzer, Prinz, Bonze, Kunz.* Man spricht: *Kamf, Schimf, dumf, Tans* etc., so dass z. B. die Namen *Franz* und *Hans* in Bezug auf die Schlussconsonanten völlig gleich klingen. Von der Verbindung *ŋkχ* wüsste ich aus dem Deutschen nur Fälle wie *Bänkchen, Tränkchen, Winkchen*, wo überall diese Verbindung nicht wurzelhaft ist, weshalb auch jene Eigentümlichkeit nicht so hervortritt; es sind gleichsam zwei getrennte Wörter: *Bänk-χen*, um die es sich hier handelt, der Laut k wird dadurch gehalten, dass die einfache, oft gebrauchte Bildung *Bank* ihn für die betreffende Vorstellung notwendig erscheinen lässt, um so mehr als das Deminutivum nur selten gebraucht wird und schon darum eine gewisse Langsamkeit und Deutlichkeit der Aussprache erfordert. Dagegen bin ich überzeugt, dass, wenn diese Wörter häufiger gebraucht würden, sie auch an der oben erwähnten Erscheinung voll-

ständig teilnehmen würden. Man lasse Perſonen von vollkommen richtiger Ausſprache dergleichen Wörter mehrere Male hinter einander sprechen; die ersten Male wird ziemlich klar -γκχεν, je länger es aber dauert, desto entschiedener -γχεν gesprochen. Unter den Verbindungen der Lenes ist die dentale noch am ehesten aufzufinden, vgl. englisch *Windſor, hándſome,* worin in beiden Fällen der Zischlaut eine entschiedene Lenis ist; die Reduction der Muta ist auch hier unverkennbar, doch scheint ſie mir nicht ſo weit zu gehen wie bei den harten Lauten. Am besten tut man, wenn man dergleichen phonetische Unterſuchungen unabhängig von bestimmten historisch vorhandenen Bildungen anstellt und dafür ideale Lautverbindungen, wie man ſie eben braucht, ſelbſt ſich bildet; alſo z. B. in unſerm Falle *ampfa, antsa, aγkχa, ambwa, andſa, aγgja;* alsdann gleicht ſich die Erscheinung für die einzelnen Verbindungen völlig aus. Der phyſiologiſche Grund übrigens dieſer Erscheinung ist wol der, dass, um den mittleren Laut deutlich vernehmbar zu machen, zwei Vorgänge im Munde distinct nach einander vorgenommen werden müssen, welche bequemer mit einander geschehen und bei schneller Rede ſelbst einander ſo nahe rücken, dass ſie akustisch als gleichzeitig erscheinen. Dieſe beiden Vorgänge ſind die Hebung des Gaumenſegels (Ende des Naſals) und die Oeffnung der Lautritze (Anfang der Spirans). Die Schwierigkeit, rasche Bewegungen in einzelne Momente zu zerlegen, ist bekannt; man verſuche z. B. öfters rasch abwechſelnd Lippen und Augen zu öffnen und zu schlieſen; man wird ſich überzeugen, dass dies viel schwerer ist als beides gleichzeitig zu tun und bei ſehr schnellem Verfahren tritt die Gleichzeitigkeit unwillkürlich ein. — Wenn man mich übrigens fragen ſollte, ob ich jene Eigentümlichkeit bei streng phonetischer Transscription graphisch fixiren würde, ſo müsste ich dies für die allgemeine Schreibung verneinen, da es ſich hier blos um eine Bequemlichkeit der Aussprache handelt; etwas anders wäre es bei Wiedergabe von individuellen Sprachweiſen. Manche mhd. Handschriften übrigens, welche ganz naiv nur den wirklich gehörten Laut aufzeichnen, bieten zahlreiche Beispiele wie *kamf*; vgl. Mhd. Wörterbuch.

6. Wir wenden uns nunmehr zurück zu den graphischen Geminationen, um deren Gebrauch, namentlich auf dem Gebiet deutscher Sprache, vom Standpunkte der Phonetik aus zu prüfen. Nicht alle Geminationen, welche geschrieben werden, bezeichnen die doppelte Dauer des betreffenden Confonanten, fondern diefelben beruhen zum grosen Teil auf etymologischen und grammatischen Gründen. So wird z. B. das französische *immense* nur mit einem *m* gesprochen, es wäre alfo bei phonetischer Umschreibung hier auch nur ein Zeichen zu fetzen. Ganz befonders häufig ist die blos graphische Gemination in der deutschen Orthographie. Es kommen dabei zwei Fälle in Betracht:

A. Der Auslaut nach kurzen Silben. Man schreibt *Fall*, *Herr*, *kann*, *Kamm*, *Riff*, *Hass*, *Trupp*, *Tritt*, *Stokk* (*Stock*); obschon kein Mensch fo spricht, fondern eben nur *Fal*, *Her*, *kan* etc. Als Grund dafür führt man an, weil ja die übrigen grammatischen Formen folcher Wörter die Gemination zeigen, nämlich *Falles*, *Herren*, *können* etc. Ein feltfamer Grund! In diefem letzteren Falle wird eben langer Confonant gesprochen und deshalb ist es recht ihn zu schreiben, im ersten Falle wird er nicht gesprochen und darum follte man ihn auch nicht schreiben. Im Mhd. sprach und schrieb man auch *valles*, *herren*, *kunnen*, *kammes* etc. und trotzdem schrieb man *val*, *her*, *kan*, *kam*. Oder glaubt man vielleicht, diefe letzteren Formen haben anders gelautet als in der heutigen Sprache? Auch diefe Behauptung ist schon aufgestellt worden,[1] obschon fie gera-

---

[1] So z. B. von J. Grimm (D. G. I, 122), welcher den einfachen Auslaut der Liquidae im Alt- und Mittelhochdeutschen mit der eben dort im Auslaut herrschenden Tenuis (Fortis) der stummen Confonanten vergleicht und daraus den Schluss zieht, dass geminirte Liquida milder laute als einfache. — Man muss folche Stellen in's Gedächtniss zurückrufen, um es den Mitlebenden klar zu machen, wie es zu Grimm's Zeiten und bei diefem felbst um die Lautwissenschaft bestellt war. — In der „Gesch. d. Deutsch. Spr." finden fich ähnliche und zum Teil noch ärgere Dinge.

dezu eine phonetische Ungereimtheit enthält und schon durch das Beispiel der Holländer widerlegt wird, welche ebenfalls ganz phonetisch correct schreiben: *val, valles; kam, kammes; kan, kunnen*; diese Wörter aber ganz so wie wir aussprechen. — Interessant sind die Ausnahmen jener (verkehrten) grammatischen Regel: Es werden nämlich im Auslaut trotz vorhergehenden kurzen Vokals **nicht** geminirt:

a) Alle diejenigen Consonanten, welche im Deutschen mit zusammengesetzten Zeichen geschrieben werden, als da sind: χ (geschr. *ch*), s (in den Fällen wo es mit *sz* geschrieben wird), s̯ (geschr. *sch*) und γ (geschr. teils *n*, teils *ng*, in Wahrheit aber in seiner lautlichen Selbständigkeit von den Meisten gar nicht gekannt).

b) Gewisse kleine, oft gebrauchte Wörtchen, meistens Partikeln, nämlich: *an, in, von, um, man, nun, nur, bin, bis, mit, es, das, was* und auch drei Substantiva: *Glas, Gras, Weg*. Dabei ist jedoch zu bemerken, dass in manchen Gegenden diese Wörter zum Teil mit langem Vokal gesprochen werden, also *Glâs, Grâs, Wêg* (wozu auch in der Tat die übrigen Casus: *Glâses, Grâses, Wêges* stimmen), *nûn, nûr*. Bei andern ist es noch gar nicht lange her, dass sie wirklich mit Gemination geschrieben wurden, z. B. in Goethe's Jugendbriefen steht regelmässig *binn* (sum), in noch älteren Handschriften findet sich *umm*. Das unbestimmte *man*, etymologisch dasselbe Wort wie *Mann* (vir, mhd. ebenfalls *man* geschrieben), sollte wol durch die fehlende Gemination von diesem geschieden werden. In manchen Fällen schwankt man noch heute; so bei den Mobilen auf *in*, wie *Gattin, Freundin, Königin*, wo Viele noch *inn* setzen, „weil es ja im Plural *-innen* heisst."

B. Wenn ein geminirter Consonant von wirklicher Länge in Folge der Flexion vor einen Consonanten zu stehen kommt, so erlischt in der gesprochenen Rede gewönlich seine Länge, gleichwol wird er nach deutscher Orthographie immer noch geschrieben, also *willst, wollt, wollte; kannst, könnte, konnte; hoffst, hoffte, hofftest;* obschon nur *wilst, wolt, wolte* etc. gesprochen wird. Das Mittelhochdeutsche hat auch hier die phonetische Schreibung: *wilt, wolte (wolde), kanst, kunde, hofte;* trotz der Infinitive und Plurale *wellen, kunnen, hoffen.* Ebenſo die übrigen germaniſchen Sprachen; vgl. angelſ. *mirran,* Prät. *mirde; cennan, cende; gevemman, gevemde;* holländ. *stellan, stelde; warren, warde; kammen, kamde; minnen, minde; krabben, krabde; eggen, egde; stoppen, stopte; krassen, kraste,* altnord. *fella* (caedere), *felda; brenna* (uri), *brenda; drekkja* (potum praebere), *drakta;* schwed. *fälla, fälde; bränna, brände; bygga* (aedificare), *bygde; kyssa* (osculari), *kyste;* dänisch vergleiche Formen wie *ville, vilde; kunne, kunde; skulle, skulde;* engl. *wilt* (von *will*). — Indess will ich nicht läugnen, dass in manchen Fällen doch eine gewisse Dehnung des betreffenden Conſonanten im Hochdeutschen stattzufinden scheint, wie ich glaube beſonders in den Fällen, wo die einfache Dauer desselben den völligen Gleichklang mit einem andern Worte erzeugen würde. So z. B. wird von Gebildeten die Verbalform *harrt* (exspectat) mit entschieden langem *r* gesprochen, wahrscheinlich instinktmäſig, um ſie von *hart* (durus) zu scheiden. Ungebildete würden dieſe Scheidung **nicht** eintreten lassen, ſo wenig wie ſie *fällt* (cadit) von *feld* (campus) lautlich trennen, aber das Wort *harren* wird von ihnen überhaupt nicht gebraucht, ja ist ſelbſt unter Gebildeten schon ſelten, fast nur in poetiſcher Rede noch üblich und vielleicht trägt dieſer Umstand, die Enthebung aus der abschleifenden Umgangssprache, auch ein gutes Teil zu jener feinen, ſonst gar nicht gebräuchlichen Nüancirung etwas bei.

7. Phonetisch zwar vorhanden, aber graphisch unbezeichnet bleibt die Dehnung derjenigen Conſonanten im Deutschen, deren Laut mit zuſammengeſetzten Zeichen geschrieben wird; nämlich χ (geschrieben ch), s (wenn es mit sz geſchrieben wird), ṣ (geschr. sch) und γ (geschr. teils n, teils ng); dieſelben deutschen Buchstaben werden deshalb bekanntlich, der allgemeinen Regel zuwider, auch im Auslaut nach kurzem Vokal niemals geminirt. Offenbar scheute man das Monſtröſe ſolcher Schreibung wie *Lochch, Loch-*

ches;[1] *Haszsz, Haszszes; Buschsch, Buschsches; Gesangng* (dies Wort nach rheinischer Aussprache; wir sprechen *Gesayk!*), *Gesangnges*. Nur mache man hier, beim Inlaut, aus dem Mangel der Gemination keinen Schluss auf das phonetische Verhältnis; es werden vielmehr diese Consonanten an den betreffenden Stellen ganz ebenso der Dehnung unterworfen, wie alle übrigen; man spricht *Loχχes, Hasses, Busses, Gesaγγes*, wie sich Jeder leicht an sich selbst überzeugen kann, der überhaupt mit derartigen Untersuchungen umzugehen weis. Die ganze Ausnahme beruht also auf einem rein kalligraphischen Motive und hat mit der Aussprache nicht das Mindeste zu tun, obschon sich manche Grammatiker davon haben irre führen lassen. So lange man die Laute ch und sz noch einfach schrieb (sch und ng waren niemals so glücklich), nämlich mit h und z, geminirte man sie so gut wie alle übrigen; vgl. ahd. *sahha* (res), *mihhil* (magnus), *lohhes* (foraminis); mhd. *wazzer, ezzen, hazzen;* Beispiele vom Auslaut können nur darum nicht beigebracht werden, weil die ältere Orthographie mit anerkennenswertem phonetischem Takt die Gemination an dieser Stelle überhaupt nicht anwendet.[2]

---

1) Die Holländer müssten eigentlich zuweilen ihr Zeichen *ch* verdoppeln, weil sonst der vorhergehende Vokal als lang gelten würde. Aber auch sie konnten sich zu jener monströsen Schreibung nicht verstehen, sondern setzten in solchen Fällen *gch*; z. B. *ik lach* (rideo), aber *wij lagchen* (ridemus). Gesprochen wird im letztern Fall ganz wie bei uns: *laχχen*; etwas was um so weniger auffallen darf, als der Laut ihres *g* dem des χ überaus nahe liegt.

2) Es könnte hier Jemand einwenden, dass der Laut γ ja doch nicht immer mit ng, sondern auch häufig mit n, also einfach geschrieben werde. Darauf ist zu erwidern, dass gerade da, wo derselbe eine doppelte Dauer hat, also graphische Gemination eintreten müsste, die Schreibung ng steht; z. B. *Gesaγγes, Riγγes, Juγγen*. Das Zeichen n wird nur da gebraucht, wo der Laut k (geschrieben oder nicht geschrieben) folgt, z. B. *Dank, Wink, denken, Trunk*, phon. = *Dayk, Wiyk, deyken, Truyk*. In *Gesang, lang, ging, jung* ist die Aussprache entweder ebenfalls *Gesayk, layk, giyk, juyk* (gewönliche norddeutsche Aussprache) oder *Gesay, lay, giy, juy* (vielfach in Oberdeutschland und besonders am Rheine).

8. Bemerkenswerth ist, dass im Deutschen die Gemination der **weichen** Confonanten fo wenig beliebt ist. Was zunächst die **weichen Mutae** betrifft, fo finden fich die Formen *abba, adda, agga* zwar graphisch, aber die wenigen Wörter diefer Art, z. B. *Krabbe, Ebbe, Robbe, Widder, Troddel, Flagge, Egge, Dogge, Segge* (carex), *flügge* find teils niederdeutfchen Urfprungs, teils follen fie durch diefe Schreibung von andern gleichklingenden Wörtern verfchiedener Bedeutung (ganz wie bei ai und ei) wenigstens für das Auge unterfchieden werden; vgl. *Roggen* (secale), *Rocken* (colus); *Egge* (occa), *Ecke* (angul. solidus); *flügge* (alatus), *pflücke* (carpo); *Widder* (aries), *Gewitter* (tempestas). Die Ausfprache ist beim Volke trotz diefer graphifchen Scheidung überall die Fortis, dagegen fuchen Gebildetere auch hierbei der Schreibung gerecht zu werden. Worin liegt nun die Schwierigkeit? Offenbar darin, dass im Deutfchen auslautende Lenis phonetisch nicht vorkommt; die Wörter, wo fie graphisch steht, z. B. *Lob, Dieb, Bad, Rad, Tag, Weg* und ähnliche, werden von Jedermann gesprochen *Lop, Dip, Bat, Rat, Tak, Wek*[1] oder die letzten beiden in manchen Gegenden *Taχ, Weχ*. Da nun bei der Dehnung des Confonanten, welche doch durch die Gemination bezeichnet werden foll, ein weicher (tönender) Verfchluss in den Auslaut der ersten Silbe treten müsste, wie oben (unter 2) gezeigt worden ist, fo unterblieb die Dehnung des betreffenden Confonanten ganz, und es trat statt ihrer die Dehnung des vorhergehenden Vokals ein. — Was fodann die Gemination der **weichen Spiranten** betrifft, alfo die For-

---

[1] Und dies ist der Grund, weshalb in unferer älteren Sprache, namentlich aber im Mhd., welches im Allgemeinen die phonetische Schreibweife, wenn auch nur ganz bewusstlos-naiv, begünstigt, dergleichen Wörter in folgender Weife behandelt werden: *lop, lobes; diep, diebes; bat, bades; rat, rades; tac, tages; wec, weges;* nicht aber, wie Grimm zu glauben scheint, eine diefem Idiom im Gegenfatz zum Nhd. eigentümliche Verhärtung des Auslautes, welche später nicht vorhanden war.

men *awwa*, *affa*, *ajja*, fo fehlen diefe im Deutschen völlig, fowol phonetisch als graphisch. Sie find übrigens auch in anderen Sprachen felten; im Indifchen findet fich allerdings *ww* und *jj* (*yy*); im Italienifchen wenigftens *ww*, z. B. in *evviva*, phon. = *ewwiwa*.

9. Eine Eigentümlichkeit der neuhochdeutfchen Sprache ist es, dass diefelbe, wenigftens in Stammfilben, hinter kurzem Vokal einfache kurze Confonanz nicht duldet, während doch in fremden Sprachen und felbst in unferer eigenen älteren Sprache diefes Lautverhältnis ganz gewönlich ist. Das Mittelhochdeutfche bietet zahllofe Fälle wie folgende: *dĕnen, erlămen, lăben, băden, rĕgen, lĕfen, schüten, gestäten*; vor j und w und ebenfo vor *p* und *k* allerdings nur felten und von den harten Spiranten will ich hier lieber ganz fchweigen, weil dabei auf jedem Schritt Zweifel, Schwierigkeiten und Misverftändniffe entgegenftarren. Das Neuhochdeutfche nun befeitigt diefes ihm misliebige Lautverhältnis durch zweierlei Mittel: e n t w e d e r durch die Dehnung des vorangehenden Vokals, o d e r durch Dehnung (graphifch: Gemination) des betreffenden Confonanten. In der Regel wird das erste Mittel d a n n angewandt, wenn der betreffende Confonant eine L e n i s ist, alfo *dênen, erlâmen, lâben, bâden, rêgen, lêfen;* das zweite Mittel dann, wenn der betreffende Confonant eine Fortis ist, alfo *schütten, gestatten.* Nur felten tritt das umgekehrte Verhältnis ein, z. B. mhd. *klĭmen*, nhd. nicht *klimen*, fondern *klimmen*, mhd. *trĕten, knĕten*, nhd. nicht *tretten, knetten*, fondern *trêten, knêten.* Manchmal finden fich fogar beide Methoden an einem und demfelben Stamm, z. B. mhd. *nĕmen*, Part. *genŏmen*; nhd. *nêmen*, aber Part. *genommen*; fast fcheint es als begünstige, unter fonst gleichen Umständen, der Vokal e den erften Weg. Nicht felten werden die beiden Wege benutzt, um ein und dasfelbe Wort, deffen Bedeutung jedoch Nüancen bietet, gemäs diefer logifchen Verfchiedenheit nunmehr auch lautlich zu fondern; z. B. mhd. *văter, gevăter*; nhd. *Vâter*, aber *Gevatter*; mhd. *bĭte* (rogo,

oro), Prät. băt, Pl. bâten, Part. gebĕten; nhd. bitte (rogo), starkformig bleibend; aber bête (oro), schwachformig; ähnlich bei *knabe, knappe; rabe, rappe; rciter, ritter; schneider, schnitter*. — Das eben besprochene Gefetz felbst ist, wie ja auch allgemein zugegeben wird, unzweifelhaft vorhanden; schwieriger ist es, den Grund desselben zu finden. Das Hauptmotiv dabei scheint der Wunsch nach möglichster Stärkung der Stammfilbe gewefen zu fein; bei der allmälig immer mehr fowol lautlich als accentisch vorschreitenden Verkümmerung der Ableitungs- und Flexionssilben drang gleichfam alle Lebenskraft des Wortes aus der Peripherie nach dem Centrum. Warum aber wandte man dazu zwei fo verschiedene Mittel an? Warum nicht entweder blos Dehnung des Vokals oder blos Dehnung (Gemination) des Confonanten? Nun, das Letztere war unmöglich, weil die weichen Confonanten der Gemination widerstreben, wie bereits besprochen wurde; das Erstere aber geschah, wie ich glaube darum nicht, weil die Verbindung von einfachem (d. h. nicht diphthongischem) langen Vokal und darauf folgendem harten Confonanten im Hochdeutschen auch fonst nicht beliebt ist. Sie findet fich in Bezug auf die Mutae eigentlich blos bei *t*, und gerade bei diefem Laute begegneten wir ja auch in unferem Falle mehreren Ausnahmen (*trêten, knêten, bêten*); bei p und k ist fie auserordentlich felten; ich wüsste eigentlich blos das Wort *Hâken* und diefes verdankt feine Entstehung wohl hauptfächlich dem Bedürfnis nach lautlicher Scheidung von *Hacke* und *hacken*, denen es etymologisch gleich ist. Sonst finden fich nur Fremdwörter oder dialektische und vulgäre Ausdrücke; vgl. *Râke* (provinziell für Mandelkrähe), *Rîke* (Verstümmelung für Friderike), *Kîpe* (eine gewisse Hutform), *Lûpe* eigentlich blos im wissenschaftlichen Verkehr üblich) etc. Ebenfo ist's bei den harten Spiranten; Wörter wie *schlâfen, büsen* (geschrieben *büszen*), *bûχe* (geschr. *Buche*) find fehr felten und werden zum Teil vom Volke anders gesprochen, z. B. *büssen, Busse, Buχχe*. In manchen Fällen auch von Gebildeten; z. B. *prüfen, Briefes, Hofes, Hufes*, werden —

wenigstens hier in Schlefien — ganz allgemein gesprochen *prüwen*, *Briwes*, *Hôwes*, *Hûwes*.

10. Diefe Eigentümlichkeit des Hochdeutschen ist bis jetzt noch wenig beachtet worden, scheint mir aber unläugbar vorhanden und ich erkläre mir fie auf folgende Weife: Bei allen Vokalen zwar ist die Stimmritze zum Tönen verengt, aber bei den langen Vokalen geschieht dies in befonders nachdrücklicher Weife; hier ist das blose Flüstergeräusch am wenigsten üblich. Bei den harten Confonanten dagegen steht bekanntlich die Stimmritze weit offen, der Contrast in den Zuständen des Kehlkopfes ist für die beiden Lautgruppen fehr gros und die Sprache scheut den raschen Uebergang aus dem einen in den andern; ganz ebenfo wie fie auch in andern Lautgruppen fo gern tönenden Laut zum tönenden, tonlofen zum tonlofen fügt; vgl. griech. λέγω, λεκτός; πλέκω, πλέγδην; διώκω, διωγμός; lat. *scribo*, *scriptum*; *populus*, *publicus*; *quatuor*, *quadrupes*; *decus*, *dignus*; *seco*, *segmentum*; *salix*, *salignus*. Diefe in der allgemeinen Lautlehre gar wol bekannte Erscheinung führt bekanntlich den Namen „homogene Anähnlichung" und findet fich mehr oder weniger in allen Sprachen, wenn fie graphisch auch nicht überall fo anerkannt wird wie im Griechischen und Indischen. Im Hochdeutschen nun ist fie ebenfalls fehr wirkfam; wir schreiben zwar *leben*, *lebt*; *regen*, *regt*; sprechen aber *lêpt*, *rêkt*; in der früheren Sprache wurde diefer Lautwechfel vielfach (aber nicht confequent) auch graphisch bezeichnet, z. B. mhd. *leben*, *lepte*; *hangen*, *hancte*; oder noch kühner: *walden*, *rûmde*, *winder*, *hordes* statt *walten* etc. (Grimm I, 393 ff. 408). Ja felbst zwischen verschiedenen Wörtern, ganz nach indischer Weife, tritt diefe Erscheinung bei dem feinhörigen Notker auf in feiner ihm eigentümlichen „Lautabstufung" (Grimm), wonach auslautende Media (Lenis) am Anfange eines Satzes und hinter nicht liquiden Confonanten in ihre entsprechende Tenuis (Fortis) übergeht, während fie hinter Vokalen und Liquiden unverändert bleibt. Beispiele (nur aus den Labialen gewählt): *diu bloma*, *du bist*, *dero*

boumo, *demo buoche*, *jungen boumes*, *mîn bruoder*, *er begrîfet*; aber *ih pin*, *sih pergent*, *des poumes*, *sînes pruoder*, *liuf paldo* etc., und in den Fällen, welche scheinbar gegen die Regel homogener Anähnlichung verstosen, wie *salig pin*, *sundig pluot* etc. finde ich gerade die höchste Treue für dieselbe, denn so wenig wie heut zu Tage ein Deutscher *selig*, *sündig* spricht, sondern entweder *felix*, *sündix* oder (in Oberdeutschland) *selik*, *sündik* (auch vielfach *selik*, *sündik*, worauf hier ja nichts ankommt), also in beiden Fällen auslautende Fortis, so ist es sicherlich auch damals gewesen. Wir sehen aus dem Allen, dass das Bedürfnis homogener Anähnlichung in der hochdeutschen Sprache sehr lebhaft vorhanden war; wäre es also zu gewagt, eine solche auch in unserem Falle anzunehmen? Man könnte zwar einwenden, dass in *lêpt*, *rêkt* und ähnlichen Fällen, obschon langer Vokal vorangeht, dennoch harte Muta folgt, ja sogar trotz der Ableitung, welche b und g verlangt. Aber dieser Einwand beweist nichts, denn erstlich wirkt die Assimilationskraft zwischen gleichartigen Lauten (Vokalen unter sich und Consonanten unter sich) stärker als zwischen ungleichartigen (Vokale auf Consonanten und umgekehrt); hier also überwog der Einfluss der nachfolgenden Fortis (t) den des vorangehenden langen Vokals; zweitens aber ist die regressive Assimilation überhaupt mächtiger als die progressive, d. h. der nachfolgende Laut wirkt im Allgemeinen stärker als der vorangehende; unter den zahllosen Fällen, welche die allgemeine Lautlehre von Assimilationen der verschiedensten Art bietet, beruhen wol fünf Sechsteile auf regressiver Wirkung.

§ 21.
Die Aspiraten.

1. Wir stehen hier vor einem der schwierigsten Punkte der Lautlehre, ja der ganzen Grammatik. Wenn die Dunkelheit, welche auf diesem Gebiete herrscht, von Vielen nicht empfunden wird, so kommt dies nur von der Gleichgültig-

keit her, mit welcher man sich überhaupt phonetischen Fragen gegenüber verhält. „Dergleichen gehört gar nicht in die Grammatik," pflegen Manche zu sagen, „sondern in die Physiologie." Als ob es nicht gerade für die Grammatiker von höchster Wichtigkeit sei, zu wissen, was denn das eigentlich für Dinge sind, von denen sie reden und deren Namen und Zeichen sie, gleichsam blind, gebrauchen! Als ob überhaupt die Kenntnis eines vieldeutigen Namens und einer willkürlichen Chiffre — denn etwas anderes sind die historisch entstandenen Buchstaben nicht — für den Mangel der Sachkenntnis entschädigen könne! Nun, diese Gleichgültigkeit hat sich gerächt. Ueberall da, wo in der grammatischen Theorie die Aspiraten auftreten, da herrscht eine Verwirrung, welche zum Teil freilich ans Komische streift, die jedoch in Wahrheit betrübend ist und der Sprachkunde zum entschiedenen Nachteil gereicht hat. — Das Seltsamste dabei ist, dass die Sache von der Wissenschaft selbst, objectiv genommen, in ihren Hauptzügen bereits in's Klare gebracht ist und dass Viele nur in unglaublicher Sorglosigkeit um diese Ergebnisse sich nicht kümmern und in dem alten falschen Wege verharren, blos weil es so hergebracht ist. Die folgende Darstellung wird von dem hier Gesagten den Beweis liefern.

2. Bekanntlich unterscheidet die griechische Grammatik ihre Laute folgendermasen: A. $\varphi\omega\nu\acute{\eta}\varepsilon\nu\tau\alpha$ (vocales); B. $\dot{\eta}\mu\acute{\iota}\varphi\omega\nu\alpha$ (semivocales); zu ihnen rechnet sie λ, μ, ν, ϱ, ς; C. $\ddot{\alpha}\varphi\omega\nu\alpha$ (mutae), und zwar a. $\psi\iota\lambda\acute{\alpha}$ (tenues): π, τ; $\varkappa$; b. $\mu\acute{\varepsilon}\sigma\alpha$ (mediae): β, δ, γ; c. $\delta\alpha\sigma\acute{\varepsilon}\alpha$ (aspiratae): φ, ϑ, χ. Mit diesen letztgenannten haben wir es hier allein zu tun. Ueber den Lautwert derselben wurde und wird gelehrt: φ sei = lat. deutsch. f, ϑ = engl. th, χ = deutsch. ch; wie denn hiermit die neugriechische Aussprache vollkommen stimmt. Dabei ist nun freilich manches Auffallende. Wir lesen Aeuserungen der Alten, welche wol über die Richtigkeit dieses Lautwertes stutzig machen könnten; diese mögen auf sich beruhen, wir heben nur den in der Einteilung selbst liegenden Widerspruch gegen jene Erklärung hervor, nämlich

deutsches f und ch, engl. th find keine stummen Laute, fondern ἡμίφωνα (*semivocales* oder nach unferer Bezeichnung *fricativae*) fo gut wie das σ; mithin müssen zur Zeit, als jene Einteilung getroffen wurde, die Zeichen φ, ϑ, χ einen andern Lautwert als den oben angegebenen gehabt haben. Dass fie fpäter und vielleicht schon recht frühe, lange vor Christi Geburt, ihn wirklich bekamen und feitdem behielten, ist eine Sache für fich; genug, jene Einteilung entfpricht diefem Sachverhalt nicht mehr, obschon diefelbe beibehalten wurde, fo wenig wie z. B. das neugriechische β, δ, γ noch den Namen einer Muta verdienen, da fie ebenfalls Frikativlaute (Spiranten) geworden find; nach unferer Bezeichnung ist β = w, δ = f, γ = j; trotzdessen halten die Neugriechen auch hier immer noch die alte Kategorie fest. — Dass übrigens die Sache mit den Aspiraten nicht recht in Ordnung fei, fühlte man wol auch; Buttmann erklärt: „φ und χ liegen in Abficht der genaueren Ausfprache noch fehr im Dunkeln. Wir fprechen entweder das lat. f oder das griech. φ nicht genau aus; und im letzteren Falle gilt dasfelbe von χ." Dass B. hierbei des ϑ weglässt, ist schon ein Beweis, dass ihm der Kern der Frage nicht klar geworden. Was ihn befonders befremdet zu haben scheint, war der Umstand, dass, nach den ausdrücklichen Zeugnissen der Alten, lat. f nicht den Laut des griech. φ hatte, wie denn Cicero einen griechischen Zeugen öffentlich auslacht, weil er nicht *Fundanius*, fondern *Phundanius* spreche. Da liegt nun aber die Schwierigkeit gerade nicht; zu Cicero's Zeit war das griech. φ längst reine Fricativa (Spirans) geworden und der ganze Unterschied zwischen ihm und dem lat. f bestand darin, dass jenes rein labial, diefes denti-labial gesprochen wurde, ein Unterschied, welchen Buttmann ebenfalls nicht kannte, wie denn überhaupt phonetische Betrachtungen jener Zeit noch fehr fern lagen. Man begnügte fich eben, die Zeichen (Buchstaben) anzufehen und ihnen Namen zu geben, bezüglich zu lassen; gleichviel ob fie auf den Laut passten oder nicht.

3. Als nun aber im Laufe diefes Jahrhunderts denn doch allmälig eine tiefer eingehende, das Wefen der Laute felbst erfaffende Betrachtung leife aufzusteigen begann, da war das Erste, deffen man dabei bedurfte, ein (annähernd) allgemeines Lautfyftem, deffen Kategorien für alle Sprachen Geltung hätten. In Ermangelung eines folchen nun behalf man fich mit dem griechischen, welches unter allen damals bekannten in der Tat das naturgemäseste war, da es wenigstens die Gruppen der homorganen und homogenen Laute dem Prinzip nach zu teilen verfteht. Alfo ein Fortschritt war damit jedenfalls geschehen; nur zeigte fich auch fofort der Uebelstand, dass die griechische Einteilung für die neueren Sprachen zu eng war, da mehrere Laute der letzteren, z. B. w, j, s, f u. a. m. dem Griechischen gefehlt hatten. Doch das nur nebenbei. Die Hauptfache für uns ist, dass jene Unficherheit in Betreff des wahren Lautwertes der Aspiraten fich nunmehr rächte und eine Verwirrung nicht blos in der grammatischen Terminologie, fondern geradezu in dem grammatischen Verständnis anrichtete, welche heute bei weitem nicht überwunden ist. Weil nämlich φ = deutschem f, ϑ = engl. th, χ = deutsch. ch fein follten, fo gewönte man fich diefe modernen Laute ebenfalls Aspiraten zu nennen, etwas was fie nun einmal nicht find, wenn man das Wort in feinem ursprünglichen Sinne nimmt. Der Schaden wäre noch zu ertragen gewefen, wenn man dem Worte Aspirata einen neuen Sinn untergelegt, d. h. ihm den unferer Fricativa (Spirans) gegeben hätte; aber dem war keineswegs fo. Es hatte fich nämlich von jeher eine dunkle Kunde erhalten, dass in den griechischen Aspiraten ein starker Hauch, ein *spiritus asper*, ein h enthalten fei. Der Grund diefer Annahme lag teils in gewissen Stellen der alten Autoren, welche dies geradezu behaupten, teils aber und wol hauptfächlich darin, dass die Römer das griechische φ mit ph umschrieben; ferner, dass auch das deutsche Zeichen ch ein h enthält und endlich auch das englische Zeichen th. Man vermischte hiebei den phonetischen Standpunkt mit dem graphischen; die Wenigen,

welche die Sache phonetisch beleuchten wollten, trösteten sich mit der Wahrnehmung, dass ja diese Laute wirklich den Luftstrom durch die nur unvollkommen geschlossenen Organe hindurchlassen; das werde wol mit dem „starken Hauche" gemeint sein. Dass alsdann auch w, j, s, s, ja selbst l, r Aspiraten sein müssten, fiel ihnen nicht ein. — Was war unter solchen Umständen natürlicher, als nunmehr auch andere Laute, in deren Zeichen (Buchstaben) ein h vorkommt, für Aspiraten zu erklären? Ein solcher Laut ist das s unserer Bezeichnung; derselbe wird in drei Hauptsprachen mit Hilfe eines h geschrieben, nämlich franz. ch, engl. sh, deutsch sch; gut, somit musste der Laut eine Aspirata sein und als solche gilt er Vielen, ich möchte fast sagen den **meisten** Grammatikern bis auf den heutigen Tag![1]

4. Aber die Verwirrung sollte noch gröser werden. Durch **Jakob Grimm** war die **historische** Sprachforschung in's Leben gerufen und dadurch zugleich der Etymologie ein bei weitem wichtigerer Platz erobert worden, als sie bis dahin besessen hatte. Den Glanzpunkt seiner historisch-etymologischen Forschungen bildet das berühmte „**Gesetz der Lautverschiebung**," zufolge dessen jene drei Lautklassen der griechischen Mutae sich nach drei Sprachgebieten dergestalt ablösen, dass da, wo 1) im Sanskr. Lat. Griech. die *Aspirata, Media, Tenuis* steht, da steht 2) im Gothischen, in den niederdeutschen und nordischen Sprachen die *Media, Tenuis, Aspirata;* und 3) im Hochdeutschen die *Tenuis, Aspirata, Media*, wobei die angegebene Ordnung streng zu beachten ist. Beispiele: griech. $\vartheta v\gamma \acute{a}\tau\varrho$, goth. *dauhtar,* hochd. *tohtar.* Es trifft sich nun aber, dass da, wo diesem Gesetz zufolge im Hochdeutschen th stehen soll, statt dessen jedesmal z steht, z. B. lat. *dens,* griech. $\dot{o}$-$\delta \acute{o}v\tau$;

---

[1] Der Genosse des s, nämlich das s unserer Bezeichnung, hätte demnach ebenfalls für eine Aspirata erklärt werden müssen; aber seltsam, das that man nicht, vermuthlich weil seine Bezeichnung (franz. j, g, engl. j) kein h in sich hat.

got. *tunthus*, hochd. *zan*, *zân*; und daraus nimmt Grimm Veranlassung auch z eine Aspirata zu nennen. Wahrscheinlich meint er dabei nur, der Laut z vertritt hier die Stelle der wirklichen Aspirata (th); in feinen Worten jedoch liegt dies nicht, er zählt in der Regel das z ohne Weiteres den übrigen Aspiraten bei und feine Nachfolger sprechen, zum Teil mit einer Art freudiger Genugtuung über diefe Entdeckung, von der „Aspirata z." Doch weiter: Da wo die gutturale Aspirata stehen foll, da bietet das Lateinische, Gothische und oft auch das Althochdeutsche nicht das von Grimm begehrte *ch*, fondern *h*; in Folge dessen gilt ihm auch diefes als Aspirata, obschon er es fonst unter die Spiranten zu stellen pflegt. Wir haben über den Gebrauch des Wortes Aspirata bei Grimm eine förmliche Nachfuchung angestellt; das Refultat war, dass er mit demfelben bezeichnet zunächst das griechische φ, ϑ, χ und zwar ohne alle Rückficht auf die Zeit, das älteste wie das jüngste; ferner hochd. ph, f, ch, sch, z und h, dies letzte jedoch gilt, wie gefagt, öfter und befonders in Lauttabellen auch als Spirans, fo wie das z auch in feiner Eigenschaft als Doppelconfonant aufgefasst wird; endlich das niederdeutsche und nordische th, dh, goth. þ. Ob Grimm in den betreffenden Stellen die Laute felbst meint oder nur ihre Zeichen, wird nicht klar, da er eine strenge Scheidung zwischen beiden überhaupt nicht beobachtet. Und diefe Verwirrung findet fich keineswegs blos in Grimm's älteren Schriften, fondern ganz ebenfo in der Gesch. d. deutsch. Spr. (1848) und felbst noch im D. W. (1860); nicht minder in den Schriften des grösten Teils feiner Nachfolger.

5. Inzwischen erschien (1834) die „Kritische Grammatik der Sanskrita-Sprache" von Franz Bopp. In diefer findet fich folgende Erklärung:

„Ein jeder Aspirate wird wie fein Nicht-Aspirirter mit beigefügtem deutlich vernehmbarem h ausgesprochen. Man darf alfo nicht etwa kh wie ein deutsches ch, ph nicht wie f, oder th wie ein englisches th aussprechen, fondern nach Colebrooke wird kh gerade fo wie in *inkhorn*, ph wie in *haphazard*, th wie in *nuthook*, bh wie in *abhorr* etc. gelefen. Ebenfo verhält es fich mit den übrigen Aspiraten."

Diefe Erklärung, an fich vollkommen deutlich, wirft — fo follte man meinen — mit Einem Schlage alle bis dahin geltenden Annahmen über den Haufen und löst die ganze Verwirrung. Aber feltfam, in Wirklichkeit trug fie für lange Zeit in Bezug auf das allgemeine Bewusstfein der Sprachgelehrten fo gut wie gar keine Frucht! Zunächst scheint Bopp felbst weit davon entfernt gewefen zu fein, mit der obigen Erklärung eine allgemeine sprachwissenschaftliche Begriffsbestimmung aufstellen zu wollen, welche nunmehr auch für andere Sprachen Geltung hätte; fondern es scheint ihm nur darum zu tun, Bericht zu erstatten, wie englischen Gewährsmännern zufolge die fanskritischen Aspiraten von den indischen Gelehrten ausgesprochen werden. Und obwol Bopp in feiner „Vergleichenden Grammatik" für die Aspiraten des Sanskrit diefelben Bestimmungen giebt, fo schreibt er felbst in der zweiten Ausgabe diefes Werkes (1857) noch:

„Das Althochdeutsche meidet in den meisten Quellen ch (oder dafür hh) am Wort-Ende und fetzt in diefer Stellung h, auch da, wo die Aspirata die Verschiebung einer altgermanischen Tenuis ist, z. B. im Accufativ der geschlechtslofen Pronomina, wo *mih*, *dih*, *sih* für goth. *mik*, *þuk*, *sik*, mhd. und ahd. *mich*, *dich*, *sich* steht." V. G. I.^{2}, p. 110.

Demnach rechnet Bopp fo gut wie Grimm das ahd. h im Auslaut, welches phonetisch weiter nichts als die Spirans χ unferer Bezeichnung ist, zu den Aspiraten. Ferner:

„Die Labialen find im Gothischen: *p*, *f*, *b*, mit ihrem Nafal *m*. Das Hochdeutsshe hat bei diefem Organ, wie das Sanskrit bei den fämmtlichen, eine doppelte Aspiration, eine dumpfe (*f*) und eine tönende, welche *v* geschrieben wird, und dem fkr. *bh* näher steht." V. G. I.^{2}, p. 114.

Alfo die Spirans *f* gilt auch für Bopp noch als Aspirata; von der völlig irrigen Vorstellung in Betreff des *v* ganz zu schweigen. Von *z* wird allerdings mit gröserer Bestimmtheit als bei Grimm erklärt, „dass *z* = *ts* die Stelle der Aspirata vertritt" (p. 122).

6. Es ist das Verdienst Rudolf von Raumer's, zuerst und schon kurze Zeit nach dem Erscheinen der Bopp'schen Grammatik in feiner 1837 erschienenen Schrift „Die Aspiration und die Lautverschiebung" jene Erklärung der fanskritischen Aspiraten als eine allgemeine und bindende Lautbestimmung für die Sprachwissenschaft festgestellt zu haben. Dass Vieles von dem, was in diefer Schrift bereits ganz klar dargelegt worden, heute, alfo nach 30 Jahren, immer noch von fo Vielen als unklar behandelt wird, Anderes, was als unumstöslich zugegeben ist, immer noch keinen rechten Einfluss auf die grammatische Terminologie gewinnen konnte, fo dass insbefondere die leidige Vermischung zwischen Aspiraten und Spiranten auch in fonst trefflichen grammatischen Werken etwas ganz Gewönliches ist: das darf überraschen und zeigt, wie schwer Vorurteile felbst auf dem Boden der reinen Wissenschaft abgelegt werden. Die wefentlichsten Ergebnisse feiner Forschung legt Raumer in folgende Sätze nieder:

I. Alle wahren Aspiraten des Sanskrit, Griechischen (Lateinischen) und Germanischen haben einen stummlautenden Bestandteil und dadurch unterscheiden fie fich von den Spiranten.

II. Hinter dem stummlautenden Teil der Aspirata wird ein vernehmbarer Hauch gehört, und dadurch unterscheidet fich die Aspirata von der Tenuis. Diefer Hauch kann zwar der Theorie nach auch ein reiner, der Muta abgefondert nachklingender Spiritus asper fein, ist aber in der Regel der Anfang einer charakteristischen Spirans gewefen.

III. Hieraus folgt, dass weder das lateinische und deutsche f, noch das neuhochdeutsche ch den Namen von Aspiraten verdienen. Sie find nichts als scharfe Spiranten. Mithin haben das Lateinische und Hochdeutsche alle Aspiraten eingebüst.

IV. Die Grimm'sche Lautverschiebung beruht auf dem Vorhandenfein wirklicher Aspiraten. Wo diefe fehlen, hat fie ein Ende, daher kein Uebergang von gothischem f in hochdeutsches b.

V. Als Uebergangsstufe aus der dunkeln Aspirata (kh, th, ph) in die Media (g, d, b) haben wir die helle Aspirata (gh, dh, bh) nachgewiefen, wenn fie auch nicht immer graphisch unterschieden wird.

Für die uns in diefem Augenblicke vorliegende Frage kommen hauptfächlich die Punkte 1—3 in Betracht. Es fei uns gestattet ad 2 zu bemerken, dass als die eigentliche Aspirata, wie auch wahrscheinlich R. v. Raumer es meint, und wie fich fpäter noch beftimmter zeigen wird, eben nur *Muta + spiritus asper* gelten darf. Der Uebergang des Spiritus asper in eine Spirans ist bereits eine Trübung der echten Aspirata, welche später einen Doppelconfonanten erzeugt und zuletzt mit dem völligen Uebergange derfelben in die entsprechende reine Spirans endet, d. h. ph in f, th in s, kh in χ unferer Bezeichnung, wie dies ja im Griechischen und Deutschen klar zu Tage liegt.

7. Jene Auffassung der Aspiraten einmal zugestanden, verschwindet in der Tat fowol phyfiologisch als historisch jede Unklarheit. Nur — das dürfen wir nicht verschweigen — bietet die betreffende Auffassung felber anfänglich einige Schwierigkeit dar. Es gab und giebt freilich fehr Viele, die durchaus nicht begreifen, was denn in der Erklärung Aspirata = Muta + Spiritus asper, wenn fie diefelbe bei Bopp oder in einem englischen Grammatiker lefen, irgend Bedenkliches liege; ph ist eben = p + h, bh = b + h; was braucht es mehr? Es find dies im Wefentlichen Diefelben, welche heitern Mutes auch die „Aspirata z" willkommen hiesen. Gerade Die, welche nicht blos Buchstaben fehen, fondern Laute verstehen wollen, alfo Die, welchen jene Bopp'sche Erklärung fo fehr erwünscht fein musste, weil durch fie Licht in das Dunkel der ganzen Angelegenheit kam, gerade fie konnten fich in Betreff des Ausgangspunktes des Zweifels nicht erwehren, eines Zweifels, von welchem fie, wir wiederholen es, am meisten wünschten, dass er ungegründet fein möge. Zunächst machten fie jene englischen Beispiele stutzig. In ihnen allen steht nämlich die betreffende Aspirata als Silbengrenze, dergestalt, dass die Muta zur vorangehenden, der Spiritus asper aber zur nachfolgenden Silbe gezogen und fomit die lautliche Verbindung beider Factoren gelöst wird. Auf folche Weife lassen fich freilich alle binären und ternären Lautverbindungen gleich gut aussprechen, aber fie lässt fich leider auf die überwiegende Anzahl der Fälle, wo

im Indischen die Aspiraten auftreten, nicht anwenden. Was nutzt *haphazard*, *abhorr*, *nuthook* etc. für die Aussprache von *pha*, *bha*, *tha* etc. oder *phna*, *bhna*, *thna* etc. oder vollends *aph*, *abh*, *ath* etc.? Der Anschluss entweder an den vorangehenden oder an den nachfolgenden Laut fehlt ja in folchen dem Indischen ganz geläufigen Fällen jedesmal und nur vermöge folchen Anschlusses nach beiden Seiten vermochten wir jene englischen Wörter auszusprechen! — Ferner: die Inder find denn doch Menschen mit denfelben Lautwerkzeugen wie wir; nun, ist denn bei uns in Europa und speziell in Deutschland die Lautverbindung *pha*, *bha*, *tha*, *dha*, *kha*, *gha* wirklich phonetisch verschieden von *pa*, *ba*, *ta*, *da*, *ka*, *ga?* Man lasse Taufende diese Lautreihen lefen, fie werden zweimal dasselbe aussprechen, ja felbst die gelehrtesten Kenner des Sanskrit, wenn fie indischen Text lefen, sprechen die Aspiraten nicht anders aus als die Nichtaspiraten. Und auch wo fie fich bemühen, den Unterschied einmal recht anschaulich zu machen, da sprechen fie nur entweder die Muta mit starker Intonation, einer gewissen Anstrengung der betreffenden Organe und längerem Verschluss aus, alfo etwa ein kräftiges *pppa*, *bbba;* oder fie schieben zwischen die Muta und den Spiritus asper ein kurzes *e* (ein *Schwa*, eigentlich den fehr kurz gesprochenen unbestimmten Vokal) ein, alfo etwa $p_e ha$, $b_e ha$ etc. Beides genügt nicht der zu Grunde liegenden Erklärung und passt vollends auf jene englischen Beispiele nicht im mindesten, und diefe find doch hier vor Allem masgebend. — In folcher Ratlofigkeit mag wol mehr als Ein Anfänger des Sanskrit feine Zuflucht zu einem verzweifelten Mittel genommen haben, wenn auch nur im Stillen, nämlich ohne Weiteres die indischen Aspiraten für Spiranten zu erklären, alfo *kh* = deutschem *ch*, *gh* = *j*, *th* = hartem englischen *th*, *dh* = weichem englischen *th*, *ph* = f, *bh* = w; und zwar um fo lieber, als mehrere diefer Laute, z. B. das uns fo unentbehrlich scheinende *ch* und *f* auffallender Weife in dem fo reichen Lautfystem der Inder fonst fehlen würden. Dass auf diese Weife *j* und *w* im indischen Alphabet doppelt vorkämen, erklärte man fich dadurch, dass vielleicht der eine Laut das palatale, der andere das velare j fei, und beim w der eine das rein labiale, der andere das denti-labiale. Dass dies Alles gegen Bopp's ausdrückliche Warnung läuft, entschuldigte man durch das beliebte Erklärungswort „fpätere Entartung," welches übrigens hier feine Dienste verfagte, denn es fetzt voraus, dass es einmal doch eine Zeit gegeben, wo Aspiraten wirklich als *Mutae + spir. asp.* gesprochen wurden, und damit ist ja die alte phyfiologische Schwierigkeit wieder da; denn was einmal möglich ist, muss in folchem Falle immer möglich fein. Nein, die einzige Rettung wäre gewefen, zu fagen: Die englischen Berichterstatter haben fich **geirrt**, fie haben geradezu **falsch gehört**, haben Laute oder Lautverbindungen zu hören geglaubt, welche phyfiologisch **unmöglich** find. Aber fo weit ist unferes Wissens denn doch Niemand gegangen; man lies die Sache lieber im Unklaren. Wie verführerisch jedoch der oben beschriebene Ausweg fein musste, davon ist wol der beste Beweis, dass Brücke in feinen „Grundz. d. Phyf. u. Syst." ihn ebenfalls einschlug; vgl. dafelbst p. 82 ff. Und hier trat einmal der feltene Fall ein, dass die historische Grammatik in einer rein lautlichen Frage der Phyfiologie gute Dienste leistete und fie vor einem Irrtume bewarte. Es war wiederum R. v. Raumer, welcher, gestützt auf die Ausfagen und Einteilungen der alten indischen Grammatiker, fo wie auf die grammatischen Verhältnisse des Sanskrit felbst nachwies,[1] dass die Brücke'sche Annahme **unmöglich** fei; und Herr Prof. Brücke felbst hat in Folge dessen feine frühere Meinung über die Aspiraten aufgegeben, ohne jedoch darum völlig der Auffassung R. v. Raumer's beizutreten.[2]

8. Was nun diefe Raumer'sche Auffassung über den phyfiologischen Hergang bei Bildung der Aspiraten betrifft, fo entgeht R. allen den oben erwähnten Bedenken dadurch,

---

[1] Gef. sprachwiss. Schriften, p. 384 ff. Dann weiter p. 394 ff.

[2] „Ueber die Aspiraten des Altgriechischen und des Sanskrit" in der Zeitschrift für die österr. Gymnafien. Jahrgang 1858, Heft 9.

dass er annimmt, die Aspiraten feien nicht (niemals?) gesprochen worden als Muta + Spiritus asper, fondern als Muta + homorgane Spirans, aber wohlgemerkt: diefe homorgane Spirans fei nicht die völlig entwickelte gewefen, denn eine folche Verbindung hätte wirkliche Doppelconfonanten ergeben (*pf, ts, kχ, bw, df, gf*), fondern fie fei gewefen eine unentwickelte, ein „unentwickelter Nachhall." Von folchen unentwickelten Lauten will nun Brücke nichts wissen (vgl. weiter unten, § 22. 6), das fei ein unklarer, lediglich allegorischer Ausdruck, und da Brücke fich andererfeits doch auch den Raumer'fchen Nachweifungen nicht verschliesen kann, dass die Aspiraten keineswegs Spiranten, fondern Mutae mit einem gewissen (wie immer gearteten) Nachhall gewefen feien, fo erklärt er jenen Nachhall für wirkliche Spiranten und gelangt dadurch zu dem Schlusse: Aspirata = Muta + echte homorgane Spirans, mithin = den oben erwähnten Doppelconfonanten: *pf, ts* (deutsches *z*), *kχ* etc. Zur Rechtfertigung diefes Standpunktes fügt er hinzu: „Wenn man bedenkt, wie viel Deutsche es giebt, die unfer Zett für einen einfachen Confonanten halten, und wenn man bedenkt, wie unmittelbar bei Einheit der Artikulationsstelle das Explofivgeräusch des Verschlusslautes in das Reibungsgeräusch übergeht, fo kann man es wol für möglich halten, dass die alten Inder diefe Laute als einfache betrachteten." Dagegen erklärt fich nun Raumer in feiner Erwiderung auf's bestimmteste und weist wiederum aus der indischen Grammatik nach, dass die Aspiraten unmöglich Doppelconfonanten gewefen fein können, da fie z. B. in der Metrik nicht Pofition machen, auserdem aber auch manche von den Doppelconfonanten, die wir durch eine folche Auffassung der Aspiraten erhalten würden, im Sanskrit wirklich vorkommen, alsdann aber niemals als Aspiraten geschrieben, fondern in jeder Beziehung von diefen unterschieden werden, vgl. *jutsu, atsi*. Ueber die Natur des „unentwickelten Reibungsgeräusches" spricht fich dann Raumer auf höchst klare und bestimmte Art aus, fo dass wir unfererfeits ihm, was die Sache felbst betrifft, unbedingt zustimmen, ohne dass wir darum zugestehen mögen, die indischen Aspiraten feien wirklich principiell fo gesprochen worden; wir halten vielmehr an der Erklärung Muta + Spir. asp. fest und denken, die dabei obwaltende phyfiologische Schwierigkeit wird nicht unüberwindlich fein (vgl. 11—12). Raumer felbst scheint diefe letztere Auffassung nicht ganz zu verwerfen; er fagt (p. 402): „Wenden wir das Dargelegte auf die alten Aspiraten an, fo erkennen wir auch, wie nahe fich der reine Hauch, der nach einigen Sanskritgrammatikern dem Verschlusslaut der Aspirata folgen foll, und das unklare Reibungsgeräusch, welches Andere verlangen, einander standen. Sie gehen dermasen in einander über, dass auch feinhörende Beobachter in manchen Fällen streiten werden, ob der Oeffnung des Verschlusslautes der reine Hauch oder der leifeste Anfang eines unklaren Reibungsgeräusches folge."

9. So gab es denn nunmehr folgende Auffassungen von dem Wefen einer Aspirata:

I. Die völlig confufe der älteren und leider auch vieler neueren Grammatiker, wonach fie alles Mögliche fein kann, je nachdem die alten Namen gewisser Buchstaben oder die „organische" (foll heisen historisch-etymologische) Entwickelung es verlangen.

II. Die blind gläubige Derer, welche die Erklärung der englischen Grammatiker: Aspirata = Muta + Spiritus asper ohne alles Bedenken aufnahmen und weiter gaben, obschon fie folche Laute nicht aussprechen und ihre naturwissenschaftliche Möglichkeit nicht nachweifen konnten.

III. Die Aspiraten find weiter nichts als die Spiranten der zugehörigen Muta, alfo ph = f, bh = w, th = hartem englischen th, dh = weichem englischen th, kh = deutschem ch, gh = deutschem j. — Die stille Meinung Mancher, die öffentlich ausgesprochene Brücke's (in den „Grundzügen").

IV. Die Aspiraten find = Muta + unentwickelte homorgane Spirans. (R. v. Raumer.)

V. Die Aspiraten find = Muta + echte homorgane Spirans, d. h. fie find Doppelconfonanten, alfo *ph* = pf, *bh* = bw, *th* = ts (deutfches z), *dh* = df, *kh* = kχ, *gh* = gj. Spätere Meinung Brücke's (in dem Auffatz „Ueber die Aspiraten d. Altgr. etc.").

Von diefen Auffassungen kamen, wie die Sachen bis dahin standen, strenggenommen nur die letzten drei in Betracht; denn die ersten beiden schlossen fich von felber aus, wo es auf Verständnis eines Lautes ankam. Allerdings aber lenkte die zweite später in die phyfiologische Bahn gleichfalls ein, wo fie fich dann, nach unferer Meinung, als die richtige, die eigentliche Theorie bestimmende auswies. Wir wollen dabei gleich hier bemerken, dass im Laufe des Sprachlebens folche echte Aspiraten zu Lauten wurden, welche den folgenden drei Auffassungen entsprachen; etwas was in Bezug auf III. und V. klar vor Augen liegt und in Bezug auf IV. teils aus Berichten der alten Grammatiker, teils nach der Natur der Lautentwickelung mit Notwendigkeit geschlossen werden muss.

10. Als Vorbereitung zur endgiltigen Löfung beachte man zunächst folgende Erwägungen:

a. Alle Unterfuchungen, die wir bisher mitgeteilt haben, gehen wefentlich von dem deutschen Standpunkte aus, d. h. fie stützen fich auf die Aussprache der deutschen Verschlusslaute (Mutae). Wie nun, wenn diefe letzteren, wenigstens vor Vokalen, keine echten Nichtaspiraten im Sinne der Inder wären? Diefe Annahme wird zunächst schon dadurch begründet, dass die Slawen bekanntlich den Deutschen vorzuwerfen pflegen, fie sprächen gar nicht wie fie schrieben: *kalt, tag, pein,* fondern *khalt, thag* (*thak, thaχ*), *phein.* Mehr zufrieden, obschon nicht ganz, find fie mit der Aussprache der Romanen. Da nun die Slawenvölker in ihrem Lautfystem offenbar eine altertümlichere Stellung einnehmen als die Deutschen, fo darf dies wol als Fingerzeig gelten, dass die westlichen Culturvölker und insbefondere die Deutschen den wahren Unterschied zwischen aspirirten und nicht aspirirten Lauten verlernt haben und statt jener beiden Lautgruppen nur eine befitzen, welche zwischen jenen beiden steht, jedoch im Ganzen näher den Aspiraten als den Nichtaspiraten.

b. Alle bisher mitgeteilten Unterfuchungen der deutschen Forscher stützen fich entweder auf die Beschreibungen der englischen Grammatiker von der Aussprache der jetzigen Brahminen, oder auf die Aeuserungen alter Grammatiker der Inder felbst. Die letzterwähnte Quelle lassen wir in Bezug auf die Vorzeit in ihrem vollen Recht; was aber die erstere betrifft, fo scheint es doch dringend geraten, statt immer und immer wieder jene Beschreibungen zu deuten, lieber endlich einmal unmittelbare Prüfungen an der Quelle felbst anzustellen, wo fich dann doch herausstellen muss, welche Meinung die richtige ist, ob die der englischen Berichterstatter: Aspirata = Muta + Spiritus asper oder die der deutschen phyfiologisch prüfenden Forscher: Aspirata = Muta + homorgane Spirans (entwickelte oder unentwickelte). Freilich gälte das Ergebnis zunächst eben nur für die heutige Aussprache der Brahminen und man hätte immer noch das Recht hinfichtlich der Vorzeit anderer Meinung zu fein; aber für die phyfiologische Theorie wäre auch dies schon ein Gewinn. Denn wenn z. B. fich ergeben follte, dass die Engländer Recht haben, nämlich dass Muta + Spiritus asper hier wirklich gesprochen wird, worauf doch das von allen englischen Autoren gewählte h zu deuten scheint, fo verschwindet vor diefer Tatfache jeglicher Zweifel an der Möglichkeit und man hat eben nur noch zu beobachten, in welcher Art die Bildung diefer Lautverbindung phyfiologisch vor fich geht.

c. Aber noch eine Quelle der Forschung ist übrig, und unferer Meinung nach die Hauptquelle. Nicht blos die Tradition der Brahminen nämlich kennt die Aspiraten, fondern die letzteren existiren noch in der lebendigen Sprache der heutigen Inder, ja der meisten Orientalen. Und zwar nicht etwa in kärglichen Resten, fondern in vollster Kraft und reichster Entfaltung, dergestalt, dass (nach Schlagintweit's Ausdruck) bei manchen Stämmen die Rede den Eindruck macht, als wären die Leute fortwährend auser Athem. Hier kommt es alſo vor Allem auf Beobachtung an von Seiten Solcher, welche hinreichende phyſiologiſche Kenntniſse beſitzen.

Geſtützt auf dieſe Erwägungen wolle man nun das Folgende leſen und daraus die ſelbſtverſtändlichen Folgerungen auf die allgemeine Lehre von den Aspiraten machen.

11. Im Herbste 1858 hielt ſich Said Mohammed, ein Munschi (gelehrter indischer Muhamedaner) aus Kalkutta, den die Gebrüder Schlagintweit von ihrer Reiſe mitgebracht hatten und der nun in ſeine Heimat zurückkehrte, einige Tage in Wien auf und hier nahm Herr Prof. Brücke Gelegenheit ihm eine Reihe von Fragen vorzulegen, welche derſelbe nach B.'s Zeugnis mit viel Intelligenz und ſichtlich gutem Willen beantwortete. Das Ergebnis dieſer Prüfung in Bezug auf die Aspiraten hat Brücke mitgeteilt in der Schrift „Ueber die Aussprache der Aspiraten im Hindustāni" (1859). Wir erfahren daraus, dass der Inder die Aspiraten der Fortes (Tenues) keineswegs als Muta + Spirans (entwickelter oder unentwickelter), auch nicht als reine Spirans, ſondern wirklich und wahrhaftig, deutlich und unbestreitbar, als Muta + Spiritus asper aussprach, alſo ganz wie die englischen Berichterstatter es gehört und beschrieben hatten. Der phyſiologische Hergang ist folgender: „Die Fortes explodiren bei nicht tönender Stimmritze: ſollen ſie nicht aspirirt werden, ſo verengt man dieſe ſofort zum Tönen, damit ſogleich nach Durchbrechung des Mundhöhlenverschlusses der folgende Vokal anklingt; ſollen ſie aspirirt werden, ſo zögert man mit dieſer Verengung, lässt die Luft einen Augenblick frei aus der offenen Stimmritze herausſtürzen und erhält dadurch das h, an das ſich nun, indem man die Stimmritze zum Tönen verengt, der nächſtfolgende Vokal anschliest." Dass wir Deutsche die Nichtaspiraten von den Aspiraten ſo schwer in unſerer Rede unterscheiden können, kommt daher, dass wir die Stimmritze nicht ſofort verengen, wenn der Conſonant explodirt hat, ſo dass wir eigentlich jedesmal eine Art von h mit hören las-

sen, wie die östlichen Völker es uns auch vorwerfen und wie jener Inder es ebenfalls andeutete. Allerdings aber ist bei der wirklichen Aspirata, wie die Eingeborenen in jenen Ländern fie sprechen, der h-Laut weit entschiedener entwickelt; auch im Auslaut der Wörter wird er ganz deutlich gehört. Der oben genannte Inder erklärte nach einem anderweitigen Bericht (von Arendt): Die deutschen Laute p, t, k feien weder Aspiraten noch Nichtaspiraten, jedoch den ersteren ähnlicher als den letzteren. Damit stimmt auch ein Bericht Rofen's, dass im Ossetischen die Tenues (Fortes) fo völlig hauchlos gesprochen werden, dass fie Ausländern ungemein schwer fallen. — Diefe Frage wäre alfo gelöst.

12. Ungünstiger gestaltete fich die Sache bei den fogenannten „Medienaspiraten," oder wie wir fagen würden, bei den Aspiraten der Lenes. Der Inder sprach fie — dies fei vor Allem bemerkt — niemals fo aus, wie wir Deutsche es am liebsten tun: $b_e ha, d_e ha, g_e ha$, fondern gewönlich fo, dass er die Stimmritze schon vor Durchbrechung des Mundhölenverschlusses erweiterte, fo dass die mit tönender Stimme angefangene Muta nicht als Lenis, fondern als Fortis explodirte, etwas was man etwa durch $bpha, dtha, gkha$ bezeichnen könnte, wobei das b, d, g durch den fogenannten Purkinje'schen Blählaut (d. h. den Ton der während des Mundhölenverschlusses tönenden Stimme) deutlich gemacht wird. Da aber, wo dies nicht geschah, da löste fich der Spiritus asper von der Muta völlig ab; fo namentlich bei Silbentrennung, z. B. *pig-hälna, ad-ha. ab-hi,* aber auch im Auslaut, z. B. in *bag-h.* In Betreff des letzteren Beispiels stellt Brücke die Sache fo dar: Man tue, als wolle man das Wort *Waghäufel* sprechen, breche aber hinter dem h ab, fo dass es nicht in einen Vokal übergeht, fondern als bloser Hauch das Wort endet; dann braucht nur noch das w in b geändert zu werden, fo hat man genau das betreffende Wort. Vom Anlaut wird bei diefer Methode nichts erwähnt; es scheint fo, als ob hier nur die vorige gelte. — Dem fei nun wie ihm wolle, ich glaube, dass die Aussprache des hier erwähnten indischen Gelehrten für die Beurteilung der

weichen Aspiraten nicht durchweg masgebend fein kann, fondern dass diefelbe auf einer Verfchlechterung beruht, welche im Orient keineswegs allgemein ist. Ich werde in diefer Annahme beftärkt durch einen Auffatz von C. Arendt: „Phonetifche Bemerkungen" in Kuhn und Schleicher's „Beiträgen zur vergleichenden Sprachforfchung" II, 283 ff. Die Hauptfrage liegt darin: Ist es möglich, unmittelbar nach Durchbrechung des zur Bildung der Lenis erforderlichen Verfchluffes die Stimmritze plötzlich fo weit zu öffnen, dass beim Weiterfliesen des Luftstroms diefer fogleich stimmlos erfcheint, d. h. ein h ist? Wenn diefes möglich ist, fo giebt es auch echte Aspiraten der Lenes. Arendt, der ebenfalls mit jenem Inder und zwar ausdrücklich der Aspiraten wegen Unterfuchungen angestellt hat, glaubt jene Frage, nach forgfältigster Prüfung, bejahen zu müssen. Seine Auseinanderfetzung ist zu lang, um fie hier auch nur auszugsweise wiederzugeben; wir machen jedoch unfererfeits darauf aufmerkfam, dass die Methode, nach welcher *bag-h* gesprochen wird, auch im Anlaut möglich fein muss; *Wag-h...* ist um nichts leichter als *...g-häufel*. Man spreche *g* vermittelst des Purkinje'schen Blählautes und öffne dann rasch die Stimmbänder zur Erzeugung des h. Ich habe mehrfach Solchen, die der Sache ganz unkundig find, auf diefe Weife die Silben *bha, dha, gha* vorgesprochen und die Anlaute find stets richtig als *bh, dh, gh* erkannt worden. Auch erwähnen die englifchen Berichterstatter durchaus nicht, dass die Sache bei den Lenes (Medien) fich anders verhalte als bei den Fortes (Tenues); und fo dürfen wir wol inzwifchen, bis noch genauere Prüfungen an Ort und Stelle stattgefunden haben, uns der Zuverficht überlassen, dass auch bei den weichen Aspiraten ihre Angabe fich bestätigen werde.

Anmerkung. Man beachte die im Laufe des Sprachlebens fortfchreitende Nivellirung der Lautcontrafte. Die Urvokale find in enge Grenzen eingefchränkt worden und statt ihrer eine Menge von Zwifchenvokalen aufgetreten, welche bereits fämmtlich eine starke Hinneigung für den unbestimmten Vokal verraten. Die beiden Gruppen der Aspiraten und Nichtaspiraten find bei den westlichen Völkern in eine indifferente Mittelgruppe zufammengefloffen. Die auf fester Schliesung der Lautritze beruhenden, alfo stark confonantifchen Mutae weichen immer mehr den lockerschliesenden, alfo den Vokalen näher stehenden Spiranten. Ja, in manchen Landstrichen fliesen fogar die harten (tonlofen) und weichen (tönenden) Laute in eine mit halboffener Stimmritze zu sprechende Mittelstufe zufammen.

§ 22.
Der Affrikationsprozess.

1. Der Lautvorgang, welcher hier besprochen werden foll, kann fich möglicher Weife zu allen Zeiten und in allen Sprachen ereignen, wirklich historisch nachweisbar ist er nur in einzelnen Sprachen und fällt in eine bestimmte Zeit. Am kräftigsten trat er auf im Griechischen und Hochdeutschen und wir werden uns begnügen, die wefentlichen Erscheinungen desselben auf dem Gebiet der letztgenannten Sprache zu erörtern; diefelben find masgebend für alle übrigen. Der ganze Vorgang hängt auf's engste mit der Lehre von den Aspiraten zufammen und kann nur bei vollem Verständniss der letzteren überhaupt gewürdigt werden.

2. Ob die hochdeutsche Sprache innerhalb des Zeitraums, aus welchem schriftliche Denkmäler vorhanden find, wirkliche Aspiraten befessen habe, ist schwer zu entscheiden. Bei der grosen Unficherheit, welche über den Lautwert der Zeichen *ph* und *ch* herrscht, müsste man vor Allem auf das Zeichen *th* achten. Diefes Zeichen nun findet fich allerdings im Ahd. keineswegs felten, insbefondere in zwei Hauptdenkmälern, bei Otfried und dem Ueberfetzer des Tatian; aber, merkwürdiger Weife, steht es hier nicht an den Stellen, wo nach dem Gefetz der Lautverschiebung die Aspirata eintreten follte, nämlich als Vertreterin des gothischen (urdeutschen) *t*, fondern genau an den Stellen, wo auch das Gothische felbst die Aspirata (*þ*) hat, alfo da, wo fonst das Ahd. die fogenannte Media (hier *d*) bietet, vgl. *thin*, fonst *din* (goth. *þeins*); *thaz*, fonst *daz* (goth. *þata*); *thuruh*, fonst *duruh* (goth. *þairh*); *thrî*, fonst *drî*

(goth. *þreis*) etc.; ja O. und T. felbst schreiben nur im Anlaut *th*, fonst haben fie ebenfalls das zu erwartende *d*, z. B. *werdan* (goth. *vairþan*), *erda* (goth. *airþa*). Nach R. v. Raumer's Vermutung (A. u. L. p. 31), welcher ich mich durchaus anschliefe, ist die Schreibung *th* in jenen Denkmälern nur ein graphischer Misgriff für *dh*, welche letztere Bezeichnung man darum nicht anzuwenden wagte, weil das Lateinische, welches man fortwährend als Richtschnur im Auge hatte, diefelbe nicht kennt. Der durch feine graphische Genauigkeit auch fonst fich vorteilhaft auszeichnende Ueberfetzer des Ifidor schreibt wirklich an diefen Stellen *dh*, und zwar nicht blos im Anlaut, fondern auch im Inlaut, alfo *dhin*, *dhazf*, *dhurah*, *dhri*, *werdhan*, etc. Was war nun der Lautwert diefes *dh* und des misbräuchlich dafür gefetzten *th*? Aller Wahrscheinlichkeit nach follte es die weiche Aspirata, d. h. die Aspirata der Lenis *d* ausdrücken. Diefelbe ist aus phonetischen Gründen nötig, um aus der harten Aspirata *(th)* in die weiche Muta *(d)* zu gelangen und die Entwickelungsreihe *th — dh — d* im Altfächfischen graphisch verbürgt, ja auch das altnordische *th* wird mit dem schwedischen *d* durch das Schwanken des älteren Schwedischen zwischen *th* und *dh* vermittelt. Vgl. R. v. Raumer's Gef. sprachw. Schr. p. 426. Dass O. und T. im Inlaut, viele Denkmäler überhaupt nicht diefe Aspiration graphisch anerkennen, beruht auf Ungenauigkeit der Schreibung oder kann vielmehr als ein Beweis dafür gelten, dass die Aspiration felbst bereits im Erlöschen und die Muta bei Vielen zum Durchbruch gelangt war. In den andern Lautreihen fehlen die Spuren von ihr gänzlich, ausgenommen dass J. wieder an der entsprechenden Stelle *gh* bietet, ein *bh* kennt auch er nicht.

3. Wie aber verhält fich das Hochdeutsche an den Stellen, wo nach dem Gefetz der Lautverschiebung die Aspirata wirklich eintreten follte, d. h. an den Stellen, wo das Gothische die fogenannte Tenuis (*p*, *t*, *k*) bot? Auffallender Weife findet fich hier schon im Ahd. — von den zweifelhaften Zeichen ph und ch abgefehen — niemals *th*, fondern

dafür das Zeichen z, deſſen Lautwert wir einſtweilen auf ſich beruhen laſſen. Im Lauf der weitern Sprachentwickelung aber bildet ſich allmälig ein Doppel-Verhältnis aus, wobei wir allerdings in Bezug auf die Lautwerte das uns in dieſer Hinſicht allein genau bekannte Gebiet des Neuhochdeutſchen zu Grunde legen und hinſichtlich der früheren Perioden auf die folgenden Unterſuchungen verweiſen müſſen. Danach iſt alſo der für die zu erwartende Aſpirata eintretende Laut:

A. Ein Doppelconſonant, beſtehend aus der der Aſpirata homorganen harten Muta + der homorganen harten Spirans, alſo ſtatt ph, th, kh treten ein bezüglich pf, ts, $k\chi$; von denen der zweite im Deutſchen bekanntlich mit z, der dritte anfangs mit ch (als nämlich h noch $= \chi$ war), ſpäter mit cch oder kch bezeichnet wurde. So ſtets im Anlaut. Beiſpiele: goth. *pund*, hochd. *pfund;* goth. *taihun*, hochd. *zehan, zehen, zehn;* goth. *kalds,* ahd. und noch jetzt mundartlich *kchalt,* mhd. nhd. in den urſprünglichen Laut zurücktretend: *kalt;* in- und auslautend nur nach kurzem Vokal oder Conſonant, z. B. goth. *sliupan,* nhd. *schlüpfen;* goth. *hairtô,* hochd. *herza, herze, herz.·*

B. Die homorgane harte Spirans ſelbſt, alſo ſtatt ph, th, kh treten ein bezüglich f, s, χ. So in- und auslautend nach langem Vokal ſtets. Beiſpiele: goth. *hrôpan,* nhd. *rufen;* goth. *smeitan,* nhd. *schmeisen* (geſchr. *schmeiszen*); goth. *at,* nhd. *âs* (geſchr. *asz*); goth. *galeikan,* nhd. *gleiχen* (geſchr. *gleichen*); ſeltener nach kurzem Vokal und alsdann inlautend mit Gemination des Conſonanten, z. B. goth. *skapan,* nhd. *schaffen;* goth. *skip,* hochd. *schif, schiff;* goth. *itan,* nhd. *essen;* goth. *vakan,* nhd. *waχχen* (geſchr. *wachen*); noch ſeltener nach Conſonanten, z. B. goth. *arka,* nhd. *arche.*

Dieſer Vorgang, der im Weſentlichen ebenſo auch im Griechiſchen ſtattfand, iſt von mir (D. L. p. 44) Affrikationsprozess genannt worden, eine Bezeichnung, die mehrfach gebilligt worden iſt.

4. Die Frage, ob die ursprüngliche (gothische oder urdeutsche) harte Muta sich im Hochdeutschen zunächst zu einer wirklichen Aspirata gestaltet, oder ob sie unmittelbar in die später geltenden Laute (Doppelconsonant und Spirans) übergegangen sei, wage ich nicht zu entscheiden; die Handschriften wenigstens bieten niemals th für z und gerade die Dentalaspirata wäre hier allein entscheidend, denn die allerdings vorkommenden ph und ch beweisen nichts. Dass sie den Lautwert echter Aspiraten gehabt haben, also = p + h, k + h gewesen seien, glaube ich nicht, schon darum, weil sonst der Mangel des th doch sehr auffallend wäre; der Analogie des z zufolge müssen sie ebenfalls Doppelconsonanten (dies Wort im weitesten Sinne genommen, vgl. später) gewesen sein. Was das ch betrifft, so erinnern wir daran, dass das Zeichen h im Althochdeutschen unzweifelhaft den Lautwert χ hatte, wie sich daraus ergiebt, dass es im Auslaut stehen kann (*dah, doh, loh, noh* etc.), im Inlaut häufig geminirt wird (*sahha, dahhes, lohhes*), im Anlaut oft vor Consonanten auftritt, wo ein reiner Spiritus asper kaum aussprechbar wäre, z. B. *hleitar* (scala), *hrad* (rota), *hnigan* (incumbere); endlich sogar nach Consonanten, ja zwischen zwei Consonanten vorkommt, z. B. *walh, ferh, durh, furht*, wo der Spiritus asper geradezu unmöglich ist; in der Tat wird auch heute noch in manchen Gegenden Oberdeutschlands das h vielfach als χ gesprochen, z. B. *seχen* (videre), *geχen* (ire), *steχen* (stare), vgl. Schmeller 495, Stalder p. 58. Daraus ergiebt sich, dass das Zeichen ch anfänglich ganz genau den Laut kχ ausdrückt; später jedoch, als einerseits dieser Laut zu schwinden begann, andererseits das h sich mehr und mehr zum blosen Spiritus asper verflüchtigte, man also das Bedürfnis eines neuen Zeichens für den Laut χ fühlte, da benutzte man das frei gewordene Zeichen ch, um ihm den Laut χ zu erteilen, welchen es bis heute behalten hat. Daher kommt es, dass man in der Uebergangszeit (vereinzelt selbst noch im Mhd.) so häufig cch, kch findet, wo in der ältesten Zeit bloses ch stand. Ganz entsprechend findet sich bei den Labialen in dieser Zeit

häufig pph, weil ph allmälig den Laut f angenommen hatte, dies letztere wahrscheinlich in Folge des griechisch-lateinischen Vorgangs.

5. Eine weitere Frage ist die, ob die Spirans fich unmittelbar aus der Muta (bezüglich Aspirata) entwickelt habe oder ob fie erst durch den betreffenden Doppelconfonanten hindurchgegangen fei. Ich glaube das Letztere; schon deshalb, weil der fofortige Uebergang von Muta zu reiner Spirans einen Sprung vorausfetzt, wie ihn die Lautentwickelung fonst gar nicht liebt. Aber auch die Sprachdenkmäler weifen darauf hin; denn felbst an den Stellen, wo später die reine Spirans ihren festesten Sitz hat (inlautend nach langem Vokal), steht ahd. und mhd. in der Dentalklasse immer noch das Zeichen des Doppelconfonanten z, dessen Lautwert in der älteren Zeit unmöglich viel von ts verschieden gewefen fein kann. In den beiden andern Lautgebieten (Labialen und Gutturalen) findet fich im Ahd. wenigstens recht oft ph, pf, f innerhalb eines Stammes neben einander, z. B. *scafan* (creare), *scuof* (creavit), *scuafun* (creaverunt), *scuoffe* (creaverit), *scaffe* und *scephe* (creet), *scaphit* (creat), *skepfende* (creans); und ebenfo ist's mit ch, cch, h, z. B. *sprehhan* (loqui), *sprihhu* (loquor), *sprehhe* und *spreche* (loquar), *sprecchest* (loquaris), *sprah* (locutus sum), *sprâchin* (locuti sint). Wenn nun der Laut des Doppelconfonanten überhaupt in einem Stamme auftritt, fo darf man wol annehmen, dass es einmal eine Zeit gegeben habe, wo derfelbe in dem betreffenden Stamme durchweg geherrscht hat, und dass er erst später, aus phonetischen Gründen, nach langem Vokal in die reine Spirans übergegangen ist. Den Grund aber diefes Ueberganges gerade an folcher Stelle fehe ich darin, dass das Gewicht des langen Vokals, verbunden mit der mehrfachen Confonanz das Wort allzufehr belastete und eine Erleichterung desselben nötig machte, ein Vorgang, für den die Sprachgeschichte auch an andern Stellen zahlreiche Belege bietet, man denke z. B. an die Verstümmelungen, welche reduplicirte Formen an ihren Endungen zeigen! Dass diefe Erleichterung aber

gerade durch den Wegfall der Muta geschah und blos die Spirans übrig blieb, dafür fehe ich den Grund darin, dass das Hochdeutsche, wie bereits früher gezeigt wurde, harte Muta hinter langem Vokal überhaupt nicht liebt, während die den Vokalen in homogener Beziehung viel näher stehende Spirans leichten Anschluss bietet.

6. So ist denn nach unferer Auffassung die Lautreihe, welche beim Affrikationsprozess durchlaufen wird, folgende: Muta, Aspirata, Doppelconfonant, Spirans, und diefe Stufen gehen nicht plötzlich und sprungweife, fondern langfam und allmälig, man könnte fagen: durch stetige Zwischenglieder in einander über. Ob im Hochdeutschen die Stufe der Aspirata wirklich einmal vorhanden war, lassen wir unentschieden; genug, in den Denkmälern, welche wir befitzen, liegt kein Beweis für die Annahme derfelben. Naturwissenschaftlich notwendig ist die Anname einer echten Aspirata (Muta + Spiritus asper) bei diefem Lautprozess nicht; die Muta kann in den Doppelconfonanten auch fo übergehen, dass fie fich statt mit dem reinen Hauche fofort mit der weiteren Zwischenstufe, nämlich mit einer Spirans verbindet,[1] wobei wir es dahingestellt lassen, ob diefelbe eine „unentwickelte" oder eine „entwickelte" fei. Das Gefetz der Stetigkeit verlangt zunächst die erstere, und die Möglichkeit einer folchen hat R. v. Raumer als naturwissenschaftlich berechtigt und historisch vorhanden nachgewiefen. Brücke allerdings will von einem folchen unfichern Nachhall nichts wissen; er fagt: „Ein Reibungsgeräusch existirt oder es existirt nicht. Wenn es existirt, fo kann es mehr oder weniger intenfiv fein, es kann kürzere oder längere Zeit dauern, es kann an der einen oder der andern Artikulationsstelle erzeugt werden; aber es kann

---

[1] Ein Lautprozess, der felbst in unfern Tagen noch vor fich geht. Hier in Schlefien nennt das Volk einen Tunnel vielfach ohne Weiteres Zundel, wobei das epenthetische d nicht zu verwundern braucht, dies ist provinziell, vgl. *Mändel, Faendel, Haendel* etc. von *Mann, Fahne, Hahn*.

nicht unentwickelt fein wie ein Organismus, erst Embryo, dann Thier oder Pflanze.... Die ganze Bezeichnung ist allegorisch, und Herr v. Raumer wird es gewiss verschmähen an ihr festzuhalten, jetzt nachdem die Dinge klar und einfach auseinandergelegt find." Diefe letzteren Worte beziehen fich auf einen Punkt, wo Raumer fich geirrt hatte und wo Brücke nachwies, dass das, was Raumer für eine **unentwickelte** Spirans gehalten (nämlich beim englischen th und beim deutschen pf), eine **vollständige** fei, nur mit eigentümlicher Artikulationsstelle; etwas was Raumer im Jahre 1837, als er dies schrieb, noch nicht wissen konnte, indem erst durch die Brücke'schen Arbeiten die Lehre von den Artikulationsstellen völlig in's Klare gefetzt worden ist. Raumer giebt in feiner Antwort (G. S. p. 394 ff.) feinen früheren Irrtum in diefem Punkte zu, in der Sache felbst aber, d. h. in der Annahme einer unentwickelten Spirans, hält er feinen Standpunkt fest und ich meinerfeits muss ihm völlig beistimmen. Das wefentlichste Moment feiner Erörterungen scheint mir zu fein, dass ein bestimmtes artikulirtes Reibungsgeräusch immer nur dann entsteht, wenn die betreffenden Organe fich wirklich in die feste Stellung begeben, die zur Erzeugung diefes Lautes erforderlich ist, und in diefer Stellung eine gewisse Zeit verharren. Geschieht dies nicht, bleiben die betreffenden Organe weiter aus einander, verharren vielleicht auch eine kürzere Zeit in diefer Lage, als dies beides bei einer gewönlichen Spirans der Fall ist, fo entsteht eben jenes unfichere Reibungsgeräusch, jene unentwickelte Spirans. Ich möchte dabei an die unvollkommene Bildung der Vokale erinnern, welche entstehen, wenn bei der Bildung des Lautes nicht alle die Mittel angewandt werden, welche die menschlichen Sprachwerkzeuge befitzen, um denfelben deutlich unterscheidbar und klangvoll hervortreten zu lassen. Man übertrage dies auf die Spiranten, fo erhält man die in Rede stehenden Laute, die man alfo analog der bei den Vokalen üblichen Terminologie gar wol „Spiranten mit unvollkommener Bildung" nennen könnte, obschon ich in diefem Falle den Raumer'schen Ausdruck "unentwickelte Spirans" vorziehe, weil er andeutet, dass aus dieſer unvollkommenen ſich ſpäter eine vollkommene zu entwickeln pflegt. Dass übrigens unter den Conſonanten nicht blos die Spiranten, ſondern auch die Mutae der unvollkommenen Bildung ausgeſetzt ſind, wird ſpäter (unter 8) gezeigt werden.

7. R. v. Raumer nennt eine ſolche Verbindung von Muta + unentwickelter Spirans ohne Weiteres eine **Aspirata**, weil er gefunden hat, dass die indiſchen und altgriechiſchen Aspiraten öfters dieſen Lautwert gehabt haben müſſen. Ich meinerſeits möchte den Namen Aspirata lieber in ſeiner Reinheit bewahrt wiſſen, wonach er eben nur Muta + Spiritus asper bedeutet, und habe daher in meiner D. L. jene Uebergangslaute mit dem Namen **Affrikaten** bezeichnet, gegen den ſich, wenn man einmal die Sache ſelbſt anerkennt, nichts Weſentliches dürfte einwenden laſſen, zumal wenn man bereits die Bezeichnung **Affrikationsprozess** zugegeben hat. Jener Name drückt etwas ganz Bestimmtes aus und erspart vorkommenden Falls eine lange Umſchreibung; zum Ueberfluss ſei er hier nochmals ſcharf bestimmt: Eine Affrikata entsteht, wenn bei einer Muta oder einer echten Aspirata die betreffenden Organe ſich nach Durchbrechung des Verschluſſes (Muta) nicht ſofort ſo weit wieder öffnen, dass Vokal, bezüglich Spiritus asper folgen kann; auch nicht ſo wenig, dass ein wirkliches Reibungsgeräuſch entsteht, ſondern ſo weit, dass die Luft ſich leiſe und unſicher, meiſt auch nur ſehr kurze Zeit an ihnen bricht. Ich habe damals dieſe Laute mit dem Zeichen der Aspirata geſchrieben, denen ich das Zeichen der betreffenden Spirans hinzufügte, alſo phf, ths, khχ. Dieſe Bezeichnung iſt nicht recht zutreffend, ich würde jetzt lieber ph^f, th^s, kh$^\chi$ oder bei unmittelbarem Uebergange aus der Muta: p^f, t^s, k$^\chi$ ſchreiben; aber auch dabei fehlt immer noch die Angabe der unvollkommenen Bildung; die bisher üblichen Mittel reichen dazu nicht aus. Beim Gebrauch der Brücke'ſchen Transscription (vgl. § 25) hat die Sache keine Schwierigkeit. Ich ſetze zuerst das Zeichen der Muta, bezüglich das der

Aspirata, und dahinter das der Spirans, diefes letztere aber erhält das Zeichen unvollkommener Lautbildung und zugleich das der Reduction. Vgl. Tab. IV.

8. Wir haben fo eben den Uebergang von Muta, bezüglich Aspirata, vermittelst der Zwischenstufe der Affrikata in den eigentlichen Doppelconfonanten besprochen; es bleibt noch übrig, den Uebergang diefes letzteren in die reine Spirans zu erklären. Derfelbe erfolgt in ganz analoger Weife mit dem bisher nachgewiefenen Vorgange dadurch, dass der erste Teil des Doppelconfonanten, die Muta, einerfeits der unvollkommenen Lautbildung, andererfeits der Reduzirung anheimfällt, beide Beeinträchtigungen derfelben stetig fortschreitend, bis die Muta endlich verschwindet und fomit nur der zweite Teil des Doppelconfonanten, die reine Spirans übrig bleibt, alfo statt pf, ts, kχ die Laute f, s, χ eintreten. Dass Confonanten überhaupt reduzirbar find, beweist der Laut des polnischen rz, böhmischen ř, welches wir nach unferer, einstweilen noch befolgten Methode 'ſ schreiben mussten. Es beweifen dies ferner auch die Spiranten; deren unentwickelte Form, wie fie in den Affrikaten enthalten ist, lediglich auf unvollkommener Bildung und Reduzirung beruht. Warum follten die Mutae allein folchen Beeinträchtigungen enthoben fein? In ihrer natürlichen Entstehung liegt nichts, was eine folche Ausnahmestellung notwendig macht. Eine unvollkommen gebildete Muta ist eine folche, bei deren Aussprache die Organe nicht fest genug auf einander gepresst werden, ohne doch geradezu fo locker zu bleiben, dass der Luftstrom entschiedenen Durchgang erhielte. Solche unvollkommen gebildete Mutae finden fich zunächst individuell gar häufig, gewissenhafte Lehrer und Erzieher kennen diefe Erscheinung fehr wol; fie finden fich aber auch bei ganzen Völkern; das b habe ich z. B. von Italienern oft fo unvollkommen sprechen gehört, dass es fast wie w klang, und bei den Spaniern ist es in zahlreichen Fällen, bei den Neugriechen fogar stets wirklich zur Spirans w felbst geworden. So viel von der unvollkommenen Bildung; was aber die Reduzirbarkeit der Mutae betrifft, fo habe ich bereits

früher zu zeigen gefucht, dass die Stellung der betreffenden Organe bei (vollkommenem oder unvollkommenem) Schluss längere oder kürzere Zeit dauern kann; eine reduzirte Muta alfo ist diejenige Muta, bei deren Entstehung die Organe kürzere Zeit geschlossen bleiben, als dies gewönlich fonst der Fall ist. Jede nun von diefen beiden Beinträchtigungen der Muta, fowol die Unvollkommenheit der Bildung als auch die Reduction, begünstigt den zweiten Factor des Doppelconfonanten, die Annahme auch nur eines von beiden Vorgängen erklärt das alleinige Verbleiben der Spirans. Ich vermute jedoch, dass beide Vorgänge gleichzeitig gewirkt haben und diefe Zusammenwirkung war in gewissem Sinne und bis zu einem gewissen Grade fogar eine Entgegenwirkung, nämlich infofern, als die blose Unvollkommenheit der Bildung eigentlich zwei Spiranten hätte erzeugen müssen; die gleichzeitige Reduction hemmte diefe üppige Spirantenentwickelung, fo dass zuletzt, wenigstens nach langem Vokal, doch nur eine einzige Spirans übrig blieb. Ich bin geneigt zu glauben, dass die Energie, mit welcher in älterer Zeit die beginnende Spirans (Grimm's ʒ) ihr Reibungsgeräusch scheint bemerklich gemacht zu haben — man denke an die Ifidor'sche Bezeichnung *zf*, *zff* — als ein Zeugnis dafür gelten darf, dass die schon vorhandene Spirans des Doppelconfonanten nicht blos durch die Reduction der Muta mehr hervortrat, fondern auch durch die unvollkommene Bildung derfelben einen wirklichen Zufluss ihres Elements erhalten hat.

9. Es bleibt zum Schluss noch die Frage: Welches waren die Urfachen des Affrikationsprozesses und der ihm zu Grunde liegenden Lautverschiebung? Ohne irgendwie tieferen phyfiologischen und ethnographischen Unterfuchungen vorgreifen zu wollen, welche diefer Sache dereinst noch viel Licht zuführen dürften, glaube ich doch, dass felbst auf Grundlage der bisher gewonnenen Lautkunde die Hauptpunkte wol erklärbar find. Ich finde das unmittelbar bewegende Moment diefes in der Tat höchst interessanten Lautvorgangs in dem allmäligen Verlust der Aspiraten bei den westlichen Völkern und in dem bei den Germanen dar-

aus hervorgehenden Bestreben, diefen Mangel zu erfetzen.
Jener Verlust felbst aber — darauf wiefen wir schon früher
hin — hängt zufammen mit einer allgemeinen Nivellirung
der scharfen Lautkontraste, wie die Sprachgeschichte fie
unwiderleglich dartut. Das finnliche Element schwindet im
Laufe der Zeit aus der menschlichen Rede mehr und mehr,
alles Interesse wendet sich von der Form hinweg zum Inhalt;
man fucht die erstere auf das bescheidenste Mas zu bringen, es foll in möglichst kurzer Zeit möglichst viel Wefentliches (Inhalt) gegeben werden. Daher die, ja allgemein
bekannte, Abschleifung der grammatischen Formen, das
Leben zieht fich, wie bei allen alternden Individuen fo auch
bei den Wörtern, aus der Peripherie nach dem Centrum,
die Ableitungs- und Flexionsfilben verkümmern, fliesen in
einander, erlöschen; bis zuletzt fast nur der nackte Stamm
übrig bleibt, wie im Englischen, diefer modernsten aller
Sprachen, deren finnliches Element auf ein Minimum einge-
schränkt, während die geistige Kraft zu einer staunenswer-
ten Höhe gestiegen ist. Daher ferner die Verwirrung und
Trübung der alten Quantitätsverhältnisse gegenüber den accen-
tischen. Daher die, wie vielfache Zeichen andeuten, fogar
äuserlich schnellere Rede der neueren Zeit gegenüber der
Sprechweife des Altertums. Und daher endlich auch jene
oben erwähnte Nivellirung der Lautvorgänge. Die Laute,
als das finnlichste Element der Rede, wurden am frühesten
dem höheren geistigen Zwecke dienstbar gemacht, fie mussten am frühesten jeden Anspruch auf eine befondere Sorgfalt und Anstrengung von Seite des Sprechenden aufgeben. Die Lautwerkzeuge, d. i. die Organe des Mundes
und Kehlkopfes in möglichst natürlich bequemer Lage
zu lassen, complicirte Bewegungen derfelben zu vereinfachen, am liebsten in eine einzige zufammenzulegen: darauf strebt fichtlich die ganze Entwickelung hin und noch
heut kann diefelbe in mannigfachster Weise bis in die
engsten Kreife der individuellen Rede verfolgt werden;
wir haben früher einmal (§ 20. 5) auf einen Fall hingewiefen. Dass übrigens bei folchen Lautvorgängen an Bewusst-

heit, Reflexion und Abſicht von Seite des Sprechenden nicht zu denken ist, dass vielmehr im Weſentlichen es ſich hier um einen Naturprozess handelt; ferner dass Manches, was in den folgenden Aufstellungen zeitlich und räumlich scharf abgegrenzt auftritt, in Wahrheit ſich tauſendfältig durchkreuzt, bis die neue Schöpfung endlich rein an's Licht tritt: darauf hinzuweiſen, ist wol ſelbst für den weiteren Leſerkreis dieſer Blätter kaum nötig.

I. Die tonloſen oder harten Mutae (die *Tenues* der älteren Grammatik) wurden ursprünglich überall ſo gebildet, wie noch heute bei den östlichen Völkern, nämlich: Die Stimmritze ist anfänglich fest verschlossen, ſie und die Lautritze öffnen ſich gleichzeitig; die Stimmritze erweitert ſich jedoch nur unbedeutend, ſo dass eben nur die Stimmbänder schwingen und den (mittelbar oder unmittelbar darauf folgenden) Vokal erzeugen. Soll die dazu gehörige Aspirata entstehen, ſo erweitert ſich die Stimmritze einen Moment bis zum Hervorstos eines vollen Luftstroms und verengt ſich erst dann zum Tönen des Vokals.

II. Die tönenden oder weichen Mutae (die *Mediae* der älteren Grammatik) werden gebildet, indem bereits bei Oeffnung der Lautritze die Stimmritze zum Tönen gestellt ist. Soll die dazu gehörige Aspirata entstehen, ſo tritt ganz wie vorhin für einen Moment völlige Oeffnung der Stimmritze ein, dann wieder Verengung für den Vokal.

III. In die hier beschriebene Lautbildung nun brach, wie mir scheint, zunächst dadurch eine Störung ein, dass man bei Erzeugung der *Tenues* die Stimmritze nicht mehr verschloss, ſondern die Lautritze bereits öffnete, während die Stimmbänder noch in der bequem geöffneten Lage waren, in der ſie beim Athmen in der Regel ſich befinden. Die Folge davon war, dass die eigentlichen *Tenues* aufhörten und zu einer Art von *Aspiraten* wurden; wenn auch nicht zu wirklichen und normalen, ſo doch zu Lauten, welche den echten Aspiraten viel näher stehen als den echten harten Mutis. Daher der Tadel der Slawen und mehr noch der

Orientalen über die Aussprache unſeres p, t, k und die Klage der Deutschen, dass die p, t, k-Laute der Orientalen ſo schwierig nachzusprechen ſeien.

IV. Bei Bildung der ſogenannten „*harten Aspiraten*" durfte man ſich der Bequemlichkeit in einem mindern Grade überlassen, weil der Hervorstos des Luftstroms eine vorherige Schliesung des Kehlkopfes viel nötiger machte. Aber auch hier brachte man es nicht mehr zu einer energischen und völligen S c h l i e s u n g, ſondern nur zu einer V e r e n g u n g der Stimmritze. Die Folge davon war, dass die Aspiraten der *Tenues* mit denen der *Mediae* zusammenflossen.

V. Aber auch die plötzliche Erweiterung der Stimmritze, welche bei allen Aspiraten vorhergehen muss, bevor ſie ſich zum Tönen abermals (für den Vokal) verengte, war dem fortschreitenden Nivellirungstriebe störend und musste es um ſo mehr ſein, als dieſelbe jetzt bereits auf eine äuserst kleine und darum schwache Bewegung reduzirt war; es handelte ſich schon nicht mehr um ein kräftiges Aufreisen der Stimmbänder, ſondern nur noch um eine Erweiterung der bereits zum Flüstern eingerichteten Bänder, welche dann ſofort abermals in die Flüsterstellung übergehen mussten. So gab man dieſes störende und gewiss akustisch bereits ſehr unwirkſam gewordene Mittelglied gänzlich auf, d. h. die *Aspiraten* erstarben und an ihre Stelle waren die *Mediae* getreten.

VI. Hierdurch wäre die Zahl der bestehenden Mediae anſehnlich gesteigert und Wörter in dieſer Beziehung gleichlautig geworden, die ſonst getrennt waren. Das Sprachgefühl ward dies wol inne und wollte die Trennung aufrecht erhalten. Da unter den angegebenen Verhältnissen eine einfache Umkehr auf dem Nivellirungswege unmöglich war, ſo wurde die Aenderung da vorgenommen, wo ſie leichter oder vielmehr allein ſich ausführen lies, nämlich bei den organisch berechtigten Lauten, den alten *Mediis;* dieſe mussten von ihrer Stelle weichen. Es spiegelt ſich gleichſam in dieſem engsten Ramen ein grosartiger und ungefähr gleichzeitiger Prozess des Völkerlebens; denn was war die „Völkerwanderung" anders als eine Völkerverschiebung? — Die Aenderung der alten *Mediae* wurde aber dadurch bewirkt, dass man ſie, die ja schon früher ſich viel einfacher bilden liesen als die andern, nunmehr mit möglichster Schlaffheit der Organe ausspracht, d. h. die Stimmbänder bei ihnen gar nicht einmal mehr näherte, ſondern ſie in der allerbequemsten Lage des Atmens lies. Die natürliche Folge war, dass die alten *Mediae* zu *Tenues* wurden.

VII. Alſo eine abermalige Vermischung; diesmal auf dem Gebiet der *Tenues*. Beſeitigte man auch dieſe durch weitere Fortschiebung der ursprünglichen *Tenues*, ſo dass dieſe zu *Aspiraten* wurden? Damit wäre freilich der Kreislauf geschlossen und die Zahl der Lautgruppen wieder vollständig, nur mit verschobenem Beſitzstande! Grimm's Theorie verlangt es ſo und Viele glauben noch heut daran, in Wahrheit verhält es ſich anders. Man erwäge, dass eine ſolche Neuschöpfung der Aspiraten nur vermittelst phyſiologischer Vorgänge möglich geweſen wäre, die als untauglich für die damalige Sprache eben beſeitigt waren und dass die ganze Lautverschiebung nur darum vor ſich gegangen war, um dieſelben entberlich zu machen. Und nun ſollten genau dieſelben Vorgänge, nur an anderen Wörtern, auf's Neue eingeführt und dadurch die ganze Entwickelung illuſorisch gemacht werden? Es widerstrebt dies dem natürlichen Lauf der Dinge und es ist auch hier nicht geschehen. Die Trennung der alten *Tenues* von den neu hinzugetretenen geschah, ganz wie bei den *Medien*, im engen Anschluss an das charakteristische Element, welches bisher die nunmehr zu scheidenden Wörter schon früher unterschieden hatte. Das Hauptmerkmal für eine naive Lautbetrachtung besteht aber zwischen *Tenues* und *Mediae* darin, dass die ersteren mit kräftigerm Mundhauch explodiren, etwas was ja auch phyſiologisch nicht als falsch, wenn auch nur als ſekundäres, untergeordnetes Moment gilt. Um nun die **ursprünglichen**

Tenues von den neuen, aus den *Medien* zu ihnen getretenen, noch ferner zu unterscheiden, musste man fuchen den ersteren eine gesteigerte Kraft zu geben und man scheint dies, da eine Erweiterung der ohnehin offenen Stimmritze ja nicht mehr möglich war, in der Weife getan zu haben, dass die Lautritze länger zufammengepresst und der Luftstrom kräftig an fie angestemmt wurde; gelang es alsdann, die Oeffnung der Lautritze schnell und energisch genug zu bewerkstelligen, fo mochte wol die akustische Wirkung eintreten, dass man hinter der *Muta* noch ein *h* zu hören glaubte und diefer Stufe gehört möglicher Weife das gothische þ an. Im Allgemeinen jedoch gelang ein fo plötzliches Oeffnen der Lautritze nicht, fondern der Luftstrom rieb fich beim Hindurchgehen an den Rändern derfelben, d. h. es entstand eine *Spirans*. Dass diefe Spirans die der Muta homorgane und anfänglich eine „unvollkommene" fein musste, liegt in der Natur der Sache. Wie die entwickelte Spirans dann teils neben der Muta auftrat, teils diefelbe gänzlich verdrängte, ist früher bereits gezeigt worden. Im Gothischen findet fich statt des ursprünglichen *p* und *k* kein *ph* und *kh*, fondern *f* und *h*, welches letztere Zeichen die Spirans χ bedeuten follte.

VIII. Auf dem Standpunkte des gothischen þ stehen auch die niederdeutschen und nordischen *th*. Es scheint aber, dass der starke Druck des Luftstroms nach vorn (an die Lautritze) die Stärke desselben hinten am Kehlkopfe beeinträchtigte und dadurch eine Verengung der Stimmritze bewirkte, in Folge deren aus der tonlofen Muta eine tönende, d. i. eine *Media* wurde; daher die Vermischung des *th* mit *dh*. Indess jene oben erwähnte energische Oeffnung der Lautritze war überhaupt auf die Dauer nicht zu halten; in Niederdeutschland selbst lies man fie schon fehr früh weg und fo fank der betreffende Laut in die Media *(d)* zurück; dasselbe geschah, etwas später, auch in Skandinavien. Auf den Infeln des Westmeeres dagegen (England, Island) bildeten fich Spiranten aus, die anfangs neben der Muta auftraten, später diefelbe verdrängten, aber eine etwas verschobene Artikulationsstelle (die interdentale) zeigen.

IX. Soviel von der ersten Lautverschiebung, auf welcher die gothische, niederdeutsche und nordische Sprache stehen blieb und an welcher in einzelnen Fällen auch die östlichen Völker Anteil haben. Was die fogenannte zweite oder hochdeutsche Lautverschiebung betrifft, fo glaube ich, dass man im Allgemeinen derfelben eine etwas zu grose Wichtigkeit beilegt; diefelbe bewegt fich in viel engeren Grenzen als man nach den Grimm'schen Tabellen glauben follte. Zunächst gehen goth. f und h (χ) durchaus nicht, wie Grimm es wünscht und durch allerlei Combinationen wahrscheinlich zu machen fucht,[1] in *b* und *g* über, fondern bleiben was fie find; es heist *fôtus, fuoz; hana, hano;* nicht *buoz, gano*. Zweitens bleiben gothisch *b* und *g* im Hochdeutschen der Wahrheit nach ebenfalls *b* und *g*, es heist *liban, leban; gulþ, gold;* nur spricht man freilich in Gebirgsgegenden diefe Laute mit starkem Hauch, was beinahe wie *lepan, kolt* klingt und einige ahd. Denkmäler haben denn auch wirklich fo geschrieben,[2] aber als allgemein hochdeutsch darf es nicht gelten. Drittens, statt goth. *p* und *k* steht hochd. *ph, pf, f* und *kχ, χ* (wir schreiben gleich die Laute phonetisch, statt der verwirrenden Zeichen *ch, hh, h*), woraus im Laufe der Zeit *pf, f* und *k, χ* wird; nun, wenigstens find dies nicht die von Grimm begehrten *Aspiraten*. — Nur bei den Dentalen zeigt fich eine wirkliche, zweite Verschiebung: *dauhtar, tohtar; taihun, zehan; þata, daz;* wobei übrigens ebenfalls von einer echten Aspi-

---

1) Man denke an feine Lehre vom *v*! wonach alfo goth. *fôtus* im Ahd. nur misbräuchlich *fuoz* geschrieben wird; es muss durchaus *vuoz* heissen und diefes steht für *bhuoz* und diefes für *buoz!* — Wie lange wird man dies noch als Evangelium nachbeten? einem System zu Liebe!

2) *k* statt goth. niederd. *g* haben, nach Graff's Unterfuchung, nur 8 Denkmäler, darunter kein einziges bedeutenderes; ungefähr 150 mischen willkürlich und oft in denfelben Wörtern beide Buchstaben durcheinander; ungefähr 110, darunter Ifidor, Otfried, Tatian, Williram haben ausschliesslich *g*. Aehnlich ist es bei den Labialen.

rata nichts zu fehen, denn *z* ist keine Aspirata, fondern vertritt blos diefelbe. Wir unferfeits können auch hier nur annehmen, dass die starkgehauchte Rede der Gebirgsbewohner diefe Aenderungen hervorgebracht hat. Diefer starke, tiefe Atem verträgt fich nicht gut mit enggeschlossener Stimmritze, daher werden die *Mediae* in Oberdeutschland bekanntlich nicht tönend, fondern nur flüsternd gesprochen; gewiss war es fo auch in alter Zeit; wie wenig bedurfte es da, um die Stimmritze noch weiter zu öffnen und erst annähernd, später wirklich *Tenues* zu erzeugen. Bei den Labialen und Gutturalen blieb dies eine Eigenheit des höhern Gebirges, bei den Dentalen drang es weiter; die **neuen** *Tenues* zwangen dann, ganz wie bei der ersten Lautverschiebung, nunmehr auch die **alten** zu noch gröserer Kraftentfaltung und demgemäs zur Erzeugung der Spirans. Bei dem Uebergang von *th (dh)* in *d* ist nichts Befremdliches, derfelbe findet fich auch in Niederdeutschland und erfolgt überall in gleicher Weife. — Der Umstand, dass auf Grund der hochdeutschen Mundarten fich zunächst eine reiche Literatur und später die Schrift- und Gemeinsprache einer grosen Nation entwickelte, hat diefen Vorgängen eine kulturhistorische Bedeutung verliehen, welche fie, rein sprachgeschichtlich genommen, kaum befitzen.

Noch einmal: ich bin weit davon entfernt, mit diefen Erklärungen Alles für abgemacht zu halten, fondern bitte, diefelben nur als Beiträge zur Prüfung der Sache anzufehen. Aber wie in der Naturwissenschaft auf schwierigeren Gebieten auch Hypothefen förderlich, ja notwendig und darum willkommen find, fobald diefelben nur auf einheitlicher Grundlage die Erklärung fämmtlicher Erscheinungen zulassen, fo dürfte man ja wol auch auf sprachlichem Felde dergleichen Verfuche gestatten, um fo mehr wenn, wie in unferm Falle, das Hypothetische gar nicht einmal in der **Annahme** von Tatfachen, fondern lediglich in der **Verknüpfung** folcher liegt, welche an und für fich unbestreitbar find. Ob der von mir angenommene Zufammenhang wirklich stattfand oder gerade fo war, wie ich vermute, dies ist eben Sache weiterer Prüfung und jede Belehrung wird mir erfreulich fein.

Anmerkung. Es handelt fich bei folchen Unterfuchungen um scharfes Auseinanderhalten der einzelnen Momente, und vielleicht ist es für Anfänger in der Lautwissenschaft, für die ich doch hauptfächlich schreibe, nicht überflüssig, einige derfelben namhaft zu machen. Man unterscheide: Was ist mit den Lauten geschehen? Wie ist es geschehen? Warum ist es geschehen? Alle drei Punkte bieten gegenwärtig in Bezug auf die Lautentwickelung noch reiche Ausbeute. Sodann: in wie fern beeinflussen jene Fragen die Buchstaben und in wie fern die Laute felbst; man lasse fich bei den ersteren, die uns oft allein zugänglich find, weder durch ihre Uebereinstimmung noch durch ihre Verschiedenheit zu raschen Schlüssen in Bezug auf die letzteren fortreisen. Drittens: Man bemerke, was in der Sprache allgemein menschlich, was national, was dialektisch, was individuell ist und übertrage nicht die Erscheinungen des engern Kreifes fofort auf den weitern oder baue gar Systeme auf fo gemischte Tatfachen. Unfere Grammatiken und Sprachgeschichten wimmeln von Verstösen gegen diefe scheinbar fo nahe liegenden und felbstverständlichen Rückfichten. Als Meister in Behandlung folcher Fragen betrachte ich Rudolf von Raumer, dessen Auffätze ich allen Freunden der Lautwissenschaft aufs dringendste empfehle, auch da wo ich vielleicht nicht ganz mich mit ihm in Uebereinstimmung befinde.

§ 23.
Geschichte des Buchstabens sz im Hochdeutschen.

1. Abgefehen von der Frage über die Dehnungszeichen bildet der Streit über den Buchstaben *sz* die schlimmste Plage der deutschen Orthographie. Wie ist fein Lautwert? Wann darf, wann muss er gefetzt werden? Ist er mit einem andern zu vertauschen? Und mit welchem? — Die ganze Sache ist indess fo einfach, dass es schon längst keines Streites um fie mehr bedürfen follte, vorausgefetzt, dass man die dabei zu Grunde liegenden historischen und phonetischen Vorgänge kennt; ohne diefe Kenntnis freilich entsteht ein leeres Gerede, in dem Wahres und Falsches fich mischt und zuletzt Alles beim Alten bleibt. Es handelt fich nämlich hiebei um nichts Anderes als den Affrikationsprozess auf dentalem Gebiet. Was alfo vorhin im

Allgemeinen entwickelt wurde, foll nunmehr auf einem der drei Lautgebiete und zwar auf dem hierin bei Weitem interessantesten, dem dentalen, speziell nachgewiesen werden.

2. Nach dem Grimm'schen Gesetz der Lautverschiebung foll an den Stellen, wo urdeutsch (goth. niederd. nord.) *t* steht, im Hochdeutschen die Aspirata *th* eintreten, ausgenommen in gewissen Verbindungen, welche auch sonst den alten Laut zu bewahren pflegen; nämlich *ht, ft, (pt), st, tr*; z. B. goth. *mahts*, hochd. *maht, macht*; goth. *luftus*, altn. *lopt*, hochd. *luft*; goth. *stains*, hochd. *stein*; goth. *trudan*, hochd. *tretan, treten*. In allen übrigen Fällen foll also die Aspirata stehen, und da es im Hochdeutschen keine Aspiraten mehr giebt, fo tritt, wie früher gezeigt wurde, entweder Doppelconfonant oder Spirans ein. Wir lassen indess den Wert des neu eintretenden Lautes einstweilen ganz auf sich beruhen und halten uns nur an den Buchstaben, und diefer ist im Ahd. und Mhd. stets ein *z*, geminirt *zz* oder *tz*; ausnahmsweife, besonders vor hellen Vokalen (*e, i*) wird statt *z* auch *c* geschrieben, in Folge der damals bereits üblichen und noch heute geltenden zetazistischen Aussprache des lat. *ce, ci*. Jetzt einige Beispiele:

A. Anlautend.

Goth. *tagl* (cauda), altn. desgl., schwed. *tagel*, angelf. *taegel*, engl. *tail*; aber ahd. *zagal*, mhd. *zagel*, nhd. zuweilen noch beim Fleischhandel vorkommend: *zâl*. Goth. *taihun* (decem); nord. *tiu, tio, ti*; altf. *tehan*, altfränk. *tian, tien*; angelf. *tyn*, engl. *ten*; aber hochd. *zehan, zehen, zehn*. Goth. *tiuhan* (ducere), altn. *toga*, altf. *tiohan*, angelf. *teon*, engl. *tug*; aber hochd. *ziohan, ziehen*. Goth. *tuggô* (lingua); nord. *tunga, tunge*; angelf. *tunge*, engl. *tongue*; aber hochd. *zunga, zunge*.

B. In- und auslautend.

a) Nach Confonanten.

Goth. *hult* (silva, lignum, von *huljan*, tegere, occultare) nicht belegbar, auch dem Nordischen fehlend; altf.

holt, hochd. *holz.* Goth. *hairtô* (cor), nord. *hiarta, hjerte;* altſ. *herta,* angelſ. *heorte,* engl. *heart,* holl. *hart;* hochd. *herza, herze, herz.* Goth. *hairut* (cervus) nicht nachweisbar; nord. *hiörtr, hjort;* angelſ. *heorot, heort,* engl. *hart,* holl. *hert;* ahd. *hiruz,* mhd. *hirz.* Angelſ. *laenten* (ver), holl. *lente,* hochd. *lenzo, lenze, lenz.* Altn. *âlft* (cygnus, vgl. slaw. *labud*), angelſ. *ylfet;* ahd. *albiz,* mhd. *elbez, elbz.* Auch in Fremdwörtern, z. B. lat. *planta,* schwed. ebenſo, holl. *plant,* hochd. *pflanza, pflanze.*

b) Nach Vokalen.

aa) Aelterem tt oder tz entsprechend.

Goth. *skatts* (thesaurus), Grundf. *skatta,* nord. *skattr, skatt, skat;* altſ. *scat,* angelſ. *sceat,* hochd. *schaz.* Goth. *nati* (rete), Grundf. *natja,* altſ. *neti,* nord. niederd. *net, nät;* hochd. *nezi, neze, nez.*

bb) Einfachem t entsprechend.

Goth. *þata* (id), niederd. *dat,* ahd. mhd. *daz;* Goth. *blindata* (coecum), ahd. *blindaz,* mhd. *blindez.* Goth. *fôtus* (pes); nord. *fôtr, fôt;* altſ. altfr. angelſ. *fôt,* engl. *foot,* holl. *voet;* ahd. mhd. *fuoz.* Goth. *vatô* (aqua), nord. *vatn.* altſ. *watar,* angelſ. *vaeter,* engl. holl. *water;* ahd. *wazar,* mhd. *wazer, wazzer.* Goth. *hatan* (odisse), nord. *hata,* altſ. *hatan;* ahd. *hazon,* mhd. *hazen, hazzen.*

3. Dabei zeigen ſich nun, teils in der älteren Sprache ſelbst, teils im Verlauf der weiteren Entwickelung folgende Eigentümlichkeiten:

a) Mehrere ahd. Handschriften, am conſequenteſten die der Ueberſetzung des Iſidor, ſetzen in der vorhin unter bb) aufgestellten Gruppe nicht *z,* gemin. *zz* oder *tz,* ſondern *zſ,* geminirt *zſſ;* z. B. *dhazſ, wazſſar;* mitunter auch *sc,* ja ſogar hie und da *s.*

b) Gerade in dieſem Falle wird, auch wenn helle Vokale folgen, niemals die Schreibung *c* angewendet, ſelbst nicht in den Denkmälern, welche anlautend statt *ze, zi* regelmäſig *ce, ci* ſetzen.

c) Die mittelhochdeutschen Reime verbinden die *z* der erwähnten Gruppe niemals mit denen der andern, alfo nicht *schaz : vaz, siz : biz*; wol aber zuweilen mit blosem *s*, z. B. *maz : genas, Amfortas : saz, gras : gaz* (fämmtlich aus Parzival); *wîs : fliz* (Flore); *strûz : hûs* (M. S.).

d) Neuhochdeutsch spaltet fich das ahd. und mhd. *z* in folgende Zeichen:

1) *z*, gesprochen *ts*. So überall, mit Ausnahme jenes Falles unter bb).
2) *sz*, von Manchen auch *fs* oder *β* geschrieben, z. B. *Nusz, Nufs, Nuβ*, mhd. ahd. *nuz*.
3) *ss*, z. B. *Wasser, hassen*, mhd. *wazzer, hazzen*, ahd. *wazar, hazôn*.
4) *s*, z. B. *das, es, aus, gutes*, mhd. *daz, ez, ûz, guotez*.
5) *sch*, z. B. *Hirsch*, mhd. *hirz*, ahd. *hiruz*. Die Abweichung des zu erwartenden *s* in *sch* ist hier lediglich eine Folge des vorangehenden *r*.

Aus diefen vier Tatfachen nun zieht J. Grimm den Schluss, dass das Zeichen *z* der alt- und mittelhochdeutschen Handschriften einen zwiefachen Laut dargestellt habe; der eine fei der des nhd. *z (ts)*, der andere der des nhd. *sz* gewefen, obschon fich in Bezug des letzteren Grimm nicht ganz klar ausdrückt (vgl. D. G. I. 162 und 164); bestimmter äusert sich Graff (V, 561) über die Identität beider Laute. In dem ersteren Falle nun lässt Grimm das Zeichen *z* stehen, im letzteren dagegen schreibt er ʒ, alfo *zehan, herza, scaz*, dagegen *daʒ, blindaʒ, fuoʒ, fuoʒes*. Ueber Einzelheiten der Schreibung, die für uns hier keine Wichtigkeit haben, vgl. meine D. L. § 148, Seite 276 und 283. Dabei erlaube ich mir zu bemerken, dass die Erklärung, welche ich damals von dem Laute des alt- und mhd. ʒ gegeben habe, mir jetzt nicht mehr richtig erscheint und ich diefelbe nach der in diefen Blättern (unter 5) gegebenen zu berichtigen bitte.

4. Wir wenden uns jetzt zurück zur eigentlichen Lautfrage und stellen auf: Kein Zweifel, dass das ahd. Zeichen

zwei Laute vertrat; aber der weichere unter ihnen (Grimm's ʒ) war noch nicht völlig der unſers nhd. *sz*; und zwar aus folgenden Gründen:

a) Beide Laute des ahd. *z* müssen einander in hohem Grade ähnlich geweſen ſein, ſonſt würden nicht faſt ſämmtliche alt- und mittelhochdeutsche Denkmäler bis auf hauptſächlich e i n e s dafür dasselbe Zeichen gebraucht haben. Der Unterschied aber des nhd. *z* und *sz* (d. i. *ts* und *s* des allgemeinen Alphabets) ist ſehr bedeutend, ſo gros, dass er ſelbst einem stumpfen Ohre niemals entgehen kann; wie ſollte fast das ganze deutsche Altertum, ſelbst der ſo feinhörige Notker, ihn haben unbemerkt laſſen können?

b) Ja ſelbst diejenigen Denkmäler, welche ihn anerkennen: bezeichnen ſie den milden Laut ſo wie wir es jener Annahme zufolge erwarten dürfen? Er ſoll dem in *reiszen, Preuszen* entsprechen? wäre alſo hienach ganz derſelbe Ziſchlaut, wie der welcher in *-nisse, glas, gras* gehört wird, kurz gleich dem auslautenden *s* oder dem inlautenden geminirten *ss*, welches auch jene Denkmäler eben nur mit *s, ss* bezeichnen. Warum hätten ſie unter ſolchen Umſtänden jenes schwerfällige *zſ, zſſ* dafür einführen ſollen? Es hieſe das, unſere eigene (aus historischen Gründen erklärliche) Unvollkommenheit Schreibern zutrauen, welche dazu durchaus keinen Grund hatten und die zum Teil ſich ſonſt als durchaus ſorgfältig zeigen.

c) Wäre das ʒ wirklich unſer nhd. *sz* geweſen, ſo würden die mhd. Dichter ſicherlich ʒ und *s* eben ſo ungescheut im Reime verbunden haben, wie unſere nhd. Dichter z. B. *Glas : Fasz, Gras : nasz*, etc. auf einander reimen. Es finden ſich nun zwar ſolche Reime; oben unter 3. c) ſind einige Beiſpiele angeführt, aber im Ganzen ſind ſie in der ersten Hälfte des 13. Jahrhunderts noch ſehr ſelten. Im Inlaut werden ſie in der echt mhd. Dichtung fast überall gemieden; erst spätere Dichter bilden *küssen : güzzen*, oder das auch in anderer Hinſicht tadelhafte *rossen : stôzen* (beide aus Tit.).

Aus diesen Gründen, schliesen wir, wird der Laut des ahd. und mhd. *z* noch nicht völlig der des nhd. *sz* (d. h. die Spirans *s*) gewesen sein, wenn er gleich ihr nahe gelegen hat und im Laufe der Zeit ihr immer näher rückte, bis er endlich (warscheinlich schon im 14. Jahrh.) gänzlich mit ihr verschmolz.

5. Welcher Laut nun aber war es, den das *z* im Ahd. und Mhd. bezeichnete, sowol an den Stellen, wo Grimm's *z*, als an denen, wo Grimm's *z* gilt? Die Antwort liegt bereits in der Entwickelung des Affrikationsprozesses klar vorgezeichnet; wir können uns hier auf wenige Worte beschränken. Die Muta *t* war durch die (im Hochd. nicht nachweisbare) Aspirata *th* in den Diphthongen *ts* übergegangen, und diesen bezeichnete man nach griechisch-lateinischem Vorbilde mit *z*. An gewissen Stellen, namentlich im Anlaut, blieb dieser Laut haften und dies ist Grimm's *z*. An andern Stellen, namentlich nach langem Vokal, ging die Affrikation weiter, d. h. die Muta löste sich allmälig durch unvollkommene Lautbildung und Reduction auf. Den Zustand dieser allmäligen Auflösung des ersten Factors zu Gunsten des zweiten, nämlich der reinen Spirans, bezeichnete man ebenfalls noch immer durch *z*, und dies ist Grimm's *z*. Dieses letztere stellt also nicht sowol einen bestimmten Laut, als vielmehr eine ganze Lautreihe dar, vielleicht von der leisesten Beeinträchtigung des *t* an und jedenfalls bis zu dessen völligem Verschwinden, im Allgemeinen jedoch wird es durch ʻ*s* oder, wenn man den Unterschied der Dauer noch genauer bestimmen will, durch ʻ*ss* zu bezeichnen sein, und wirklich, darauf läuft die Bezeichnung des einzigen bedeutenderen Werkes hinaus, welches den Unterschied der beiden *z* graphisch darstellt; der Uebers. des Isidor schreibt nämlich *zf*, das ist genau = *tss*, die Gemination schreibt er gar *zff*, also = *tsss*, zum Zeichen, dass die Spirans bereits ein entschiedenes Uebergewicht über die Muta erlangt hatte. Warum beharrten alle Anderen bei dem Zeichen *z*? Ich denke, es geschah darum, weil der Unterschied beider Laute, obschon dem Ohre fühlbar, doch Anfangs nicht so gros

erschien, um eine graphische Scheidung durchaus notwendig zu machen, und später hielt die Gewonheit und das Anſehen der Vorgänger davon ab, gerade wie bei uns, die wir ja auch noch immer an dem leidigen sz festhalten, obschon allmälig die Meisten einſehen, dass nichts weiter als ein gewönliches scharfes *s* dahinter steckt. Und damals war doch die Einfürung eines neuen Zeichens ſicherlich schwieriger als heut zu Tage, namentlich ſo lange dem Laute noch ein Rest der alten Muta anhaftete. Wann dieſe gänzlich verschwunden, d. h. die reine Spirans *s*, der dem *f* und *χ* der beiden andern Lautklassen völlig analoge Laut entstanden ſei, lässt ſich mit Sicherheit freilich nicht angeben; aber die im spätern Mhd. ſo häufigen Reime zwischen ᵹ und *s*, ebenſo ᵹᵹ und *ss*, lassen vermuten, dass dies bereits zu Anfang des 15. Jahrhunderts eine vollendete Tatſache war.

6. Was wäre nun natürlicher geweſen, als den endlich durchgedrungenen Laut ſeinem nunmerigen Genossen, dem organischen, d. h. ursprünglichen, schon im Gothischen vorhandenen s-Laute auch in der Schrift völlig gleichzustellen, wie dies ja bei den Labialen mit dem *f* geschehen war und bei den Gutturalen mit dem *ch* in Kurzem geschehen ſollte, welche Laute ebenfalls aus je zwei ganz verschiedenen Quellen stammten. In der Tat geschah dies mehrfach; schon im Ahd. findet ſich bei Kero: *einas, andras*, allerdings hier erst ganz vereinzelt, wie ja auch nach unſerer phonetischen Auffassung gar nicht anders zu erwarten steht. Mhd. ſodann ist in *beste, groeste, muost, muoste, weist* dieſe Schreibung schon ſehr früh allgemein üblich; die Wörter *das, es*, die Nom. Acc. Neutr. der Adj. und Prom., ferner *wasser, vassen, vressen, vergessen* finden ſich mehrfach während des 11—13. Jahr. und ſie, nebst andern, würden ſich wol noch häufiger finden, wenn die Herausgeber mittelhochdeutscher Texte nicht ſo eifrig bemüht wären die letzteren „grammatisch zu reinigen", etwas, was ja im Allgemeinen ſehr wünschenswert, nur gerade für phonetische Unterſuchungen nicht förderlich ist. Seit der Mitte des 13. Jahr.

häufigen sich nun die Fälle des *s* für *z* auserordentlich. So bietet eine Giessener Handschrift aus jener Zeit: *inweis, beis, bis, furbas, alles, schos, genos* (Weinhold, Rechtschr. S. 23); zahlreiche andere Beispiele finden sich in den Freiburger Urkunden von 1275 (Schreiber's Urkundenbuch, S. 79 ff.), im Schwabenspiegel (nach einer Recension von 1287, herausg. von Lasberg), in den „Deutsch. Pred. des 13. Jahrh." herausg. von Grieshuber, u. a. O., wie denn ja von dieser Zeit an *z* und *s* auch im Reime unbedenklich mit einander verbunden werden; vgl. Weinhold, Alemannische Grammatik, S. 149 ff.; höchst interessant sind mir insbesondere Fälle des Inlauts wie *vasin, grosen, drisegge* etc., vgl. S. 152. Was mochte der Grund sein, dass diese Schreibung nicht allgemein wurde? Meiner Meinung nach kein anderer als jener Krebsschaden in der Bezeichnung der deutschen Zischlaute, nämlich die Vermischung der Fortis und Lenis durch ein einziges Zeichen. Da *s* neben dem scharfen Laute, welchen das *z* stets hatte, noch einen ganz anderen, nämlich einen gelinden, unser ſ, bezeichnete, und zwar diesen letzteren viel häufiger als den ersteren, so wollte man später, als man nicht mehr naiv-harmlos die Laute hinschrieb, sondern über die Schreibung zu reflectiren anfieng, die neu entstandene Spirans nicht ohne Weiteres durch *s* geben, konnte doch aber auch das frühere Zeichen *z* nicht mehr brauchen und so schrieb man beide hin: *zs* oder *sz*, von denen letztere Zusammenstellung allmälig das Uebergewicht gewann.*) Bei den Labialen und Gutturalen war dieser Skrupel nicht vorhanden, weil in jenen Lautgebieten die beiden Spiranten auch graphisch scharf geschieden waren. Dass die Sache sich wirklich so verhält und dass das Zeichen *sz* durchaus nichts anderes ausdrücken sollte, als die reine Spirans *s* (nämlich *s* in unſerm Sinne, d. h. den scharfen Laut), dafür spricht auch der Umstand, dass *sz*

---

*) Dass das Zeichen β, rein graphisch betrachtet, wirklich nichts sei als eine Verbindung von s und z, etwas was Adelung und auch viele Neuere bezweifelten, hat unwiderleglich dargetan Raumer, Gef. spr. Schr. p. 268 f.

häufig fogar für organisches S gesetzt wird, aber wolgemerkt: vorzugsweise, um nicht zu sagen ausschlieslich nur da, wo dieses letztere die Fortis ausdrückte, alfo vor Allem im Auslaut. Aus diesem verwickelten Verhältnis entsteht dann die heillofe Verwirrung im Gebrauch der Zeichen für die Zischlaute während des 15—17 Jahrhunderts, vgl. Kehrein, Gramm. d. Deutsch. Spr. des 15—17. Jahrh., S. 143—146 und R. v. Raumer, Gef. spr. Schr. p. 265 ff. Als Probe davon hier einige Beispiele aus Geiler von Kaisersberg (1510): *das schweigen, daz selbig laster, das ein fauler mensch wird dafür gehalten, daz er sei ernsthaftiger; disz, diszen* und daneben *dise; ausz* und daneben *aufwendig; gelaffen,* bald darauf *verlafen* und später *laszen.* Doch bricht durch diefe Verwirrung infofern ein Lichtstral, als Viele augenscheinlich, wenn auch mit mehr oder minder Geschick und Confequenz, bemüht find, die beiden Arten des S, das weiche und das harte, durch die Schrift auseinander zu halten. Für das weiche S bedienen fich die Drucker des 15. und 16. Jahrhunderts mit Vorliebe des einfachen f, für das harte dagegen der Verdoppelung ff, und zwar fowol nach kurzen wie langen Vokalen und auch zwischen Vokal und Consonant. In Luther's Bibelüberfetzung von 1545, der letzten, die noch zu Luther's Lebzeiten erschien, ist diefe Schreibung für An- und Inlaut mit groser Strenge durchgeführt, im Auslaut steht durchweg ß. Das Zeichen ß, welches in früheren Schriften Luther's fich häufig findet, ist hier ganz befeitigt. Genaueres hierüber bei Raumer, a. a. O. p. 270 ff.

7. Diefen chaotischen Zustand, welcher indess mit feiner naiv-phonetischen Bezeichnungsweife der Wahrheit oft recht nahe kam und insbefondere um die Mitte des 16. Jahrhunderts, wie wir gefehen, auf gutem Wege war, unternahm nun das 17. Jahrhundert zu regeln und infofern überhaupt eine allgemeine, bewusste und fystematische Methode der Bezeichnung einen Vorzug vor dem individuellen Umhertasten hat, fo muss auch hierin ein Fortschritt anerkannt werden. Leider nur geschah diefe Regelung gemäs dem Geiste jener

allem Natürlichen und Volkstümlichen abgewandten Zeit im Sinne todter Buchgelehrſamkeit, und das 18. Jahrhundert, wie ſtürmiſch es auch die Feſſeln des vorangegangenen auf andern Gebieten durchbrach, auf dem Felde der Orthographie blieb es in denſelben haften; man dachte bei der Schrift an alles Mögliche, nur nicht an das Weſentlichſte: die Natur der Laute. Die über die Zischlaute aufgeſtellten Regeln eines Schottelius (1663), Freyer (1722), Gottſched (1748 ff.), Adelung (1782) hier anzuführen, iſt für unſere Zwecke und nach den früheren Erörterungen in der Tat überflüſſig. Im Weſentlichen iſt die Gottſched-Adelung'ſche Methode noch heute die Grundlage unſerer Orthographie, wie überhaupt, ſo auch bei den Zischlauten. A. Heyſe und ſein Sohn K. W. L. Heyſe bieten in Wahrheit nur eine Modifikation derſelben, vermöge deren ſie zu dem Grundſatz gelangen: Nach allen langen Vokalen ſteht sz, nach allen kurzen ss. Sie schreiben alſo in deutſcher Schrift: Fuß, Füße, gießt; aber Fluſz, Flüſſe, vergiſſt (obliviscitur), wobei das Zeichen ſz nur der Gewonheit des Auges zu Liebe ſteht, es ſoll ganz dasſelbe wie ſſ ſein. In lateiniſcher Schrift ſetzen ſie ſtatt sz das auch ſchon gegen das Ende des 18. Jahrh. zuweilen gebrauchten Zeichen ſs, alſo *Fuſs, Füſse, gieſst;* aber *Fluss, Flüsse, vergisst.* Sie ſind jedoch mit dieſer Regel nicht ganz durchgedrungen, die Meiſten blieben bei Fluß, Flüſſe und faſt gleichberechtigt ſteht vergißt neben vergiſſt. Welche Schreibung der alveolaren Zischlaute heut zu Tage in Deutſchland als die eigentlich normale gilt, iſt ſchwer zu ſagen, wobei ich noch gar nicht einmal an die „Grimmianer" denke; von dieſen wird ſpäter die Rede ſein. Am weiteſten verbreitet ſcheint folgendes Verfaren:

A. Anlaut.

Das urſprüngliche (urdeutſche) t iſt hier, abgeſehen von den gleich anfangs aufgeſtellten Ausnahmsfällen, durchgängig durch den Buchſtaben und Laut z, das urſprüngliche Es durch S, Minuskel ſ, s, in Fraktur oder ſogenannten deutſchen Lettern durch S, Minuskel ſ vertreten; wobei übrigens dieses Zeichen zwei ganz verschiedene Laute: phonetisch sa und ſa, ohne Unterschied auszudrücken hat.

B. Inlaut.

a) Vor Vokalen.

Nach kurzen Vokalen steht ss oder ſſ, in deutschen Lettern ſſ; nach langen Vokalen sz oder das gleichwertige ſs*), in deutschen Lettern ß. Demnach *hassen* (haſſen), *lassen, Wasser, essen, messen, Esse, Kresse, wissen, Rosse, Kusses, müssen;* dagegen *Strâsze* (Straße), *Mâsze, aszen, flieszen, heiszen, Preuszen.*

b) Vor Conſonanten (t).

In abgeleiteten Wörtern und Flexionen gilt der Buchstabe der Stammform, alſo *heiszt* (heißt), *flieszt;* dagegen *lasst* (laſſt), *lässt, müsst, musste.* Sehr Viele übrigens ſetzen auch im letzteren Falle sz, alſo *laszt* (laßt), *müszt, muszte.* Steht in der Stammform der weiche Laut, ſo wird in der abgeleiteten Form ein bloses Es gesetzt, gleichviel wie geschrieben, alſo *weiſt, weist* (indicat), *preiſt, preist* (celebrat), in deutschen Lettern weiſt, weist; preiſt, preist; die erstgestellte Form ist die beliebtere. Stammformen endlich haben ebenfalls ein bloses Es, demnach *Ast, ist, Husten,* manchmal auch *Aſt, iſt, Huſten;* in Fraktur: Aſt, iſt, Huſten, nicht leicht heut zu Tage mehr Ast, ist, Husten.

C. Auslaut (immer hart zu sprechen).

a) Dem harten Auslaut entspricht harter Inlaut (sz oder ss).

In dieſem Falle steht auslautend durchweg sz, in Fraktur ß, alſo nicht blos *Masz* (Maß), *asz* (edebam), *vergasz, liesz, hiesz, weisz* (ſowol scit als albus), ſondern auch *Hasz* (Haß), *gewisz, Flusz* etc. Die für die letzteren Fälle von Heyſe gewünschte Schreibung Haſs, gewiſs, Fluſs ist gegenwärtig bereits ganz auser Gebrauch; denn die lat. *Haſs,*

---

*) Das in manchen Handschriften und Drucken statt *sz* und *ſs* gebrauchte β kann nicht als allgemeine Sitte gelten, es existirt nur in gewissen engeren Kreiſen.

gewiſs, Fluſs hat mit ihr nichts gemein als eine gewisse
äusere Aehnlichkeit.

  b. Dem harten Auslaut entspricht weicher Inlaut.

 In dieſem Falle steht auslautend bloses E s und zwar
in lat. Schrift durchaus nur s, in Fraktur durchaus nur ꞩ
geschrieben, niemals mehr in langer Form: ſ oder ſ, etwas
wobei man übrigens nicht etwa an innere Gründe zu denken hat, es handelt ſich hier lediglich um eine kalligraphische Gewonheit. Demnach *pries* (prieꞩ), weil der Infinitiv
(preiſen) weichen Laut hat, ebenſo *wies, blies; Glas,* weil
die übrigen Caſus *(Glaſe, Gläſer)* weichen Laut haben,
ebenso *Gras, Haus, Maus.*

  c. Auslaut der Partikeln und Flexionen.

 Hier steht ebenfalls überall s, in Fraktur ꞩ; vgl. *das*
(Artikel), *was, es, aus, bis, welches, jenes, gutes, Vaters,
Sohnes* etc. Ausgenommen ist nur *dasz,* welches in dieſer
Schreibung als Conjunction dient und dadurch vom Artikel
unterschieden werden ſoll: *indesz* und zuweilen auch *desz,*
wenn es für *dessen* steht, warscheinlich beide Formen zur
Unterscheidung vom eigentlichen Genitiv *des* eingeführt.
Manche unterscheiden auch *blosz* (nudus) von *blos* (modo,
tantum).

 8. Eine wunderliche Ordnung, fürwahr! und ſehr geeignet
die Klage der Ausländer zu rechtfertigen, dass die deutsche
Orthographie ſo „schwierig" ſei. Nun, Schwierigkeit, wenn
ſie im Weſen einer Sache liegt, ist nicht allemal ein Vorwurf, aber in der Tat ist dies Wort hier nur eine höfliche
Form für etwas Schlimmeres. Dieſe ſogenannte Ordnung
ist nämlich völlig prinziplos. Es stehen die eben mitgeteilten Regeln in Widerspruch:

 a) mit der Etymologie; denn man schreibt *(Esse,
Kresse, Rosse, Kusses* (altes ss) und *hassen, lassen, Wasser, esse* (altes zz); ferner *Rosz, Kusz, gewisz* (altes s) und
asz, Grusz, Hasz (altes z); ferner *Glas, Gras, Haus* (altes

s) und *das, es, aus* (altes *z*); endlich *Weise, Reise* (altes s) und *Kreise, Ameise* (altes *z*).

b) **mit der Phonetik**; denn man schreibt, um hier nur Eins hervorzuheben, einen und denselben Laut zuweilen mit drei Zeichen, vgl. was, lassen, Haß; es ist ein Irrtum, wenn Jemand meint, der Auslaut in *das, was* sei ein anderer als der in *Hasz, Fasz* oder der Inlaut in *lassen*. Aber freilich, das Auge ist seit frühester Zeit so lange daran gewönt worden, jenen Laut unter einem zusammengesetzten Zeichen zu betrachten, bis endlich das Urteil dadurch irre geführt wurde. Da nun die Gebildeten in Deutschland nicht sowol schreiben, wie sie sprechen, als vielmehr sich bemühen, so zu sprechen, wie sie schreiben,*) so halten es Viele (namentlich Schulmänner) für eine Pflicht, auch in diesem Falle der Schrift gerecht zu werden und (wie beim *v*) den Unterschied, der nun einmal nicht vorhanden ist, **gewaltsam hineinzulegen**. Und zwar behaupten sie entweder, der Laut *sz* liege zwischen *s* und *z* in der Mitte (so **Heyse**, D. G. I. 255) oder sie behaupten, der Laut *sz* sei eine Verbindung zwischen *s* und *z*. Beide Aeuserungen können nur so verstanden werden, dass im *sz* etwas von einer Muta enthalten sei. Wenn man nun solche Personen auffordert, doch einmal den Laut nach ihrem Prinzip auszusprechen, so schleifen sie hinter dem *s* etwas die Zunge, dass es annähernd wie *sts* klingt, etwa so: *flies-tsen, Flus-ts*. Eine Lächerlichkeit, die übrigens den Verfechtern jener Annahme **in gewönlicher Rede** ganz fremd ist; sie sprechen alsdann wie alle Uebrigen reine Spirans.

---

*) Diese Wechselwirkung von Schrift und Rede hat ihren tiefen Grund und vielfach heilsame Wirkung. Das Obengesagte soll nicht als ein Tadel der Sache im Allgemeinen gelten, sondern weist nur auf eine Verkehrtheit hin. Das löbliche Streben, Aussprache und Schrift in Einklang zu setzen, hat sich hiebei in den Mitteln vergriffen. — Uebrigens wiederhole ich meine Hinweisung, dass ich gegenwärtig immer nur noch von dem allgemeinen populären Standpunkt aus die Sache betrachte. Das, was die Grimm'sche Schule dazu getan, bleibt einstweilen noch ganz unberücksichtigt.

c) mit sich selbst; denn die Hauptregel stellt auf: nach langem Vokal stehe *sz*, nach kurzem *ss;* und doch wird geschrieben *Hasz, musz, bisz, Rosz*, ja zuweilen sogar *läszt, gemuszt* etc., vom Gebrauch des blosen *s* ganz zu schweigen.

So steht es mit der jetzt hierin geltenden Ordnung. Und da soll sich ein Ausländer zurecht finden! Da soll ein schlichter Mann aus dem Volke orthographisch schreiben lernen! Da soll der jugendliche Geist, dem in unsern Schulen dieser Unsinn eingeprägt wird, logische Kraft daraus schöpfen!

9. Sollte man's glauben, dass die Verwirrung noch höher steigen könne? In der Tat, sie w u r d e noch gesteigert, und zwar abermals durch jene, an sich so wol berechtigte und in tausend andern Fällen so preiswürdige Richtung, welche auch in der Lehre von den Aspiraten die Sache verschlimmert hat, weil sie ihr Prinzip da anwandte, wo es nicht hingehörte. Die Ungereimtheit der eben dargestellten Schreibweise liegt nämlich so klar vor den Augen eines Jeden, der überhaupt sich die Mühe nimmt, auf diese Dinge zu achten, dass sie natürlich dem berühmten Meister der deutschen Sprachforschung, J a k o b G r i m m, auch nicht entgehen konnte und er, wie billig, den Versuch machte sie zu heben. Der Weg nun, den er dazu einschlug, entsprach vollkommen der wissenschaftlichen Richtung jener Zeit, welche wir hier der Kürze wegen einfach als „Historismus" bezeichnen wollen und in welcher Grimm selbst einer der hervorragendsten Führer war. Danach sollte nun die Schreibung der Zischlaute lediglich nach ihrer H e r k u n f t geregelt werden. Der Anlaut kam dabei natürlich gar nicht in Betracht, da dessen Bezeichnung bereits vollkommen mit diesem Prinzip übereinstimmte, in Bezug auf den In- und Auslaut aber verfuhren Grimm und seine Anhänger so, dass sie den aus altem t, späteren z entstandenen Zischlaut durchweg a n d e r s geschrieben haben wollten, als den aus altem s hervorgegangenen, wobei auf die Wahl des Zeichens selbst natürlich wenig ankam, sie gebrauchten dafür z,

ß, *sz*, *fs*, manchmal auch wol (z. B. Ziemann in der Vorrede zu feinem Mhd. Wörterbuche) verschiedene zu gleicher Zeit. Demnach wäre alfo zu schreiben: *haus* (domus), aber *ausz* (ex); *des* (ejus), aber *esz* (id); *gras* (gramen), aber *hasz* (odium); *massen* (copiae), aber *laszen* (sinere); *esse* (fumarium), aber *esze* (edo); *rosse* (equi), aber *genosze* (socius); *küssen* (osculari), aber *müszen* (debere); *weise* (sapiens), *reise* (peregrinor), aber *kreisze* (circulo), *ameisze* (formica); ja fogar *krebsz* (cancer), *erbsze* (pisum), *binsze* (juncus) etc. etc., vgl. Vilmar, D. G. p. 48. Und fo taten jene Männer wirklich, allerdings mit mehr oder weniger Confequenz. So z. B. wurden die Wörter *aus, es, das, was*, überhaupt alle adjectivischen Neutra: *jenes, gutes,* etc. nicht blos von Grimm felbst, fondern auch von den meisten feiner fonst hierin noch viel eifrigeren Schüler, nach der gewönlichen Methode geschrieben; auch wollte Mancher, der gewissenhaft *laßen* und *müßen* schrieb, fich doch zu *krebß, ameiße, erbße* und *binße* nicht entschliesen. Im Ganzen jedoch wurde das Prinzip anfrecht erhalten und die Uneingeweihten (d. h. fo ziemlich die ganze Nation) staunten nicht wenig über die „neue Orthographie". Den zahlreichen Fragen, was denn das bedeuten folle, wurde mit gewichtvoller Miene geantwortet: „Dies ist historische Schreibung!"

10. Eine vollständige Kritik nun diefer „historischen" Schreibung, welche in Deutschland eine Zeitlang fo groses Auffehen machte, kann natürlich in diefen Blättern nicht gegeben werden, da diefelben eine andere, viel allgemeinere Bestimmung haben als die verschiedenen Irrgänge deutscher Orthographie zu beleuchten. Auch ist jene Kritik durch R. v. Raumer in einer Reihe trefflicher Abhandlungen (vgl. Gef. sprachw. Schr. p. 105—306) bereits in fo eingehender Weife geliefert worden, dass jede andere strenggenommen als überflüssig gelten darf. Wir könnten uns demnach begnügen, auch in Bezug auf die Zischlaute einfach auf jene Abhandlungen hinzuweisen, wenn wir nicht gerade an diefer Stelle etwas entschiedener als Raumer es tut, den phone-

tischen Standpunkt und was von diesem aus wünschenswert ist, hervorheben müssten. Auch scheint jene „historische", richtiger pseudohistorische Orthographie, als welche sie Raumer nachgewiesen hat,*) die als Ganzes betrachtet wol nicht mehr gefärlich ist, bei den Zischlauten mit ganz besonderer Zähigkeit ihr Prinzip behaupten zu wollen. Zwar die eigentlichen Vorkämpfer haben sich bereits still zurückgezogen, d. h. sie haben, obschon ihren früheren Irrtum nicht offen eingestehend, demselben doch praktisch entsagt und sich in ihren neueren Schriften der allgemeinen Schreibung unterworfen. Dagegen scheint jetzt die Krankheit besonders in den mittleren Schichten der „deutschen Gelehrtenrepublik" zu grassiren und wir kennen manchen trefflichen Mann, der zwar nicht mehr Lust hat, wie noch vor zehn Jahren, zu schreiben: *helle* (Hölle), *lewe* (Löwe), *leffel* (Löffel), *derren* (dörren), *wirde* (Würde), *ber* (Bär), *geberen* (gebären), *verschemt* (verschämt), *dierne* (Dirne), *liecht* (Licht), *schweren* (schwören) etc., der aber doch an *laßen*, *müßen*, *vergeßen* und einigen andern derartigen Formen mit einer Art von Pietät wie an einer lieben Jugenderinnerung hängt. Wir verstehen und ehren dies, aber die Sache bleibt nichtsdestoweniger ein Fehler. Es giebt indess auch Andere, solche, die der Sprachwissenschaft ziemlich fern stehen, die von Grimm kaum den Namen und von unserer ältern Sprache so gut wie nichts wissen, die aber urplötzlich anfingen lateinische Lettern zu gebrauchen, alle Wörter klein zu schreiben und besonders recht viele β zu setzen. Man kann dies harmlos finden und darüber lächeln, indess bleibt der-

---

*) Eine historische Orthographie ist z. B. in hohem Grade die englische, auf welche man in Deutschland hiebei, sehr mit Unrecht, sich zu berufen pflegte. Eine solche, wie immer man auch über ihren Wert urteilen möge, muss historisch werden, lässt sich aber nicht künstlich erzeugen und einführen. Und wenn vollends das letztere Unternehmen, wie wir später sehen werden, noch ganz andere als orthographische Zwecke verfolgt, mit andern Worten, wenn es darauf hinausläuft, die Sprache selbst im etymologischen Sinne umzugestalten (was in England nie versucht worden ist), dann ist eben das ganze Verfahren — pseudohistorisch.

gleichen immer ein Zeichen der Zeit, es zeigt, wie mächtig das Uebel geworden fein muss, da Armfeligkeit bereits mit ihm Staat zu machen verfucht. Noch ernster wird die Sache, wenn man hört, jene Schreibung fei hie und da in Schulen „verfuchsweife" eingeführt und der Jugend als „tieffinnige Sprachweisheit" dargestellt worden! — — Da lohnt fich denn doch wol noch eine Beleuchtung gerade diefes Punktes, zumal er auch fonst, rein wissenschaftlich genommen, wie wir gefehen haben, von befonderem Interesse ist.

11. So fragen wir denn vor Allem: Wollen jene Männer mit diefer ihrer „historischen" Schreibung weiter nichts als in gewissen Fällen einen etymologischen Fingerzeig geben, dass die betreffenden Wörter an einer Stelle, wo fie jetzt einen und denfelben Laut bieten, früher verschiedene Laute befessen haben? Dies wäre etwas fehr Harmlofes und hätte fogar in vielen Fällen, nämlich überall da, wo es fich um Etymologie und Sprachgeschichte handelt, feine unzweifelhafte Berechtigung; nur müsste man alsdann nicht beim *sz* stehen bleiben, fondern die Scheidung auf alle Laute anwenden, welche einen verschiedenen historischen Ursprung haben, alfo im Nhd. zwei oder drei verschiedene *e*, ebenfoviele *o*, vier *au*, zwei *f*, zwei *ch* etc. etc. annehmen und entsprechend bezeichnen; das wäre eine confequent historisch-etymologische Schreibung und ihr Zweck wäre, fofort durch die Schrift anzudeuten, welchem urdeutschen (gothischen) Laute ein jeglicher Laut unferer heutigen Sprache entspricht, ja man könnte auch wol noch über das Gothische hinaus greifen und fämmtliche Laute unferer deutschen Sprache wie ihrer Schwestersprachen auf die ihnen zu Grunde liegenden Laute der indo-europäischen Ursprache beziehen und fo ein grosartiges System etymologischer Orthographie, gleichfam eine Lautgeschichte in Chiffren ausbilden. Um die Sache recht bei der Wurzel anzugreifen, müsste man eigentlich auch die Zeichen der betreffenden Urlaute zu Grunde legen, alfo z. B. das hochdeutsche f nicht etwa in f^1 (organisches), f^2 (unorganisches, aus p

entstandenes) zerlegen, fondern man müsste das letztere, das unorganische f, geradezu mit p^2 bezeichnen, während p^1 das organische p vorstellte. Dies auf die Zischlaute angewendet, ergäbe alfo für das nhd. *sz* die Chiffre t^2 oder mit Bezug auf die Ursprache sogar d^3. Welche schwindelerregende Perspective! — — — Wenn aber jene Männer dies Alles auch nur in Bezug auf deutsches Gebiet im Entferntesten nicht wollen: Was wollen fie denn?

12. Sie wollen teils weniger, teils mehr! Weniger, denn fie denken nicht daran, ein folch festgegliedertes System etymologischer Bezeichnungen einzuführen; mehr, denn fie begnügen fich keineswegs damit, eine rein wissenschaftliche, sprachgeschichtliche Hinweifung für specielle Fälle zu geben, fondern fie wollen mit jener Schreibung ein neues Prinzip in die allgemeine deutsche Schreibung, in die deutsche „Orthographie" einführen, fordern zur Nachahmung auf und tadeln fehr herb die „Verblendung", den „Schlendrian", welche gegen ihre Sitte fich fträuben. Alsdann aber entsteht die Frage: Glauben jene Männer vielleicht, dass die heutige Sprache noch den betreffenden Zischlaut nach feiner Herkunft lautlich unterscheide? Hier ist das Ergebnis schwankend. Viele derfelben glauben es entschieden nicht, behaupten aber, man brauche fich daran nicht zu kehren; fie verlangen alfo eine Schreibung, deren Grund nur einem Teil der Gelehrten, wir wollen gar nicht einmal fagen einleuchtend, fondern nur überhaupt verständlich fein kann, der Nation im Ganzen aber durchaus verschlossen bleibt und eine weite Kluft zwischen Sprache und Schreibung schafft, woraus die feltfamften Contraste erwüchsen. So, um nur Eins anzuführen, schrieb man bisher *Genosse* und reimte das Wort auf *Rosse*, nicht aber auf *grosze*; jetzt foll man *Genosze* schreiben, während *Rosse* und *grosze* diefe ihre bisherige Schreibung auch ferner behalten. Es frägt fich nun: Soll fortan *Genosze* nicht mehr auf *Rosse* reimen, wol aber auf *grosze*, oder foll es mit dem Reime beim Alten bleiben? Im letzteren Falle hätten wir das wunderliche Schauspiel, dass Wörter mit vollkom-

men gleichgeschriebener Endung im Reime nicht mit einander, wol aber mit andern, wefentlich anders geschriebenen verbunden werden dürfen. Im andern Falle, wenn die gleichgeschriebenen mit einander reimen follen, dann müssen fie auch gleich gesprochen werden und das eine von beiden, *Genosse*, jetzt *Genosze*, wird feine Aussprache ändern und *Genôsze*, wie im Mittelhochdeutschen (*genôz*) lauten müssen. Dergleichen nun ist, auch ganz abgefehen vom Reime, von den confequenten Verfechtern diefer Richtung in der Tat verlangt worden. Wenn fie fich auch hie und da, gleichfam aus Schonung, zu „einstweiliger Duldung" verstanden, im Prinzip und als zu erstrebendes Ziel forderten fie die Aussprache, welche die etymologische Schreibung angab, d. h. man follte fortan: *Helle, Lewe, Wirde, Liecht* etc. sprechen*). Es handelt fich alfo hier gar nicht mehr um etymologische O r t h o g r a p h i e, d. h. um eine altertümliche Methode der Bezeichnung für die Wörter der Muttersprache, welche übrigens dabei lautlich diefelben blieben, ähnlich wie im Englischen, fondern um einen Angriff gegen die Muttersprache felbst, diefelbe follte in Wahrheit um einige Jahrhunderte zurückgeschraubt werden! — — Eine Ungeheuerlichkeit, oder harmlofer und richtiger aufgefasst: eine romantische Grille, die, ihren Trägern vielleicht unbewusst, in engem Zufammenhange stand mit einer Menge anderer „historischer" Bestrebungen, die während der ersten Hälfte unfers Jahrhunderts in den verschiedenartigsten Gebieten der Wissenschaft, der Kunst und des staatlichen Lebens auftauchten und deren philofophische Berechtigung als eine notwendige Reaction gegen den nüchternen Formalismus früherer Zeiten ich gar wol zu würdigen weis, die aber, wie auf andern Gebieten, fo auch auf dem sprachlichen in ihrem Enthufiasmus zuweilen fich vergriffen. Man vergas über der Freude an der Vergangenheit und in der Sorgfalt für

---

*) Belege hiezu u. A. bei Raumer gefammelt, ich könnte noch viele andere aus der Literatur der vierziger und funfziger Jahre beibringen.

die Wiederherstellung ihrer Schöpfungen die Bedürfnisse und das Recht der Gegenwart. Die mittelhochdeutsche Maske, welche man unserer Sprache auffetzen wollte, ziemte ihr so wenig wie jene italienische, mit welcher man, vermöge eines jedem Worte angefügten *a*, im vorigen Jahrhundert ihr „Wohllaut" zu verleihen gedachte. Aber das neuere Beginnen war gefärlicher, weil es mit den edelsten vaterländischen Bestrebungen nahe zusammen grenzte und Viele dadurch sich blenden liesen.

13. Die überwiegende Mehrzahl der „Historiker" wollte indess doch von solchem Beginnen nichts wissen, war vielmehr, als ihr durch Raumer die Augen über das eigentliche Ziel ihres Weges geöffnet wurden, offenbar erschrocken, verleugnete die bisherigen Führer als überspannte Neuerer und blieb in „masvollen Grenzen", d. h. in diesem Falle: sie schrieben bei einer gewissen, ziemlich willkürlichen Anzahl von Wörtern β, wo andere Leute ss setzen, liesen aber sonst Alles beim Alten. Und so steht die Sache gegenwärtig noch! Ein seltsamer Standpunkt ist es freilich und von einem Prinzip, gleichviel ob historischem oder phonetischem, darin nicht viel 'zu spüren. Weil der Laut in *Glas, Gras, küssen* etc., wie sie es nennen: organisch ist, d. h. so weit man zurückblicken kann, in germanischer Sprache als *s* existirt, der Laut von *Fas (Fasz), Has (Hasz), messen* aber Anfangs als *t* begegnet und erst später durch *z* ($\mathfrak{z}$) hindurch in *s* überging: deshalb soll auch noch gegenwärtig und vermutlich für ewige Zeiten dieses letztere *s* von jenem ersteren graphisch unterschieden werden! Was würde ein Grieche gesagt haben, wenn man ihm zugemutet hätte, sein ζ verschieden zu schreiben, je nachdem ihm früheres γ oder früheres δ zu Grunde lag, also z. B. in $\varkappa\varrho\acute{\alpha}\zeta\omega$ anders als in $\H{\varepsilon}\zeta o\mu\alpha\iota$! — Und warum soll denn blos beim Laute *s* diese Spaltung vorgenommen werden, warum will man nicht auch das *f* in *feind, freund* anders schreiben als das in *schlafen, laufen*, da doch jenes schon im Gothischen vorhanden war *(fijands, frijônds)*,

dieſes aber aus *p (slêpan, hlaupan)* entstand. Desgleichen das *ch* in *noch, lachen* anders als das in *loches, daches,* denn jenes entspricht gothischem *h,* dieſes aber gothischem oder niederdeutschem *k.* Warum tut man dies nicht? Offenbar blos darum, weil die Schrift in dieſen Fällen schon in alter Zeit den neuen Laut teils vollkommen (bei den Labialen), teils notdürftig (bei den Gutturalen) anerkannte, alſo aus einem völlig ſekundären, um nicht zu ſagen zufälligem Grunde! Und wo bleiben die übrigen Laute, insbeſondere die Vokale? Der Wirrwarr wird hier ſo arg, dass ſelbst Grimm den Unterschied von *e* und *ë* in ſeinen späteren Schriften nicht festhalten mochte, ja in Bezug auf allgemeine Orthographie ſelbst in den früheren nicht einzuführen wagte. Es scheint, dass bei den Zischlauten die fast unerträglich gewordene Ratloſigkeit der älteren Bezeichnung ein Hauptgrund war, ſich den Lockungen der pseudohistorischen Schreibung in ſo weiten Kreiſen hinzugeben. Leider kam man dabei aus der Skylla in die Charybdis.

14. Aber es gab auch Andere — und darunter die eigentlichen Vorfechter der Schule — welche behaupteten, ſogar die **heutige Aussprache** unterscheide noch gar wol die Herkunft des betreffenden Zischlauts, oder habe doch nur vor Kurzem, aus Nachlässigkeit, die Unterscheidung verlernt, man könne dieſelbe leicht wiederherstellen und eben dazu ſei die Verschiedenheit der Schreibung ein treffliches Mittel. So bereits, jedoch noch in ſehr milder Form, J. Grimm (D. G. I² p. 527). Er giebt zu, das in der Neutralendung (goth. *ata,* ahd. *az,* mhd. *ez*) der Auslaut von dem gewönlichen *s* nunmehr in der Aussprache nicht mehr verschieden ſei, dass alſo *gûtes* (bonum) mit *gütes* (boni) lautlich verschwimme und daher beide unbedenklich auf *blûtes* (ſanguinis) gereimt werden dürfen. Vermutlich ist dieſe Anerkennung der Grund, warum er ſelbst in ſolchen Fällen nicht *z,* ſondern *s* schreibt, und wir haben alſo die fast unglaubliche Tatſache vor uns, dass Grimm einmal die Etymologie der Phonetik opfert, und zwar nur darum,

weil er den Widerspruch zwischen beiden hier einmal klar erkennt. Was liese diefer Umstand hoffen, wenn Grimm überhaupt in diefen Dingen klar gefehen hätte, oder fagen wir lieber: klarer fehen **gekonnt hätte** bei den damals fo fehr unzureichenden Vorarbeiten auf phyfiologifchem Felde! Leider fährt er auch hier bald darauf fort: es scheine ihm, dass die Unterscheidung *missen* (carere) und *gebißen* (morfus), *masse* (massa) und *haße* (odio), Feinhörigen immer noch angemutet werden dürfe. Und in der Anmerkung unten: „Die gemeine Volkssprache einiger Gegenden wird fich wol noch darauf verstehen, *grâs* (gramen), *lâs* (legebat), *haus* (domus) in der Aussprache von *wâsz* (quid), *âsz* (edebat), *ausz* (ex) zu unterscheiden." — Wir können darauf nur erwidern, dass alle unfere Nachforschungen in den Gebirgsgegenden Süddeutschlands und der Schweiz, wo fonst die alten Laute am meisten noch bewahrt find, auch nicht das mindeste Refultat ergaben, welches jener Unterscheidung günstig wäre (wie denn auch **Schmeller** und **Stalder** nichts Wefentliches davon erwähnen), vielmehr wird felbst in Liedern unbedenklich *s* mit *sz* gereimt. Viel entschiedener als Grimm treten feine Nachfolger auf, z. B. **Vilmar**, welcher (D. G. p. 47) behauptet: „Ein gebildeter Mund, zumal ein niederdeutscher, welcher hochdeutsch spricht, scheidet auf das bestimmteste *küssen* von *müszen*." **Das ist nicht wahr.** Die besten Dichter unferer Glanzzeit, auch wenn fie aus Niederdeutschland stammten, reimten fo und die strengsten Kritiker tadelten dies niemals auch nur mit dem leifesten Wort, ja Niemand erwähnte es auch nur. Alle hochdeutsch sprechenden Niederdeutschen ferner, die ich kenne und die fehr verschiedenen Ständen und Bildungsgraden angehören, wissen von einem folchen Unterschiede nichts. Ein geborener Niederdeutscher, der zugleich in phyfiologisch-phonetischen Unterfuchungen gegenwärtig als erste Autorität gilt, **Brücke**, spricht fich folgendermasen aus: „Sollte eine ursprüngliche Scheidung beider Arten des Zischlauts der Fall gewefen fein, fo find doch jedenfalls in der jetzigen Aussprache alle Spuren davon verwischt und felbst diejenigen, denen, wie mir felbst, das Niederfächfifche, in dem fich die T-Laute erhalten haben, Mutterfprache ist, bilden das *s* ganz ohne Rückficht darauf, ob der Laut im Niederfächfifchen auch *s* ist oder *t*." — Erfreulich ist es, dass auch ein Meister der historischen Grammatik, Bopp, die Wahrheit auf diefem Felde erkannt hat. Er fagt V. G. § 113: „Im Nhd. hat die zweite Art des *z* (nämlich Grimm's *ʒ*) den blosen Zischlaut bewahrt, wird aber durch die Schrift noch, wenngleich nicht überall, von dem eigentlichen *s* unterschieden." Rudolf von Raumer endlich, welcher unter allen Grammatikern zuerst und am tiefsten die historischen Lautverhältnisse mit naturwissenschaftlicher Strenge unterfucht hat, erklärt entschieden den Laut des *sz* für identisch mit dem des *s*.

15. Für Diejenigen, welche das Wefen des Affrikationsprozesses verstanden haben, bedarf es freilich nicht erst fo vieler Zeugnisse; fie werden wol nicht daran zweifeln, dass bei den Dentalen die Spirans fo gut zur Herrschaft gelangt ist wie bei den Labialen und Gutturalen. Oder ist vielleicht das *f* in *feind, freund* ebenfalls ein lautlich anderes als das in *schlafen, laufen?* oder das χ in *dach, loch* ein lautlich anderes als das in *noch, doch?* Dies haben meines Wissens felbst die eifrigsten Vorfechter der „historischen" Rechtschreibung niemals behauptet. Wenn es alfo nunmehr feststeht, fowol durch die Theorie als durch die Erfahrung, dass der Laut des *sz* weiter nichts ist als die alveolare harte Spirans, fo frage ich: Warum will man denn diefe Tatfache nicht auch graphisch anerkennen? In Bezug auf die lateinische Schrift find allerdings gegenwärtig Viele diefem Standpunkte schon fehr nahe; fie schreiben nicht blos *Masse, Kresse, Rosse*, etc., fondern auch *hasse, lasse, messe, Genosse* etc. Das ist ganz richtig, leider aber unterlassen fie noch den letzten entscheidenden Schritt, fie fetzen nämlich *ss* auch nach langen Vokalen, schreiben alfo *stossen, aussen, heissen, fliessen, Preussen*, etwas, was gegen das Prinzip der deutschen Rechtschreibung verstöst, wonach Gemination nach langem Vokal nicht vorkommt, was auch

phonetisch wol begründet ist, da der betreffende Confonant in diefem Falle wirklich nur die einfache Dauer hat. Man schreibt nicht *lauffen, feiffen, lieffen, rûffen, fâggen,* etc.: warum alfo die Spirans der Dentalklasse anders behandeln? warum nicht auch bei ihr: *stosen, ausen, heisen, fliesen, Preusen?* Der Grund diefer Inconfequenz liegt nahe. Man meidet die letztgenannten Formen darum, weil man die Verwechfelung des *s* mit *f* befürchtet. Und fomit stehen wir wieder an der Wurzel des Uebels. **Die Vermischung zweier ganz verschiedener Laute vermittelst desselben Zeichens: das ist die Grundurfache der Krankheit.** Hoffet nicht, die letztere zu heben, wofern ihr die erstere nicht entfernt! Wenn man für f und w wie bei den Dentalspiranten nur ein und dasselbe Zeichen hätte, fo würde man fich auch fürchten müssen *laufen, rûfen* etc. zu schreiben, weil dies ebenfo gut *lauwen, rûwen* gelefen werden könnte, und vielleicht hätten Manche alsdann ebenfalls: *laufpfen, rufpfen* als die „allein wissenschaftliche Schreibung" empfolen. — Wir unfererfeits haben schon vor mehreren Jahren einen Weg gezeigt*), diefe Verwirrung auf eine einfache und naheliegende Weife zu löfen, wir haben in diefen Blättern an einer frühern Stelle es noch genauer und eingehender getan, wir erinnern hier bei diefer dringenden Veranlassung nochmals daran: Man schreibe den weichen Laut mit *f*, den harten mit *s,* alsdann verschwindet jeder Zweifel bei den betreffenden Formen; *reifen* (iter facere) und *reisen* (vellere), *weifen* (indicare) und *weisen* (album reddere); *mufe* (musa) und *muse* (otium), *niefen* (sternutare) und *geniesen* (frui) können nicht mehr verwechfelt werden. Theoretisch, denke ich, dürfte dagegen nichts einzuwenden fein, es handelt fich nur um die Ausführung.

---

*) D. L. p. 20 und 285. Noch früher hat, wie ich nachträglich erfuhr, Max Moltke in dem „Deutschen Sprachwart" (1856) ganz diefelbe Scheidung angewandt und vielleicht im Stillen noch mancher Andere, denn die Sache liegt ja fo fehr nahe.

16. Hinsichtlich dieser praktischen Ausführung nun im Einzelnen erlaube ich mir einige Andeutungen zu geben, die übrigens in der Hauptsache nichts als Anwendung des bereits in § 14. 7 Gesagten sind. Im Auslaut muss stets die Fortis stehen, da diese hier hochdeutsch allgemein gesprochen wird, also *lies, hies, blies;* nach kurzem Vokal müsste sie verdoppelt werden, wenn man nun einmal diese Sitte bei den übrigen Consonanten beibehalten will, also *Hass, Fass, nass;* besser wäre es freilich, sie überall fallen zu lassen und demnach auch hier *Has, Fas, nas* zu schreiben*), etwas, was ja überdies bei *das, was, es, des, bis, Glas, Gras* bereits allgemein üblich ist, auch da, wo man die beiden letzten Wörter mit kurzem Vokal spricht; ich meinerseits habe in diesem Buche, da die auslautende Gemination (*Fall, kann* etc.) beibehalten wurde, natürlich auch das auslautende ss stehen lassen müssen, nur habe ich den Kreis der so sehr wünschenswerten Ausnahmen noch durch die Ableitungssilbe *nis* (statt *niss*) zu erweitern mir gestattet. Im Anlaut müsste vor Vokalen ſ stehen, da hier die Lenis in ganz Norddeutschland und im grösten Teil Mitteldeutschlands feststeht, in Süddeutschland aber, wie mir berichtet wird, „immer zahlreichere Proselyten macht"; also *ſagen, ſegen, ſichel, ſonne, ſuppe, ſauer, ſeil* etc. Vor Consonanten (es finden sich nur *p, t, k*) gilt *s*, weil diese eben genannten Laute, als Fortes, auch den Zischlaut zur Fortis sich assimiliren, demnach *springen, stark, sklave.* Hätten wir die Verbindung mit *b, d, g*, dann ergäbe sich sicherlich ſb, ſd, ſg, so gut wie im Italienischen, wo *ſbacco, ſdegnare, ſgannare*, mag es geschrieben werden, wie es wolle, doch stets mit dem hier angedeuteten milden Anlaut gesprochen wird; ebenso im Englischen, vgl. *sdain*, gesprochen *ſdên*. Ueber den Inlaut zwischen Vokalen ist schon früher die Hauptsache gesagt; je nachdem es die Aussprache verlangt, schreibe man *weiſen* (indicare, sapientem) oder *weisen*

---

*) Den von dem Quantitätsverhältnis dagegen hergenommenen Einwurf beseitigt das § 8. 5 Gesagte.

(album reddere) etc. Hier ſei nur noch auf den Fall hingewieſen, wo der Zischlaut vor Conſonanten steht, z. B. *ist* (Fortis, weil das *t* ſich den vorangehenden Laut homogen macht), *füslich* (weil *s* die erste Silbe schliest und ſomit dem Geſetz des Auslauts folgt); in der Conjugation verfahre man ſo: *hasse, hassest, hasset,* ſynkopirt *hass't* oder *hasst;* ob auch *hast* (odit) gestattet ſei, dieſe Frage gehört in ein anderes Kapitel; ferner *beise* (mordeo), *beisest, beist; reiſe* (peregrinor), *reiſest, reiſet,* ſynkopirt *reiſ't* oder ohne Apostroph *reist,* welches letztere phonetisch das allein richtige ist, während die Schreibung *reiſ't* in ſolchen Fällen Dienste leistet, wo man Wert auf die Abstammung zu legen hat. Zuſammenſetzungen folgen der Regel des einfachen Lautes, daher *Aussprache, Basstimme, Misstimmung;* dagegen *Ausſage, Ausſehen, Esſäl, desſelben;* obschon im letztgenannten Beispiel auch die Schreibung *desselben* ſich verteidigen lässt, denn die Zuſammenſetzung wird in dieſem Worte bereits nur noch wenig gefühlt und dadurch ist das ſ, namentlich bei schneller Rede, dem *s* ſo innig verbunden worden, dass notwendig eine Assimilation zwischen beiden Lauten eintreten musste. Welcher von beiden über den andern ſiegen ſollte, das hing von der Stärke der einzelnen Laute ab. In dieſem Falle triumphirte der erststehende und wir lernen daraus, was wir freilich auch schon a priori uns denken konnten, dass das Geſetz: „Fortis im Auslaut!" mächtiger wirkt als die Neigung, im Anlaut vor Vokalen die Lenis walten zu lassen. Es trat alſo die ſonst ſeltene progres'sive Assimilation ein und man spricht *desselben* nicht anders wie *dessen, essen, messen* etc., wo überall die Härte des zweiten Zischlautes ganz auf demſelben phonetischen Vorgange beruht. — Endlich noch ein Wort über die Majuskel, für die ja ebenfalls eine doppelte Form nötig wird. Ich möchte vorschlagen, das S für den im Deutschen im Anlaut häufigeren Fall, die Lenis, zu verwenden; für die Fortis hat Michaelis einmal das Zeichen einer Frakturschrift benutzt, wie ein ſolches oder ähnliches in den meisten Druckereien vorhanden ist. Der Grund, warum ich in diefem Buche die Scheidung der beiden S für die Majuskel nicht angeordnet habe, lag zunächst darin, dass ich die weitern Kreife, für welche dasselbe bestimmt ist, nicht durch fremdartige Zeichen abschrecken wollte, fodann aber auch darin, dass ich, wie die Sache einmal noch liegt, mehrfach in den Fall kam, die beiden Laute promiscue, nach Art der heutigen Schreibung, zu bezeichnen; und dafür benutzte ich dann das beiden gemeinfame S.

17. Es ist bei diefen Vorschlägen die Anwendung lateinischer Lettern vorausgefetzt worden, wie folche in sprachwissenschaftlichen Schriften ja fast durchweg üblich find; und fürwahr, es wäre schon ein groser Gewinn, wenn auch nur in diefen letztern der Gebrauch der Zeichen für die Zischlaute geregelt würde. Aber auch für die fog. deutsche Schrift lässt fich die betreffende Sonderung der Zeichen vollziehen, da ja auch hier in der Minuskel zwei Buchstaben vorhanden find, welche ohne Unterschied fowol für *s* als für *ſ* gebraucht werden. Es liegt nahe, das 𝖘 für *s*, das ſ für *ſ* zu verwerten. In der Majuskel könnte man auch hier das bisher übliche 𝕾 für die Lenis bestehen lassen, welche es ja bisher schon am häufigsten vertreten musste; für die Fortis könnte man dasselbe Zeichen anwenden, welches in lateinischer Schrift dafür gewählt werden würde. Die einzelnen Bestimmungen für die Wahl des einen oder des andern Zeichens bleiben natürlich für beide Schriftarten, die lateinische wie die deutsche, ganz die nämlichen.

18. Vielleicht findet Mancher, dass wir die „Geschichte des Buchstabens sz" mit unnötiger Breite behandelt haben. Dem stimmen wir, was die Theorie betrifft, von Grund des Herzens bei. Ja wol! der ganze § war theoretisch vollständig überflüssig, denn er ist im vorigen bereits enthalten. Anders aber verhält fich die Sache praktisch! Die Vorurteile scheinen auf dem doch fo harmlofen grammatischen Felde eben fo schwer auszurotten als auf andern, tiefer in's Leben eingreifenden Gebieten, und die Zahl Derer, welche den phonetischen Standpunkt recht zu verstehen vermögen, den verstandenen mutig anzuwenden wagen, ist annoch ver-

schwindend klein. Und doch ist diefer Standpunkt unferer
Ueberzeugung nach derjenige, welcher einzig und allein die
Nation in Bezug auf Orthographie zu befriedigen im Stande
ist. Ihn in einem hervorragenden Falle aufs deutlichste zu
entwickeln, zu zeigen, wo feine Gegner ihr Rüstzeug her-
nehmen und dies letztere wo möglich zu brechen, dazu dient
kein Punkt der Grammatik besser als die Theorie der Zischlaute. Wenn irgendwo, fo muss es hier an's Licht, zu
welcher Farbe Jemand fich bekennt, bis zu welchem Grade
er ihr treu bleiben will. Hier ist der Kampf am heisesten,
hier wird aber auch die Entscheidung erfolgen. Die Theorie
und Schreibung der Zischlaute ist zu einem Walplatz geworden, auf dem über die Zukunft unferer Orthographie
gekämpft wird.

§ 24.
Rückblick und Umschau.

1. Es folgt hier zunächst auf Grund der bisher entwickelten Methode eine Zufammenstellung gewisser Lautverbindungen, deren Schreibung in den europäischen Sprachen
fich durch eine ganz befondere Mannigfaltigkeit auszeichnet;
die denfelben jedesmal voranstehende phonetische Transscription wird die Einfachheit der letzteren gegenüber der
verwirrenden Mannigfaltigkeit und zum Teil völligen Ratlofigkeit historischer Schreibung scharf hervortreten lassen.
Von der feineren Unterscheidung der Gutturalen ist dabei
abgefehen worden, um die Sache nicht unnötiger Weife zu
compliciren.

I. Phonetisch ka, ke, ki, ko, ku. In allen germanischen
und slawischen Sprachen ebenfo. Ital. *ca, che, chi, co, cu;*
span. port. franz. provenç. *ca, que, qui, co, cu (cou).*

II. Phonetisch ga, ge, gi, go, gu. In den germ. und slaw.
Sprachen ebenfo. Ital. *ga, ghe, ghi, go, gu;* span. port.
franz. prov. *ga, gue, gui, go, gu (gou).*

III. Phonetisch χa, χe, χi, χo, χu. Slawisch, Deutsch und Holländisch *cha, che, chi* etc. Span. *ja, ge, gi, jo, ju;* in den übrigen germ. und rom. Sprachen gar nicht auszudrücken.

IV. Phonetisch ja, je, ji, jo, ju. In den slawischen und germ. Sprachen ebenſo, nur im Englischen: *ya, ye* etc. In den romanischen Sprachen gar nicht auszudrücken; das ital. *ja, je* etc. franz. *ya, ye* etc. hat nur annähernd dieſen Wert, es steht zwischen *ja* und *ia* in der Mitte.

V. Phonetisch sa, se, si, so, su. So auch in allen übrigen europäischen Sprachen, ausgenommen im Deutschen und Magyarischen, wo man *sza, sze, szi* etc. schreiben muss. Bemerkenswert ist übrigens, dass manche Deutsche bei Transscriptionen, namentlich aus dem Russischen, die eben angegebene und doch wol am nächsten liegende Methode nicht anwenden, ſondern dafür *ssa, sse, ssi* etc. ſetzen, etwas, was allerdings aus der deutschen, hier ja ſo mangelhaften, Orthographie ebenfalls gerechtfertigt werden kann, es entspricht der Schreibung *stossen, heissen, Preussen.* — Im Polnischen wird statt *si* stets *sy* geſetzt, weil *si* etwas ganz anderes bedeutet; vgl. XI.

VI. Phonetisch ſa, ſe, ſi, ſo, ſu. Im Deutschen ganz ebenſo oder auch *sa, se, si* etc. In allen übrigen europäischen Sprachen *za, ze, zi, zo, zu;* nur dass im Polnischen wieder nicht *zi* ſondern *zy* stehen muss, vgl. XII. Neugriechisch ζα, ζε, ζι etc.

VII. Phonetisch ṣa, ṣe, ṣi, ṣo, ṣu. Deutsch *scha, sche, schi, scho, schu*. Englisch *sha, she, shi* etc. Holländisch, Schwedisch, Dänisch bedient man ſich in Fremdwörtern meist der englischen Methode. Polnisch *sza, sze, szy, szo, szu*. Böhmisch *ša, še, ši, šo, šu*. Russisch ша, ше, ши etc. Franzöſisch, Portugiſisch, Provençalisch: *cha, che, chi, cho, chu;* im Spanischen nicht auszudrücken, ſein *ch* ist phonetisch = ts. Magyarisch *sa, se, si* etc. Die Neugriechen bezeichnen dieſen ihnen ſelbst fehlenden Laut in eingebürgerten Fremdwörtern durch σια, σιε etc. oder noch bestimmter: σι̯α, σι̯ε etc. z. B. σι̯ού χι (Schuh).

VIII. Phonetisch ža, že, ži, žo, žu. Im Deutschen gar nicht auszudrücken. Polnisch *ža, že, žy* (*ži*, obschon nicht eigentlich falsch, wird doch vermieden), žo, žu. Böhmisch ža, že, ži etc. Russisch Жа, Же etc. Franz. Port. Provenç. ja (gea), jé (ge), ji (gi), jo (geo), ju; im Spanischen nicht auszudrücken. Magyarisch zsa, zse, zsi etc.

IX. Phonetisch ꞩa, ꞩe, ꞩi, ꞩo, ꞩu. Im Englischen *tha, the, thi* etc. Isländisch þa, þe, þi etc. Spanisch *za, ce (çe), ci (çi), zo, zu*. Neugriechisch ϑα, ϑε, ϑι etc. In allen übrigen hier von uns betrachteten Sprachen nicht auszudrücken; wol aber findet der Laut fich in den keltischen Sprachen und auch im Arabischen.

X. Phonetisch ʃa, ʃe, ʃi, ʃo, ʃu. Im Englischen wie vorhin *tha, the* etc. Auch im Spanischen wird der weiche Laut, wenn er überhaupt vorhanden, vom harten graphisch nicht unterschieden. Isländisch ða, ðe, ði etc. Neugriechisch δα, δε, δι, etc.

XI. Phonetisch śa, śe, śi, śo, śu. Polnisch *sia, sie, si* (statt *sii*), *sio, siu*; vor Confonanten und im Auslaut wird der Laut stets ś geschrieben. Russisch durch Сьа, Сье etc., d. i. durch jerirtes s ausgedrückt. In den germanischen und romanischen Sprachen graphisch nicht darstellbar.

XII. Phonetisch źa, źe, źi, źo, źu. Polnisch *zia, zie, zi* (statt *zii*), *zio, ziu*; vor Confonanten und im Auslaut wird der betreffende Laut stets ź geschrieben. Russisch durch зьа, зье etc., d. i. durch jerirtes z ausgedrückt. In den germanischen und romanischen Sprachen nicht darstellbar.

XIII. Phonetisch tsa, tse, tsi, tso, tsu. Deutsch *za, ze, zi, zo, zu*. Polnisch *ca, ce, cy* (*ci* wäre etwas anderes, nämlich = phon. *tśi!*), *co, cu*. Die meisten germanischen und romanischen Völker befitzen diefe Lautverbindung gar nicht, könnten fie aber nur *tsa, tse, tsi* etc. schreiben; ausgenommen die Italiener, deren *z* teilweife allerdings = phon. *ts* ist. Magyarisch *cza, cze, czi* etc.

XIV. Phonetisch dſa, dſe, dſi, dſo, dſu. Das altgriechische ζ und teilweife das italienische *z (mezzo, razzo)*. Polnisch *dza, dze, dzy* (*dzi* wäre etwas anderes!), *dzo, dzu*. Die romanischen Völker, etwa mit Ausnahme der Italiener, müssten ebenfalls *dza, dze, dzi* etc. schreiben; ebenfo die

Engländer, Holländer, Schweden. Die Deutschen würden diefe Lautverbindung durch *dsa* oder *dſa* geben.

XV. Phonetisch tṣa, tṣe, tṣi, tṣo, tṣu. Deutsch *tscha, tsche, tschi* etc. Polnisch *cza, cze, czy, czo, czu*. Italienisch *cia, ce, ci, cio, ciu*. Spanisch und Englisch *cha, che*, etc. Die Franzofen müssten *tcha, tche* etc. fetzen. Magyarisch *csa, cse, csi* etc. Die Neugriechen fetzen, nicht eben fehr glücklich: τζ, z. B. τζακίζω (ich breche).

XVI. Phonetisch dſa, dſe, dſi, dſo, dſu. Im Deutschen gar nicht auszudrücken; die in der Regel dafür angewandte Schreibung *dscha, dsche* etc. ist uncorrekt. Polnisch *dża, dże, dży, dżo, dżu*. Italienisch *gia, ge, gi, gio, giu*. Spanisch nicht auszudrücken. Die Franzofen müssten *dja, dje, dji* etc. schreiben. Englisch *ja, je* oder *ge*, etc. Die Neugriechen fetzen ντζ (vgl. § 2. 10), z. B. *ντζερεμές* (Geldstrafe, aus dem Türkischen).

XVII. Phonetisch tśa, tśe, tśi, tśo, tśu. Polnisch *cia, cie, ci* (statt *cii*), *cio, ciu*; vor Confonanten kommt der betreffende Laut nicht vor, im Auslaut wird er *ć* geschrieben. In den germanischen und romanischen Sprachen nicht auszudrücken.

XVIII. Phonetisch dſa, dſe, dſi, dſo, dſu. Polnisch *dzia, dzie, dzi* (statt *dzii*), *dzio, dziu*. Vor Confonanten kommt der betreffende Laut nicht vor; im Auslaut wird er *dź* geschrieben. In den germ. und rom. Sprachen nicht auszudrücken.

2. Wir haben bisher die keltischen Sprachen fast gar nicht erwähnt, fie gehören eben nicht zu den „Culturſprachen", mit denen wir es doch hier allein oder vorzugsweife zu tun haben wollten. Die Betrachtung ihres Lautfyſtems und dessen Schreibung ist indess für den Phonetiker keinesswegs uninteressant und wir glauben die uns zur Umschau gewährte Raſt wol für einige Momente auch dazu anwenden zu dürfen, dass wir einen Blick in diefes räumlich uns ſo nahe, geiſtig ſo unſäglich ferne Sprachgebiet*)

---

*) Gleichwol verdanken die Kelten das, was ſie von der Geſchichte ihres Sprachſtamms wissen, hauptſächlich **deutschen** Forschern, einem Zeuss, Bopp, Ebel, wie keltische Grammatiker ſelbſt einräumen.

werfen. Es wird indess für unsern allgemeinen Zweck genügen, nur von einer keltischen Sprache: dem Irischen, das Lautsystem in kurzen Zügen darzustellen, als das, welches am meisten schriftmäsig entwickelt und phonetisch sichergestellt ist, wobei ich indess bemerken muss, dass die Aussprache mir nur durch Vermittelung des Englischen zugänglich war, daher die hie und da zugefügten Transscriptionen aus doppeltem Grunde nur annähernd richtig sein können. Die Beispiele sind aus Wright, „A grammar of the modern Irish language," Dublin 1860.

I. Das irische Alphabet hat folgende 18 Buchstaben: *a, b, c, d, e, f, g, h, i, l, m, n, o, p, r, s, t, u.* Es vermeidet, wie man sieht, jedes unnötige Zeichen; die Lücken, welche es bietet, indem man die Zeichen für j, w, χ vermisst, sind blos scheinbar, es werden diese Laute durch gewisse Buchstabenverbindungen ausgedrückt. Die Gestalt der Buchstaben ist bei einigen von der allgemein europäischen etwas abweichend, namentlich beim *f, g, l, r, s.*

II. Die einfachen Vokalzeichen (a, e, i, o, u) werden im Wesentlichen ganz so gesprochen wie die deutschen, wobei indess zu merken, dass e immer = phon. é, nicht = phon. è ist. Alle fünf kommen sowol lang als kurz vor, die Länge wird durch den Acutus bezeichnet, z. B. *bán* (albus), gespr. bân; *tar* (veni, Imp.). Sie werden eingeteilt in dunkle *(a, o, u)* und helle *(e, i)* und diese Scheidung, obschon auch anderwärts bekannt, ist in den keltischen Sprachen von ganz besonderer Wichtigkeit.

III. Die binären und ternären Vokalfolgen, von den Grammatikern nach rein graphischem Standpunkt als Diphthonge und Triphthonge bezeichnet, obschon viele derselben einfache Vokale vorstellen, sind sehr zahlreich *(ae, ai, ao, ea, ei, eo, eu, ia, io, iu, oi, ua, ui; aoi, eoi, iai, iui, uai)*, und hauptsächlich sie sind es, welche die Aussprache des Irischen schwierig machen. Dies kommt daher, weil dieselben nicht blos die Aufgabe haben, den zu sprechenden Vokal zu bezeichnen, sondern auch die Aussprache des neben ihnen stehenden

Confonanten andeuten follen. Mehrere Confonanten nämlich haben einen etwas verschiedenen Laut, je nachdem fie neben einem dunkeln oder neben einem hellen Vokale stehen. So ist es ja auch z. B. im Deutschen bei den Gutturalen; nur wird diefe Verschiedenheit von den Meisten hier gar nicht gekannt, fo dass felbst Gebildete fehr verwundert und ungläubig find, wenn fie hören, das *k* in *kalt* fei ein anderes als das in *Kind* und vollends die Orthographie nimmt nicht die mindeste Rückficht darauf; die Kelten dagegen haben, wie die finnischen Stämme, ein höchst feines Gefühl für diefen Unterschied, vielleicht darum, weil er bei ihnen wirklich gröser ist als im Deutschen. Nun trifft es fich häufig, dass der Vokal vor dem Confonanten eine andere Natur hat als der hinter ihm stehende, jener dunkel, diefer hell ist, oder umgekehrt; daraus erwächst eine Unklarheit für das Auge und diefe zu vermeiden, hat die irische Grammatik die Schreibung durchgeführt, dass der Vokal unmittelbar vor und der unmittelbar hinter dem Confonanten stets gleichwertig fein müssen, alfo wenn fie es phonetisch **nicht** find, durch Hinzufügung eines hellen, bezüglich eines dunkeln Vokals doch wenigstens graphisch dazu gemacht werden. Dies ist die berühmte, die ganze irische Grammatik beherrschende Regel: *Caol le caol agus leathan le leathan*, d. h. „**Hell mit Hell und Dunkel mit Dunkel.**" Beisp. *sgológ* (ein Pächter), mit velarem *g*; Gen. *sgoloige*, denn das hinzutretende *e* macht das *g* fofort palatal und deshalb muss auch der voranstehende Vokal hell fein; da er dies nun grammatisch und phonetisch nicht ist, fo fügt man ihm in der Schreibung ein *i* bei, welches alfo in diefem Falle eigentlich gar nicht das Lautzeichen eines Vokals, fondern ein diakritisches Zeichen für den folgenden Confonanten ist. Ein entgegengefetzter Fall ist *figheadoir* (ein Weber), Gen. *figheadora*; denn auch das *r* steht im Irischen unter dem Einfluss der Vokale, etwas, was im Deutschen nicht einmal annährungsweife der Fall ist. — Auf diefe Weife entwickelten fich jene, wenn man den Grund davon nicht kennt, allerdings durch ihre Menge und Aussprache fehr überraschenden fog. „Diphthonge" und „Triphthonge." Wir führen kurz einige Beispiele an: *lae* (diei), gespr. l é; *aon* (unus), gespr. a¹n; *geur* (acer), gespr. g è r; *kiall* (sensus), gespr. k î l; *fuar* (gelidus), gespr. fu ᵉ r; *táim* (sum), gespr. t a ' m; *sail* (radius), gespr. zwischen s a l und s e l; *lasair* (lumen), gespr. l a s i r; *déan* (facere), gespr. d è n; *ceart* (recte), gespr. k a r t; *féin* (ipse), gespr. f é ¹ n; *geir* (pinguis). gespr. g i r; *seól* (velum), gespr. s j ô l; *deoch* (potus), gespr. d ŏ χ; *fíon* (vinum), gespr. f î n; *fios* (scientia), gespr. f i s; *fiú* (dignus), gespr. f j û; *fiuch* (fervere), gespr. f u χ; *cóir* (recte), gespr. k ô r; *cóill* (silva), gespr. k e i l; *coir* (crimen), gespr. k u i r; *troid* (pugna), gespr. t r ŏ d; *cúig* (quinque), gespr. k û g; *fuil* (sanguis), gespr. fᵘ i l; *maoin* (thesaurus), gespr. m î n; *feoil* (caro), gespr. f j ô ¹ l; *liaigh* (medicus), gespr. l î - i χ; *ciuin* (honestus), gespr. k j û i n; *cuaird* (salutatio), gespr. k j û r d.

III. Die Confonanten werden im Allgemeinen fo gesprochen wie die betreffenden Buchstaben im Deutschen; *c* und *g* haben vor hellen Vokalen die palatale, vor dunkeln Vokalen die velare Ausfprache und zwar aller Wahrscheinlichkeit nach in stärkerem Gegensatz als dies im Deutschen der Fall ist, alfo nach Art der Slawen; *d* und *t* haben vor hellen Vokalen fast den Laut von tj, dj; vor dunkeln dagegen den des englischen weichen, bezüglich harten th; *l* und *r* vor hellen Vokalen klingen fast wie lj, rj, *s* vor hellen Vokalen wie deutsches sch, vor dunkeln wie scharfes s. Gemination im In- und Auslaut tritt nur ein bei *l, n, r*; *dl* und *ln* im Inlaut werden gesprochen als ll, *dn* als nn; z. B. *codladh* (somnus), *ceadna* (idem), gespr. k o l l a χ, k a n n a.

IV. **Aspiraten** nennt die irische Grammatik die graphische Verbindung eines Confonanten mit h, ihrem Lautwerte nach find fie meistenteils Spiranten. Mit dem, was man im phonetischen Sinne Aspiraten nennt, haben fie alfo auser der Bezeichnung nichts gemein; gleichwol werden fie von den Grammatikern mit jenen zufammengestellt. — *bh* und *mh* bezeichnen im Allgemeinen unfer w², z. B. *mo bhaile* (mein Dorf), *sibh* (ihr); im Inlaut neben dunkeln Vokalen wird der Laut zu w¹, alſo gleich dem engliſchen w, z. B. *a leabhar* (ſein Buch). *ch* bezeichnet unſern Laut χ und zwar neben dunkeln Vokalen das velare, neben hellen das palatale χ, z. B. *mo chara* (meine Freude), *loch* ein (See), *chidhim* (ich ſehe). *dh* und *gh* bezeichnen unſern Laut j und zwar neben hellen Vokalen das palatale, neben dunkeln das velare j, z. B. *a gheineamhuin* (ſeine Geburt), *mo ghuth* (meine Stimme). *fh* ist stumm, z. B. *an fhir* (ein Mann), gespr. wie a n i r. *ph* ist unſer Laut f¹, z. B. *a phais* (ſein Leiden). *sh* und *th* werden wie einfaches h gesprochen, z. B. *mo shólás* (mein Trost), *a theanga* (ſeine Zunge). Statt der hier von uns gebrauchten Schreibung werden dieſe Laute in der iriſchen Grammatik zuweilen durch Ueberpunktirung bezeichnet, alſo *ḃ*, *ṁ*, *ċ* etc.

V. Eklipſis (Verdunkelung des Anlauts). Wenn der phonetiſche Anlaut eines Wortes allzuſehr von der herkömmlichen Schreibung desselben ſich entfernt hat, ſo schreibt man den wirklich gesprochenen Laut, durch einen Bindestrich getrennt, dem Worte voran und man ſagt dann: der (historische) Anlaut ist durch den vorangestellten Buchstaben, d. i. den wahren (phonetiſchen) Anlaut verdunkelt worden („is eclipsed"). Beispiele: *ár m-bhaile* (unſer Dorf), *ár g-ceart* (unſer Recht), *ár n-Dia* (unſer Gott), *ár n-gearán* (unſere Klage), *an bh-fuil tu* (bist Du?), *ár b-péin* (unſere Strafe), *an t-slat* (die Rute), *ár d-teine* (unſer Feuer). Dieſe Worte werden alſo gesprochen als ob da stünde *ár maile*, *ar nia* etc.; in Bezug auf die Verdunkelung des *g* durch *n* ſei bemerkt, dass das *n* in dieſem Falle der Gutturalnaſal, das γ unſers Systems ist. In der ältern Orthographie wurden statt der hier angegebenen Methode die (historischen) Anlaute verdoppelt, alſo statt *a g-clann* schrieb man *a cclann* (ihre Kinder).

Man ſieht, die iriſche Sprache ist, trotz ihres einfachen Alphabets, in eine recht complicirte und verwirrende Orthographie geraten, ja dieſelbe ist, nebst der ihr verwandten bretoniſchen, gaeliſchen etc., vielleicht die schwierigste unter allen Schreibungen, die überhaupt auf phonetischer Grundlage ruhen. Man wende nicht ein, dass die englische Orthographie noch schlimmer fei; diefer Vergleich ist unstatthaft. Das Englische wird phonetisch freilich noch unvollkommener bezeichnet, als irgend eine keltische Sprache, aber dasselbe ruht gar nicht mehr auf phonetischer Grundlage, es darf alfo auch danach nicht beurteilt werden. Wer *Leicester, Southwark, colonel* schreibt und *Lester, Söddrik, cörnel* spricht, der will durch feine Schrift die Laute feiner Rede gar nicht bezeichnen, fondern er stellt blos graphische Wortbilder auf, welche durch das Auge dem Geiste die richtige Vorstellung zuführen; wie fie zu sprechen feien, das bleibt lediglich der Tradition und Erinnerung überlassen. Ob diefe (englische) Methode überhaupt eine gute fei, darüber find bekanntlich die Meinungen fehr geteilt; einer der grösten Linguisten Englands*) nennt fie „abscheulich und fast lächerlich unvollkommen." Jedenfalls darf weder die irische noch irgend eine andere, auf wirklicher Lautschreibung beruhende Orthographie fich auf die englische als Entschuldigung berufen, und noch widerfinniger wäre es — wie zwar nicht in Irland, wol aber in Deutschland verfucht worden ist — fie nachahmen zu wollen.

3. Und fo stünden wir denn wieder auf dem Boden der Heimat und bei ihren Bedürfnissen. Der erste Anblick unfers Lautfystems, unfer Alphabet, ist nicht eben erfreulich; und der Umstand, dass die meisten feiner Mängel uralt und weitverbreitet find, ist für uns kein Grund, fie für gut und unantastbar zu halten. Das deutsche Alphabet enthält zunächst mehrere unnötige Zeichen: v (neben f, w), c (neben k), q, x, z (statt kw, ks, ts). Dagegen fehlen ihm einfache Zeichen für die Laute χ und ṣ, es erfetzt fie durch phonetisch finnlofe Buchstabengruppen: ch und sch, die historisch freilich erklärbar (denn welches Vorhandene wäre es nicht?), darum aber wahrlich nicht berechtigt

---

*) William Jones, Stifter der *Asiatic Society* und Gründer des Sanskritstudiums in Europa. Die betreffende Stelle lautet: „*Our English alphabet and orthography are disgracefully and almost ridiculously imperfect.*" Vgl. Raumer, Gef. spr. Schr. p. 127.

find. Zwei Laute, phon. s und ſ, vermischt es auf eine wahrhaft widerfinnige Weiſe, indem es den erſteren *in fractura* durch ß, ŝ, ſſ, ſ, alſo durch vier, *in antiqua* durch sz, ss, s, ſs, ſſ, ſ, alſo gar durch ſechs verſchiedene Zeichen giebt, von denen dort eines (ſ), hier zwei (s und ſ) auch für den weichen Laut dienen müſſen. Der Laut γ wird bald durch ng, bald durch bloses n gegeben, im letztern Falle mit einem ganz anderen Laute ſich vermiſchend. Den wenigſtens dialektiſch vorkommenden Laut ſ kann es gar nicht ausdrücken. Die Ordnung der Buchſtaben iſt eine prinziploſe, alſo gar keine; ihre Namen ſind auf die mannigfachſte und ſeltſamſte Weiſe gebildet oder auch wohl gar nicht vorhanden. Und dieſes Gebäude bildet die Vorhalle der Wiſſenſchaft! Zu dieſer Unordnung wird der zarte Geiſt des Kindes hingeführt und ſoll in der Aneignung derſelben die erſten Kräfte üben lernen! In dieſen Vorſtellungen verharren dann Millionen ihr Lebelang! Kein Wunder, dass bisher von einer Lautwiſſenſchaft kaum die Rede ſein konnte; der erſte Unterricht ſorgt dafür, das jedes geſunde Gefühl auf dieſem Felde erſtickt werde. Wäre es wirklich etwas ſo Entſetzliches, dieſe ganze ehrwürdige Garderobe früherer Zeiten dahin abzuliefern, wohin ſie gehört, in's hiſtoriſche Muſeum, und der Gegenwart einfach die **Wahrheit** zu bieten, indem man ſagte: Das deutſche Lautſyſtem hat folgende Laute:

I. Vokale:
1. Einfache: *a, e, i, o, u, ö, ü*.
2. Diphthongiſche: *au, ei, eu*.

II. Conſonanten:
1. Lippenlaute: *ma, ba, pa, wa, fa;*
2. Zahnlaute: *na, da, ta,* { *ſa, sa, (ſa), ṣa,* } *ra, la;*
3. Gaumenlaute: *γa, ga, ka, ja, χa.*
   Dazu der Hauchlaut: *ha.*

In wie weit dieſe Aufſtellung des wahren Sachverhalts unſere bisherige Schrift beeinfluſſen würde, beeinfluſſen müſste: dies iſt dann eine Sache für ſich. Allerdings glaube ich, dass wenn erſt der phonetiſche Beſtand ſo zu lagen officiell anerkannt wäre, die äusere Regelung, gleichſam die Codificirung desselben, nur noch eine Frage der Zeit ſein könnte.

4. Von Lautſyſtem und Schrift zu unterscheiden ist die Orthographie einer Sprache, wie nahe ſie auch mit beiden zuſammenhänge. Ich habe in den früheren Erörterungen mehrere Punkte hervorgehoben, wo wir Deutsche, auch abgeſehen von den unzureichenden Mitteln unſeres Alphabets, unſere Sprache in ungenügender, unconsequenter und den natürlichen Lautverhältnissen widersprechender Weiſe bezeichnen. Es ist an der betreffenden Stelle jedesmal angegeben worden, wo der Uebelstand liegt und wie derſelbe vermieden werden könnte, wobei natürlich nicht behauptet werden ſoll, dass er eben nur ſo zu heben ſei. Zur bessern Ueberſicht folge hier eine Zuſammenstellung dieſer bedenklichen Punkte und die Löſung der dabei obwaltenden Mängel nach der früher entwickelten Methode, wobei man ſich jedoch erinnern möge, dass dies einstweilen rein theoretisch, lediglich vom Standpunkte phonetischer Transscription aus, geschieht.

I. Behandlung des Auslauts. *al* (omnis), Gen. *alles*; *her* (dominus), G. *herren*; *kan* (possum), *können* (posse); *kam* (pecten), G. *kammes*; *trup* (turba), G. *truppes*; *trit* (gressus), G. *trittes*; *stok* (baculus), G. *stokkes*; *ṣif* (navis), G. *ṣiffes*; *has* (odium), G. *hasses*; *fiṣ* (piscis), G. *fiṣses*; *daχ* (tectum), G. *daχχes*. Ferner bei streng phonetischer Schreibung: *kalp* (vitulus), G. *kalbes*; *korp* (corbis), G. *korbes*; *walt* (ſilva), G. *waldes*; *mort* (homicidium), G. *mordes*; *balk* (fellis), G. *balges*; *berk* (mons), G. *berges*; *brîf* (epistola), G. *brîwes*.

II. Behandlung des Längezeichens. *âl* (anguilla), G. *ales*; *hêr* (exercitus, praeclarus, huc), Pl. *here*; *kân* (scapha), G. *kanes*; *kâm* (veniebam), Pl. *kamen*; *ṣâf* (ovis), G. *ṣafes*; *mâs* (modus), G. *mases*; *wûs* (lavabam), Pl. *wûṣen*; *bûχ* (liber), G. *buχes*. — *mâlt* (molit, pingit), Pl. *mâlten*; *bârt* (barba), G. *bârtes*; *bane* (viam operio), 2. Perſ. *bânst*, Pl. *banen*; *pfêrd* (equus), Pl. *pférde*; etc.

III. **Behandlung der Gemination vor Flexionsſilben:** *harre* (exspecto), 2. Perſ. je nach Bedürfnis *harrſt* oder *harſt*, 3. Perſ. *harrt* oder *hart*, vgl. § 20. 6. B. am Schluss; ganz ebenſo verhält es ſich natürlich mit *renne* (curro), 2. Perſ. *renſt*, 3. Perſ. *rent; hoffe* (spero), 2 Perſ. *hofſt*, 3. P. *hoft*, Prät. *hofte*; etc.

IV. **Behandlung der Ziſchlaute.** *mâs* (modus), G. *maſes; eis* (glacies), G. *eiſes; fûs* (pes), G. *fuſes; ṣôs* (gremium), G. verſchieden nach den Landſtrichen: *ṣoses* und *ṣoſes; has* (odium), G. *hasses; fas* (dolium), Pl. *fässer; glas* (vitrum), *gras* (gramen), in manchen Landſtrichen *glâs, grâs*, die Genitive durchweg *glaſes, graſes; reiſen* (iter facere), *reisen* (vellere); *weiſen* (indicare), *weisen* (album reddere); *muſe* (muſa), *muse* (otium); *nieſen* (sternutare), *geniesen* (frui); *haſe* (lepus), *mase* (modo); *ſand* (arena), *ſegel* (vexillum), *ſiχχel* (falx), *ſorge* (cura), *ſuχen* (quaerere); *spalten* (findere), *stein* (lapis), *sklave* (servus); *ṣâr* (caterva), *ṣere* (forfex), *ṣirm* (tutela), *ṣôn* (jam), *ṣuts* oder bei Beibehaltung der Doppelzeichen: *ṣuẓ* (tutela); *raṣ* (celer), Pl. *raṣṣe; buṣ* (frutex), Pl. *büṣṣe; flaṣṣe* (lagena); *kaſeln*, dialektiſch (in glacie protrudi), *luſe*, dialekt. (lacuna).

V. **Landſchaftliche Unterſchiede**, die auch in der Sprache der Gebildeten ſich finden:

1) *taχ, truχ, balχ, berχ, marχt;* im nördlichen Deutschland vielfach, aber nicht allgemein.

2) *spalten, spriγγen, stellen, sklave, geist, ist, verwaist;* ſo, genau nach der Schreibung, im nordweſtlichen Deutſchland; *ṣpalten, ṣpriγγen, ṣtellen, ṣklave, geiṣt, iṣt, verwaiṣt;* Sprache des ſüdweſtlichen Deutſchlands.

3) *laγ, geſaγ, diγ, juγ;* in Schwaben, am Niederrhein und überhaupt im weſtlichen Deutſchland häufig, ohne dass ich genaue Grenzen angeben kann.

4) *sand, sér, siχχel, sonne, suppe, sauer* etc.; im gröſten Teile Süddeutſchlands, doch mit vielfachen Ausnahmen, namentlich auf der Bühne und Kanzel nicht

felten durch die norddeutſche Form *fand, fér, fix-xel* etc. erfetzt.

5) Die verſchiedene Ausſprache des Buchſtaben G als phon. g, j, χ gehört ebenfalls hierher; ſie bedarf jedoch einer genaueren Unterſuchung als ich bis jetzt anzuſtellen vermochte; die Hauptzüge ſind § 18. 2 angegeben.

5. Wie weit eine ſolche ſtreng phonetiſche Schreibung für die Orthographie der einzelnen Sprachen anwendbar ſei: dies zu beantworten, iſt nicht mehr Sache dieſes Buches. Dasſelbe hatte blos die Aufgabe, das natürliche Syſtem der Sprachlaute in ſeiner grosartigen Einfachheit und Regelmäſigkeit darzulegen, zu zeigen wie die Schreibung der wichtigſten Culturſprachen ſich zu dieſem natürlichen Stande der Dinge verhält, endlich eine Methode anzugeben, wie man ſelbſt unter Beibehaltung hiſtoriſch überlieferter, allgemein bekannter Zeichen, dennoch die lebendige Rede mit ziemlicher Genauigkeit und Conſequenz fixiren könne. Ob aber dieſe Methode geeignet ſei, die alte mit tauſend Wurzeln in das Nationalleben verwachſene Schreibung zu verdrängen, dieſe Frage erforderte eine ganz neue Unterſuchung und die Antwort würde jedenfalls in Bezug auf die einzelnen Sprachen ſehr verſchieden ausfallen. Nur im Allgemeinen erlaube ich mir zu bemerken, dass die deutſche Sprache ihre Schreibung ganz entſchieden auf phonetiſcher Grundlage errichtet hat und dass die Mängel ihrer Orthographie eben nur darin beſtehen, dass ſie dieſer Grundlage nicht treu bleibt, ſondern vielfach etymologiſchen und grammatiſchen Rückſichten dabei Gehör ſchenkt. Im 13. Jahrhundert, jenem geiſtig regen und lebensfriſchen Zeitalter, war man, wenn auch unbewusst, gleichſam kindlich-naiv, nur aus geſundem Inſtinkt, der phonetiſchen Schreibung auserordentlich nahe, ſoweit dies eben ohne Kenntnis der Lautwiſſenſchaft und bei fortdauernder Anlehnung an die lateiniſche Bezeichnungsweiſe überhaupt möglich war. Während der folgenden, literariſch meiſt ſo unfruchtbaren, Zeiten verwilderte die Schreibung

und ſelbſt die um jene Zeit durch Einwirkung der Reichstage und kaiſerlichen Kanzleien ſich bildende deutſche Gemeinſprache, welche dann durch Luther's Bibel gleichſam die Weihe erhielt, hat auf die Schreibung der Sprache, lautlich genommen, nur wenig Einfluss gehabt. Erst das Aufleben der Literatur im 17. Jahrhundert fixirte nicht blos Grammatik und Metrik, ſondern ſchuf auch die „Orthographie". Leider war dieſes Aufleben nicht auf frei menſchliche und volkstümliche Entwickelung gebaut, ſondern auf Buchgelehrſamkeit, und dieſer Charakter hat ſeinen Stempel, wie andern Erſcheinungen jener Zeit, ſo auch der Schreibung aufgedrückt, und wie gründlich wir jene Zuſtände auf anderen Gebieten überwunden zu haben glauben, auf dieſem tragen wir noch heut ihre Fesseln. Es kann demnach die deutsche Orthographie nur dadurch wahrhaft zu einem Abschluss kommen, dass man zurückkehrt — nicht zu der Schreibung unſerer alten Zeit, nicht zu den ihr angehörigen und nur für ſie paſſenden Wortbildern, ſondern zu dem Geiſt jener Schreibung, zu dem ihr zu Grunde liegenden Prinzip: dem phonetiſchen. Höchſtes Ziel aber desselben ist: **Aussprache und Schreibung in genaueste Uebereinstimmung zu bringen, und die Schrift ſelbſt auf Grundlage der natürlichen Lautverhältnisse zu regeln.**

6. Die Anerkennung dieſes Prinzips und das bewusste Streben, es immer reiner in der Schreibung unſerer Sprache zu verwirklichen, gilt mir als Hauptſache; wie weit man für den Augenblick damit gelange, als untergeordnet; gerade über das Mas des hiebei Wünſchenswerten werden die Anſichten weit auseinandergehen. Ich pflichte vollkommen dem Satze Rudolf von Raumer's bei, dass auch eine minder gute Orthographie, wofern nur ganz Deutſchland darin übereinſtimmt, einer vollkommneren vorzuziehen ist, wenn dieſe vollkommnere auf einen Teil Deutſchlands beſchränkt bleibt und dadurch eine neue keineswegs gleichgültige Spaltung hervorruft. Aber ſollte wirklich dieſe Uebereinstimmung nur dadurch erkauft werden können, dass man ſich einfach der

bisherigen Schreibung unterordnet und lediglich da, wo der Gebrauch bereits schwankt, das phonetische Prinzip zur Geltung bringt? Mit andern Worten: Darf man den Fortschritt auf diefem Felde lediglich der stillen Gewalt der Zeit und der wachfenden Erkenntnis der Vielen überlassen? Ich fürchte, alsdann wird unfer Ziel in fehr weite Ferne rücken, wo nicht gar völlig entrückt werden. Alle Achtung vor der fiegenden innern Macht der Wahrheit und ihrem Einfluss auf das Tun der Menschen, nur verlange man nicht zu viel von ihr. Der Instinkt der Massen ahnt wol im Allgemeinen die Richtung, aber er kennt nicht die Wege; diefe letzteren den Unkundigen zu zeigen, den Schwachen zu bahnen, auf ihnen die Gleichgültigen mit fortzureisen, dazu hat es von jeher der Führer bedurft und diefe Führer find in dem hier vorliegenden Falle die Männer der Wissenschaft. Wäre es zu viel verlangt, dass diefe gegenüber den Hauptgebrechen unferer Orthographie die Fahne des phonetischen Prinzips erhüben, unbekümmert darum, ob ihnen Zehn oder Hundert oder Taufende folgen? Die nationale Einheit der deutschen Schreibung kann heut zu Tage dadurch nicht mehr gefährdet werden. Es schreiben gegenwärtig viele Taufende gewisse Wörter ohne h, die noch vor wenig Jahrzehnten allgemein mit diefem Zeichen geschrieben wurden und von Millionen es noch heute werden; natürlich spiegelt fich diefes Verhältnis auch in den Drucken ab, aber es scheint durchaus nicht, dass dadurch Deutschland landschaftlich irgendwie zerklüftet werde; es find vielmehr in allen Landstrichen die Denkenden und Energischen, welche in diefer Beziehung vorangehen und die Andern kommen allmälig nach. Hier ist der Ort, wo fich das Vertrauen auf die Macht der Wahrheit und der Zeit bewähren wird. Die Ersten, welche jene Weglassung unternahmen, standen freilich fehr einfam da, es wird ihnen gegenüber an Achfelzuckern nicht gefehlt haben; das muss fich Jeder gefallen lassen, der Neues beginnt; alles Leben entwindet fich nur unter Kampf und Schmerz dem Schose des Nichts, die Ueberwindung diefer Hemmnisse ist der erste Prüfstein der Lebensfähigkeit, fie dürfen Niemanden schrecken. Als im 16. Jahrhundert Männer wie Lionardo Salviati es unternahmen ihre italienische Muttersprache, welche damals noch überwiegend etymologisch geschrieben wurde, in die Bahnen der Phonetik zu leiten, als fie statt *apto* (aus lat. *aptum*), *decto* (lat. *dictum*) das wirklich gesprochene *atto*, *detto* zu schreiben wagten, war das etwa weniger kühn als wenn wir uns entschlössen die Zischlaute zu regeln oder gewisse einfache Laute durch einfache Zeichen zu geben? Lag in dem langgestreckten, durch politische und fociale Contraste tief zerrütteten, Italien die Gefahr einer orthographischen Spaltung etwa ferner als bei uns? Wir meinen das entschiedenste Gegenteil und gleichwol fand diese Spaltung nicht statt, fondern das Vernünftige fiegte über das Herkömmliche und gegenwärtig erfreuen fich die Italiener unter allen Nationen der Erde der am meisten phonetischen, ja bis auf wenige Punkte einer phonetisch-correcten Orthographie.

7. Und was ihnen möglich war, das follte uns Deutschen nicht möglich fein? Man hat die Forderungen der Phonetik damit abweifen wollen, dass es in Deutschland gar keine eigentliche Gemeinsprache gebe, jedes Dorf dürfe fonach mit vollem Rechte auf eine befondere Schreibweife Anfpruch machen. Diefe Behauptung ist namentlich durch Rudolf von Raumer als nichtig dargetan worden und darf gegenwärtig als ein überwundener Standpunkt gelten. Es giebt eine deutsche Gemeinsprache der Gebildeten, die fich von allen Volksmundarten unterscheidet, und diefe möglichst genau und unter Beobachtung der phyfiologischen Lautverhältnisse graphisch zu fixiren, dies halte ich für das höchste Ziel der deutschen Orthographie. Dass dabei gewisse Punkte streitig oder offen bleiben müssen, ist mir fehr wol bewusst, aber diefe Ausnamen ändern an dem Princip felbst nichts. Man halte fich in folchen Fällen an das, was einstweilen das allein Gemeinfame ist: die **bisherige Schreibung**, und überlasse es der auch auf diefem Gebiet fichtlich nivellirenden Zeit, diefe äusere Uebereinstimmung

in eine innere zu verwandeln, welcher dann, wohin fie fich auch wende, die Schreibung zu folgen hat. Uebrigens find diefe Fälle keineswegs fo zahlreich, wie die Gegner der Phonetik uns wollen glauben machen, und es bleibt neben ihnen ein überreiches Feld zu bebauen. Möchten der Arbeiter darauf recht viele fein, die nicht blos wissen, was Not tut, denn das ist eigentlich heut zu Tage nicht mehr fo schwer, fondern die auch den Mut und die Energie befitzen, das auszuführen, was fie als das Richtige erkannt haben. Leider ist die Kraft zu handeln bei uns Deutschen nicht eben fonderlich entwickelt, man wartet fo gern ab, was die Andern tun werden und darum warten fo Viele vergeblich. Die Ordnung der Länge und Kürze, die Sichtung und Sonderung der Zischlaute, die Einführung einfacher Zeichen für alle einfachen Laute: in diefen drei Punkten liegt der Kern des Ganzen, alle übrigen Fragen verschwinden in der deutschen Schreibung an Wichtigkeit neben diefen! Welch eine grose und dankbare Aufgabe böte fich hier den Herausgebern unferer sprachwissenschaftlichen Zeitschriften, unter denen ja überdies Männer fich befinden, welche ihr Interesse für die Lautwissenschaft bereits durch Schrift und Rede mehrfach bewährt haben! Oder glaubt man vielleicht, es handle fich hier um Kleines und Nebenfächliches? Viele mögen freilich fo denken, Andere aber in und auserhalb Deutschlands haben es längst erkannt, dass die Schreibung einer Sprache geradezu eine wichtige Nationalfache ist und in der Tat hängt die Behandlung derfelben mit den übrigen Zuständen eines Volkes wol enger zufammen als man gewönlich annimmt. Es ist bedeutungsvoll, dass die Italiener, ein in wissenschaftlicher und künstlerischer Hinficht fo hoch stehendes Volk, welches von jeher einen energischen Nationalfinn bewiefen, auch ihre Sprache in einer wunderbar klaren und durchfichtigen Weife schreiben, während umgekehrt jener absterbende, in materieller, focialer und politischer Hinficht verkommene Zweig der europäischen Völkerfamilie: der keltische, eine Orthographie ausgebildet hat, welche in manchen Punkten an's Groteske streift. Und fo erscheint es mir denn auch als kein Zufall, dass unfere jetzige „elende" Orthographie (wie fie ja taufendfältig genannt wird), im 17. Jahrhundert fich festgefetzt hat, einer Zeit, die auch politisch für unfer Vaterland eine fo trübe war. Möge der neue Tag, den wir Alle fo fehnfuchtsvoll erwarten und deffen Frührot wir bereits zu grüsen meinen, auch in diefer Sphäre ein neues Leben schaffen!

---

§ 25.
Ein neues Schriftfystem
auf Grund der natürlichen Eigenschaften der Laute.

1. Von dem nationalen und populär-praktischen Gebiet, auf dem wir zuletzt weilten, wenden wir den Blick nun noch einmal zurück zu einer streng wissenschaftlichen Angelegenheit, welche als folche zunächst freilich ein allgemein menschliches Interesse bietet, die indess dem Volke, welches fie energisch zu ergreifen verfteht, ficherlich auch nationalen Ruhm und Vorteil bringen wird. Es handelt fich nämlich um die Methode, wie die Lautvorgänge der menschlichen Sprache mit wissenschaftlicher Schärfe zu bezeichnen feien, mit andern Worten: um ein **phonologisches Schriftfystem**. Die in § 4 aufgestellte Buchstabentabelle war nur ein Notbehelf, wie er unter den jetzigen Verhältnissen gar nicht zu entbehren ist und welcher nur dazu dienen follte, eine leidliche Verbindung zwischen der historischen Schrift und den phonetischen Forderungen herzustellen. Diefe Verbindung konnte nur auf dem Punkte angebahnt werden, wo das historische Gebiet bereits felbst die Notwendigkeit einer Reform der alten Lautbezeichnung empfunden hat, auf dem Boden der „vergleichenden Grammatik." Diefe letztere ist bereits durch rein historische Umftände gezwungen worden, für eine Menge von Lauten nach neuen Buchstaben zu fuchen und hat fich dadurch geholfen, dass fie die alten

Buchstaben mehrfach durch hinzugefügte diakritische Zeichen spaltete, ist indess dabei niemals über das momentane Bedürfnis hinausgegangen. Ich habe nun in jener Tabelle lediglich diefe Beschränkung aufgehoben und auf Grund des in der vergleichenden Grammatik eingeschlagenen Verfarens das allgemeine phonetische System darzustellen gefucht; es war dies ja auch das einzige Mittel, wie ich in diefem Buche Transscriptionen auszuführen vermochte, wofern ich nicht zu Brücke's „Indices" greifen wollte. Für phonetische Schreibung im Allgemeinen, foweit es fich dabei um gewönliche Schrift oder um wissenschaftliche Bestimmungen im weitern Sinne des Wortes handelt, war die eben besprochene Methode ausreichend. Für die höheren Ziele der Lautwissenschaft reicht diefelbe nicht hin. Es fehlt ihr zunächst ein durchgreifendes Mittel, um das bei Dialektforschungen, bei Beobachtung der individuellen Sprache und der historischen Lautentwickelung fo wichtige Moment der **unvollkommnen Lautbildung** darzustellen. Nun könnte man zwar auch hiebei wieder zu einem diakritischen Zeichen feine Zuflucht nehmen, aber schon die Wahl desselben macht Schwierigkeit. Das von Brücke (Grundz. p. 23) für die unvollkomme Vokalbildung angewandte nach links gekrümmte Häkchen unterhalb des Buchstabens (a, e, i, o, u) könnten wir z. B. bei den nafalirten Vokalen schon nicht gut brauchen, da es hier mit dem Zeichen der Nafalirung in's Gedränge käme, und bei den Confonanten noch weniger, da wir bereits die Denti-Labialen und Interdentalen auf diefe Art bezeichnen. Ein dafür zu fetzender Punkt ginge der Cacuminalen und Faucalen wegen nicht. Ein horizontaler Strich fieht, wenigstens in der **Handschrift**, die doch auch zu berückfichtigen ist, fo aus, als ob der Buchstabe befonders hervorgehoben werden follte (man unterstreicht ja auch fonst zuweilen einen oder den andern Buchstaben) und hätte bei vielen Lauten noch feine befondern Schwierigkeiten, da er mit andern Zeichen unter dem Buchstaben collidirte. Das betreffende Zeichen **über** den Buchstaben zu fetzen, würde die Accentuation und Dauerangabe erschweren und verwirren; um es hinein zu setzen, dazu eignet sich die Gestalt der herkömmlichen Buchstaben nicht recht; es würde entweder undeutlich bleiben oder den betreffenden Buchstaben beeinträchtigen. Indess liese sich von dieser Seite am Ende doch wol Rat schaffen, aber der Hauptübelstand bleibt, dass auf diese Weise eben nur die unvollkommene Bildung im Allgemeinen bezeichnet würde; während es doch, wenigstens bei den Consonanten, häufig wünschenswert ist, anzugeben, in welcher Art der betreffende Laut unvollkommen gebildet sei, und da versagt das hier anzuwendende Mittel vollends seinen Dienst. — Und wie soll man die Reduction der Laute bezeichnen? Und wie die zusammengesetzte Lautbildung? Soll man im letzteren Falle die betreffenden Zeichen lediglich neben einander setzen, also z. B. das arabische *Cha* durch $\chi\varrho$ und *Ghain* durch $j\varrho$ ausdrücken? Das würde natürlich etwas ganz Anderes: Aufeinanderfolge, aber nicht Gleichzeitigkeit bedeuten. Man müsste also irgend ein Verbindungszeichen anbringen, Brücke bedient sich in seinen „Grundzügen" der Klammer [ ]; aber abgesehen davon, dass in manchen Fällen, bei zusammenhängendem Text, eine solche Klammer auch ganz anders gedeutet werden könnte, so bleibt dabei ja auch immer noch die Andeutung des Hintereinander, welche eben störend ist; man wird den Gedanken nicht los, dass der zuerst stehende Buchstabe auch zuerst gesprochen werden müsse. Und wie soll man sich vollends bei *Hha* und *Ajin* verhalten? Ja endlich sogar die Zeichen für Betonung und Dauer der Laute, welche wir später in Bezug auf neuerfundene Lautzeichen mitteilen werden und von denen man vielleicht behaupten könnte, sie liesen sich auch auf die alten Buchstaben anwenden, versagen hier schlieslich ihren Dienst, weil sie zum Teil mit schon gebrauchten diakritischen Zeichen für die Unterscheidung der Laute selbst collidiren oder die Setzung derselben erschweren. So tritt denn die Notwendigkeit immer klarer hervor, das Gebäude der Schrift, wenn auch zunächst nur für lautwissenschaftliche Zwecke, von Grund aus neu zu errichten, es bedarf hier der Aufstellung neuer Zeichen für die Laute felbst, d. i. neuer Buchstaben.

2. Diefe neuen Buchstaben nun würden ihrer nächsten Bestimmung, wie fie eben dargestellt wurde, allerdings schon genügen können, wenn fie auch nur aus irgend welchen willkürlichen Zeichen bestünden, fofern diefelben nur deutlich von einander zu unterscheiden wären und geeignet, die Chiffern für die accessorischen Lautverhältnisse bequem in fich aufzunehmen. Auch die lateinischen Buchstaben, wie überhaupt alle historisch auf uns gekommenen Lautzeichen, verhalten fich ja in Bezug auf den Charakter der durch fie vertretenen Laute völlig indifferent und wir räumen fogar ein, dass die Einfachheit der Zeichen und demzufolge die Kürze und Geläufigkeit der Schrift dabei gewinnen würde, wenn die neuen Buchstaben diefem Beispiele folgten. Aber es handelt fich hier nicht darum, stenographische Vorzüge in unfer altes Schriftfystem einzuführen, fondern um die Frage: welches die beste wissenschaftliche Methode fei, einen Sprachlaut zu bezeichnen. Und da kann die Entscheidung wol nicht anders ausfallen als dahin, dass die Zeichen die besten fein werden, welche eine möglichst fymbolische Gestalt haben, fo dass die einzelnen Verhältnisse der Lautbildung fämmtlich durch bestimmte Teile oder Glieder des Lautzeichens charakterifirt werden, mit andern Worten: schon die Form des Buchstabens muss das Wefen des Lautes enthüllen. Die Aufgabe, welche diefes „phonetische Alphabet" zu löfen hätte, wäre demnach eine doppelte. Zunächst foll dasselbe vermittelst bestimmter, in allen verwandten Buchstaben wiederkehrender Chiffern die phyfiologische Bildung der Laute in Bezug auf die homorganen und homogenen Reihen ausdrücken, fo dass man aus dem Buchstaben fofort erkennt, ob derfelbe einen labialen, dentalen, gutturalen Laut bezeichne, ob einen Nafal, eine Muta, eine Spirans etc. etc., alfo lauter Dinge, welche man bei den historischen Buchstaben nur vermittelst der Tradition wissen kann und wobei der Hauptgewinn in der innern Befriedigung besteht, welche ein gefunder Sinn überall da

empfindet, wo ihm unter einer Fülle finnlicher Eindrücke ein intellectueller Zufammenhang entgegentritt, fo dass Inhalt und Form einander vollkommen entfprechen. Auserdem aber foll diefes neue Zeichenfyftem auch materiell eine Vervollkommnung der bisherigen Schrift begründen, indem es gewiffe Eigentümlichbkeiten der Sprache graphisch zu fixiren verfucht, auf welche bis jetzt die Schreibung noch wenig oder gar nicht Rückficht genommen hat, ja bei ihrer Natur kaum Rückficht nehmen konnte. Dahin gehört die genauere Bestimmung der Vokale, der Dauer eines Lautes, der unvollkommenen Lautbildung, des Verhaltens des Kehlkopfes, manchmal fogar der Stimmfärbung; Dinge, durch welche die Sprache von Einzelnen wie von ganzen Volksftämmen wefentlich beeinflusst wird und welche bis jetzt niemals zum rechten Bewustfein gelangten, weil die Schrift fie unbeachtet lies und deshalb ihre Existenz — wie die Sachen nun einmal liegen — noch gar nicht wissenschaftlich anerkannt war. Dass folche Genauigkeit in Bezug auf die Schrift nicht immer und überall nötig ist, versteht fich von felbst; aber die Wissenschaft muss wenigstens die **Möglichkeit** befitzen, diefelbe jeden Augenblick eintreten zu lassen. Als eine Probe, mit welcher Kürze, Schärfe und Ueberfichtlichkeit vermittelst eines folchen Zeichenfyftems phonetische Bestimmungen aufgestellt werden können, geben wir im Tab. V. eine Transscription des schwierigsten unter allen Lautfyftemen der Cülturfprachen: des **arabischen**. Diefe Transscription verhält fich zu den in Spezialgrammatiken enthaltenen Lautbestimmungen (felbst wenn diefe letzteren immer richtig wären) wie eine mathematische oder chemische Formel zu ihrer Erklärung in Worten, oder vielleicht noch passender: wie ein architektonischer Grund- und Aufriss zu der typographischen Beschreibung eines Gebäudes.

3. Ein folches System phonetischer Zeichen hat Brücke aufgestellt und ich benutze dasselbe zu meinen linguistischen Arbeiten nun bereits feit fünf Jahren mit wefentlicher Förderung für diefelben. Der Gewinn beim Gebrauch desselben

besteht keineswegs blos darin, dass man dadurch in den Stand gesetzt ist, alle Lautverhältnisse mit fast mathematischer Schärfe zu bestimmen, fondern — und ich lege hierauf mindestens gleichen Wert — auch darin, dass man dadurch angeregt, ja gewissermasen gezwungen wird, diese Lautverhältnisse nicht einseitig, sondern nach allen ihren Beziehungen, den Laut in seiner Totalität zu betrachten. Es ist zu verwundern, dass dieses System von den Grammatikern bisher mit so auffallender Kälte behandelt wurde, ja von den Meisten gar nicht einmal gekannt wird. Indess, dies wird nicht immer so sein und ich an meinem Teile werde fortfahren, so weit meine Kräfte reichen, dafür zu arbeiten. Ich will auch dieses Buch nicht schliesen, ohne den wesentlichen Inhalt der Brücke'schen Erfindung in ihm mitzuteilen und zwar nach meiner Weise: möglichst synthetisch, während Brücke's Schrift, wie dies bei bahnbrechenden Arbeiten ja auch nötig ist, analytisch auftritt und schon dadurch für weitere Kreise etwas schwierig wird, falls die Leser nicht mit voller Liebe und Energie an's Werk gehen, etwas was im Allgemeinen nicht eben häufig der Fall ist. Diesem, übrigens rein äuserlichen und relativen, Uebelstande wünschte ich durch eine einfach synthetische Zusammenstellung abzuhelfen, welche auch dem Laien in der Phonetik sofort einen Ueberblick über das Ganze gewährt und ihn in den Stand setzt, später selbst das zartere Gefüge dem allgemeinen Fachwerk je nach seinem Bedarf einzuordnen. — Auserdem habe ich, nicht ohne Zögern und erst nach gewissenhafter Prüfung, mir erlaubt an dem Bau selbst einige Aenderungen vorzunehmen. Den Vorwurf, dass ich somit dem Leser gar nicht das unverfälschte System Brücke's, sondern ein Machwerk von mir unterschiebe, darf ich wohl ablehnen, da ich im 5. Abschnitt die nicht eben zahlreichen Unterschiede zwischen Brücke's Bezeichnungsweise und der meinigen im Wesentlichen angegeben und dadurch den Leser in den Stand gesetzt habe, zwischen beiden zu wählen; wer Genaueres über Brücke's Zeichen zu wissen wünscht, der muss eben dessen Schrift felbst auffuchen, einen Erfatz derfelben kann und foll mein Buch durchaus nicht gewären. Uebrigens gebe ich meine Aenderungen leichten Herzens einem Jeden preis, dem fie nicht gefallen; es find nichts als Vorschläge, die ich im Interesse der Sache zur Prüfung darbiete. Nur Eines bitte ich mir zu gewären: das Vertrauen, dass diefe Vorschläge nicht aus Willkür und Aenderungslust, fondern aus wirklich von mir empfundenem Bedürfnis hervorgegangen find; fie beruhen teils auf einem etwas abweichenden Standpunkt der Lautbetrachtung felbst, teils im Streben nach möglichster Vereinfachung und Abrundung der Zeichen, endlich in dem Wunsche, eine noch gröfere phonetische Genauigkeit in einzelnen Fällen zu erreichen, wie dies Alles an betreffender Stelle dargelegt werden wird. Auch möchte ich raten, nicht von vorn herein nach kurzer Kenntnisnahme über den Vorzug des einen oder des andern Zeichens zu entscheiden, dazu ist diefe Sache durchaus nicht angetan, fondern nach längerer praktischen Uebung mit phonetischen Transscriptionen. Es kommt übrigens hiebei gar nicht fo viel auf die Ausführung im Einzelnen als vielmehr auf das Prinzip des Ganzen an. Jene wird fich im Laufe der Zeit gewiss noch mannigfach ändern, vereinfachen, verschönern, diefes aber muss vor Allem dem jetzt lebenden Geschlechte zum Bewusstfein gebracht werden; es wird für die richtige Erkenntnis der Laute mehr leisten, als alle fonstigen Belehrungen in Schrift und Rede es vermöchten. Zunächst freilich ist dies eine wissenschaftliche Angelegenheit, es gilt die Quelle jahrhundertlanger Misverständnisse auf diefem Gebiet für immer zu befeitigen. Es liegt darin zweitens aber auch ein· nicht geringer Gewinn für zahlreiche praktische Fälle, z. B. bei Wörterbüchern, Grammatiken, Dialektforschungen, endlich für den Unterricht, in welchem es hohe Zeit wäre, die Jugend von dem bisherigen Chaos lautlicher Vorstellungen zu erlöfen, etwas wozu die Kenntnis und das Verständnis folcher Chiffern ein vorzügliches Mittel bietet, wenn auch zunächst nur für die reifere Jugend anwendbar. Drittens endlich handelt es fich hiebei um eine culturhistorische Errungenschaft, um ein Bindemittel des geistigen Verkehrs, welches, auf völlig neutralem Boden stehend, allen Völkern gleich fern und gleich nahe, eben darum keiner Eiferſucht ausgeſetzt ist und von Allen gepflegt und gefördert werden ſollte, denen die Sache der Culturentwickelung am Herzen liegt.

4. System einer phonetischen Schrift.

A. Zeichen für die Vokale.

Dieſelben bestehen aus einem Längsstrich in Verbindung mit einem Querstrich (Fahne). Die Stellung, bezüglich das Fehlen, der Fahne bestimmt die Art des Vokals. Auserdem gelten folgende Bestimmungen:

a) Die Naſalirung wird durch einen neben, bezüglich in das betreffende Vokalzeichen zu ſetzenden Punkt ausgedrückt, alſo ganz wie bei den Conſonanten; vgl. D. e.

b) Diphthonge werden durch bloſe Nebeneinanderstellung der betreffenden einfachen Vokale bezeichnet.

c) Halbdiphthonge erhalten ein unter die Linie zwischen beide Vokale zu stellendes „Trennungszeichen" (F. d.) Wird dabei einer von den Vokalen weſentlich an Dauer geschwächt, ſo muss noch hinter demſelben das „Reduktionszeichen" (F. c.) stehen.

d) Völlig getrennte, ſyllabiſch zu sprechende Vokale bekommen zwischen ſich das Trennungszeichen über der Linie; vgl. Tab. IV. K. 1.

e) Die Zwischenvokale, wo deren Bezeichnung nötig ist, werden durch einen Zuſatzstrich angedeutet, welcher an den nächstverwandten Vokal tritt; vgl. Tab. IV. A. 8—11.

f) Der unbestimmte Vokal wird durch eine aufrecht stehende z-förmige Schleife ausgedrückt; vgl. Tab. IV. A. 1; mit dem Zeichen der völlig geschlossenen Stimmritze verbunden, giebt er das Zeichen für den Spiritus lenis (IV. A. 2). Etwas verstümmelt und mit dem Zeichen der völlig offenen Stimmritze verbunden, giebt er das Zeichen für den Spiritus asper (IV. A. 3).

g) **Die unvollkommen gebildeten Vokale** werden durch eine horizontale Schleife bezeichnet, welche durch das eigentliche Vokalzeichen gezogen wird. Vgl. F. a.

Sämmtliche Vokalzeichen, mit Ausnahme des für den unbestimmten Vokal, bestehen aus geraden Linien, unterscheiden sich also von den Consonanten sehr bestimmt.

B. Zeichen für die Consonanten im Allgemeinen.

Was dieselben im Allgemeinen betrifft, so sind bei jedem der hier gebrauchten Buchstaben sowohl in horizontaler als in vertikaler Richtung drei Stellen zu unterscheiden, wobei von links nach rechts und von oben nach unten zu zählen ist. Eine jede dieser Stellen ist für einen besondern Teil des ganzen Buchstabens bestimmt. Im Grosen und Ganzen gelten dabei folgende Verhältnisse:

a. Vertikale Richtung.

Erste Stelle (oben). Zeichen für die Labialen.
Zweite Stelle (mitten). Zeichen für die Dentalen.
Dritte Stelle (unten). Zeichen für die Gutturalen.

b. Horizontale Richtung.

Erste Stelle (links). Zeichen für die besondere Artikulationsstelle.
Zweite Stelle (mitten). Zeichen für den Zustand der betreffenden Mundorgane (der „Lautritze").
Dritte Stelle (rechts). Zeichen für den Zustand des Kehlkopfs (der „Stimmritze").

Diese Uebersicht soll nur dazu dienen, die Verhältnisse im Ganzen, das Prinzip der Bezeichnungsweise, möglichst klar darzulegen; bei der praktischen Anwendung lässt sich wegen der notwendigen Verbindung der einzelnen Zeichen zu einem einzigen Buchstaben die vorgeschriebene Grenze nicht überall festhalten. Namentlich in zwei Fällen ist eine Verletzung derselben kaum zu vermeiden: 1) das Zeichen der Gutturalen muss in's mittlere vertikale Gebiet hineinreichen, 2) bei den Labialen steht das Zeichen für die Artikulationsstelle bequemer **gerade** über dem Zeichen für die Lautritze als **links** über ihm. Auserdem scheint es mir für die Gedrängtheit der Schrift fehr wünschenswert, gewisse Zeichen für den Zustand des Kehlkopfs nicht allzu streng an die dritte horizontale Stelle zu binden.

C. Zeichen für die Artikulationsstelle.

Sie stehen, etwa mit Ausnahme derjenigen der Labialen, horizontal an erster Stelle und find folgende:

    a. **Labiales.** Ihre Zeichen stehen vertikal an erster Stelle oder wie wir kürzer fagen: „über der Linie."

        aa) Reine Labiales. Ein nach rechts concaver Bogen. (Grundstrich.)

        bb) Denti-Labiales. Ein nach links concaver Bogen. (Grundstrich.)

    b. **Dentales.** Ihre Zeichen stehen vertikal an zweiter Stelle, oder wie wir kurz fagen: „auf der Linie."

        aa) Interdentales. Ein einfacher Längsstrich. (Grundstrich.)

        bb) Alveolares. Ein nach links concaver Bogen. (Haarstrich.)

        cc) Cacuminales. Ein nach rechts concaver Bogen. (Grundstrich.)

        dd) Denti-Palatales. Eine s-förmige Schleife. (Haarstrich.)

    c. **Gutturales.** Ihre Zeichen stehen vertikal an zweiter und dritter Stelle, d. h. fie beginnen auf der Linie und werden bis unter diefelbe hinabgezogen.

        aa) Palatales. Grundstrich, oben mit einem nach rechts und unten concaven Bogen.

        bb) Velares. Grundstrich, feitlich mit einem nach rechts und unten concaven Bogen.

        cc) Faucales. Grundstrich, oben mit einem nach unten convexen Bogen oder Winkel.

D. Zeichen für den Zustand der Mundorgane (der „Lautritze").

Sie stehen horizontal fämmtlich an zweiter Stelle und die von a—c genannten vertikal fämmtlich im mittleren Gebiet, d. h. auf der Linie.

a) **Festgeschlossene Mundorgane.** Ein nach rechts concaver Bogen. (**Mutae.**)

b) **Locker geschlossene Mundorgane.** Eine z-ähnliche Schleife. (**Spirantes.**)

c) **Vibrirende Bewegung der Mundorgane.** Ein nach links concaver Bogen, der übrigens des Anschluses wegen oft das Ausfehen einer s-ähnlichen Schleife bekommt. (**R- oder Zitterlaute.**)

d) **Seitliche Oeffnung der Mundorgane.** Ein auf der Linie beginnender und bis ins untere Gebiet hinabreichender Grundstrich. (**L- oder Murmellaute.**)

e) **Offenstehende Choanen.** Ein in die Oeffnung des Zeichens für die festgeschlossenen Mundorgane zu fetzender Punkt. (**Nafales oder Refonantes.**)

E. Zeichen für den Zustand des Kehlkopfs (der „Stimmritze").

Sie stehen horizontal fämmtlich an dritter Stelle, vertikal verteilen fie fich durch das zweite und dritte Gebiet, d. h. einige stehen auf, andere unter der Linie.

a) **Völlig verengte, alfo wirklich tönende Stimmritze.** Kein Zeichen. (**Lenes oder Sonantes**); vgl. Tab. II, Col. 2 und 4.

b) **Völlig offene, alfo gar nicht tönende Stimmritze.** Ein haarförmiger Aufstrich auf der Linie, zur besseren Hervorhebung oben mit einem grundirten Häkchen verfehen. (**Fortes oder Surdae**); vgl. Tab. II, Col. 3 und 5.

c) **Mäsig verengte, alfo flüsternde Stimmritze.** Das vorige Zeichen, aber nicht aufrecht, fondern nach rechts in eine s-förmige Schleife verzogen; vgl. Tab. IV, B. 1.

d) **Völlig geschlossene Stimmritze.** Ein kleiner, nach rechts concaver Bogen unter der Linie; vgl. Tab. IV, A. 2. B. 2.

e) **Vibrirende Stimmbänder.** Ein kleiner, nach links concaver Bogen unter der Linie. (**Laryngales oder niederdeutsches R**); vgl. Tab. IV, B. 5.

f) **Die Stellung des Kehlkopfs beim arabischen Ain und Hha.** Das vorige Zeichen mit kurzem Hinaufzug, fo dass das Ganze einen kleinen Winkel unter der Linie bildet, welcher feinen Scheitel nach unten kehrt; vgl. Tab. V.

g) **Den vertieften Klang der Stimme** bezeichne ich durch einen kleinen Grundstrich, welcher rechts neben den betreffenden Buchstaben gefetzt wird, wobei es nicht gerade nötig ist, dass er mit demfelben verbunden wird. Beisp. Das polnische gestrichene L. (Tab. IV, B. 6.). Das arabische Ddad und Zza. (Tab. V.).

h) **Den verhärteten Klang der Stimme** bezeichne ich durch die bei f) angegebene Chiffre, nur stelle ich diefelbe nicht wie beim Ain unter, fondern auf die Linie; Beispiele bieten das arabische Tta und Ssad.

Die hier unter d und e angegebenen Zeichen find in Wahrheit die nämlichen, welche oben unter D. a, bezügl. c aufgestellt wurden, nur dass fie hier an anderer Stelle stehen und kleiner gezeichnet werden. Diefe Uebereinstimmung ist eine notwendige, denn die betreffenden Vorgänge find dort wie hier die nämlichen: Schliesung, bezüglich Vibration; dort traten fie an Mundorganen, hier an den Stimmbändern auf.

F. Accessorische Zeichen.

Wir verstehen darunter folche, welche nicht mehr das Wefen der Laute, fondern zufällige Eigenschaften derfelben betreffen.

a. **Das Zeichen der unvollkommenen Lautbildung** besteht in einer Schleife, welche bei den Vokalen durch den Längsstrich, bei den Confonanten durch denjenigen Teil des Buchstabens gezogen wird, welcher das betreffende unvollkommen gebildete Lautmoment darzustellen hat;

aa) an erster Stelle stehend, bezeichnet es demnach, dass der betreffende Laut nicht mit scharf begrenzter Unterscheidung der Organe gesprochen wird. So z. B. können

Viele kein bestimmtes alveolares s sprechen, fondern nähern sich dabei dem s̗. (Lispeln.)

bb) an zweiter Stelle stehend, bezeichnet es, dass der betreffende Laut nicht mit kräftigem Verschluss oder fest innegehaltener Annäherung oder ficher ausgeführter Vibration etc. der Mundorgane, fondern unficher oder lallend ausgesprochen wurde. Beisp. Das R bei vielen Kindern.

cc) an dritter Stelle stehend, bezeichnet es, dass der Zustand des Kehlkopfes nicht völlig fo ist, wie das betreffende Zeichen, durch welches die Schleife gelegt wird, es erheischt. So z. B. gebe ich das von Czermak begehrte Zeichen für die halboffene Stimmritze durch den unter E. b. erwähnten Aufstrich, indem ich durch denfelben eine Schleife lege. Es wären hienach das holländische v und g durch die Zeichen für f, bezüglich für χ auszudrücken, nur dass der Hinaufstrich (das Zeichen der offenen Stimmritze) in beiden Fällen das eben besprochene Zeichen erhält.

Genaueres über den für mich fehr ausgedehnten Gebrauch diefes Zeichens fiehe unter 5. XI.

b. Das Längezeichen ist fowol für Vokale als Confonanten ein von rechts oben nach links unten gezogener Strich (Acutus), welcher unter die Linie und hinter den betreffenden Laut gefetzt wird. Bei den Confonanten vertritt alfo diefes Zeichen die Gemination derfelben, falls diefelbe nämlich überhaupt eine phonetische Bedeutung hat. Bei gewönlichen Längen (Längen ersten Grades) wird das Dauerzeichen einmal gefetzt, es kann aber auch öfter stehen. So z. B. ist das deutsche Wort *fâst* der gewönlichen Umgangssprache entstanden entweder aus *fâhest* oder aus *fâszest*; im erstern Falle bietet, bei scharf prononcirter Rede, das â eine Länge zweiten Grades, im andern dagegen nur eine des ersten Grades; dagegen wird in diefem letztern Falle das s in der Regel lang, ja mitunter als eine Länge zweiten Grades gesprochen. Vgl. Tab. IV. F. 7. 8.

c. Das Reductionszeichen deutet an, dass ein Laut wefentlich kürzer gesprochen werden foll als die gewönliche Dauer eines Lautes zu fein pflegt. Es besteht aus einem von links oben nach rechts unten gezogenen Strich (Gravis), welcher unter die Linie und hinter den betreffenden Laut gefetzt wird. So bei den meisten Halbdiphthongen, z. B. beim deutschen ui unter das u, beim franz. oi unter das o; ferner beim rz der Polen, ř (Ersch) der Tschechen, welche beide phonetisch = rſ̣ ſind, unter das r; ja dieſes letztere wird oft ſo ſehr verkürzt, dass es ein doppeltes Reductionszeichen erhalten müsste. Vgl. Tab. IV. B. 3. 7. H. 2. 5. u. a. m.

d. Das Trennungszeichen deutet an, dass zwei Laute nicht zu einem einzigen verschmolzen, ſondern einzeln ausgesprochen werden ſollen. Dasselbe besteht aus einer kleinen Null und wird zwischen die zu trennenden Laute geſetzt, bei völliger Trennung derſelben über die Linie, bei annähernder unter dieſelbe. Beispiele des erstern Falls bieten die Vokalverbindungen, welche mit Hiatus gesprochen werden, z. B. in dem ital. Worte *Gaeta*; Beispiele des letzteren die Halbdiphthonge, z. B. ital. uo, wobei häufig auch noch das Reductionszeichen nötig wird. Vergl. Tab. IV. K. 1. 3.

e) Der Accent eines Wortes ist entweder Hauptaccent oder Nebenaccent. Der erstere wird durch das Zeichen des Acutus, der letztere durch das des Gravis ausgedrückt. Beide Zeichen werden über der Linie angebracht und ſind daher mit dem Dauer- und Reductionszeichen nicht zu verwechſeln. Der Accent wird stets zum letzten der Buchstaben geſetzt, an welchen der stärkere Exspirationsdruck fühlbar ist, gleichviel ob es ein Vokal ſei oder ein Conſonant. Dieſer Buchstabe ist aber fast stets der letzte der accentuirten Silbe, ſo dass alſo der Accent das Ende derſelben bezeichnet.

5. Es ſollen nun die Punkte dargelegt werden, in welchen die eben gegebene Aufstellung ſich von der Brückeschen unterscheidet, ſowie einige andere, in denen eine noch weitere Aenderung mir wünschenswert erscheint, obschon ich ſie in die Tabellen nicht aufgenommen habe.

I. Sämmtliche Vokalzeichen, mit Einschluss des für den unbestimmten Vokal, find bei mir völlig verschieden von denen Brücke's. Ich war zu dieſer Aenderung zunächst darum gezwungen, weil meine Auffassung von dem Wert und der Zahl der zu Grunde zu legenden Vokale weſentlich von der Brücke'schen abweicht (§ 5. 5.) und schon dadurch der Organismus der Brücke'schen Zeichen bei mir gestört werden musste. Auserdem aber erschienen mir Brücke's Vokalzeichen auch etwas unbequem und in zuſammenhängender Handschrift die Harmonie des Ganzen beeinträchtigend, wobei ich keineswegs etwa an den wünschenswerten Contrast der Vokalzeichen gegenüber den Conſonantenzeichen denke, welcher ja auch bei den meinigen vorhanden ist. Ich denke vielmehr dabei hauptſächlich an den Umstand, dass ſie ſämmtlich einen von oben links nach unten rechts gehenden Grundstrich enthalten, während wir gewohnt find die Buchstaben von oben rechts nach unten links zu legen, eine Gewonheit, die keineswegs zufällig ist, ſondern mit dem Lauf unſerer Zeilen von links nach rechts zuſammenhängt und die bei meinen Vokalzeichen handschriftlich ohne Weiteres beibehalten werden kann. Drittens endlich gewährt die von mir gewählte Bezeichnungsart die Möglichkeit, noch eine Menge von Zwischenvokalen darzustellen und ſo die feinsten Nüancen der Vokaliſation auszudrücken. Als Erklärung der einzelnen Vokalzeichen diene die Ueberſicht in § 4 und dazu die Erläuterungen in § 6. Das Zeichen für den unbestimmten Vokal hat dieſelbe Gestalt wie das für die unvollkommene Lautbildung, mit gutem Grund; denn die letztere beruht stets auf einer Annäherung der Mundorgane an die Stellung, welche ſie bei jenem einnehmen. Den Spiritus lenis schreibe ich nur dann, wenn er als wirklich vernehmbarer Laut, d. h. als arabisches Hamze auftritt.

II. Bei den reinen Labialen habe ich den Bogen für die beiden Spiranten, des bessern Anschlusses wegen, in eine entsprechende Schleife verzogen, etwas was Brücke zwar an dieſer Stelle nicht tut, wol aber an einer andern (beim alveolaren r) fich ebenfalls geſtattet. Es geſchah dies darum, weil die Zeichen für die betreffenden beiden Spiranten ſonſt gar zu ſehr in die Breite gehen, auch, wie ich glaube, eine etwas verſchwommene Geſtalt bekommen. Eine Verletzung des Prinzips liegt darin inſofern nicht, als auch in der s-förmigen Schleife der nach links concave Bogen enthalten iſt und aus ihr leicht erkannt werden kann, überdies auch eine Verwechſelung mit einer andern Chiffre gerade hier nicht möglich iſt.

III. Am liebſten hätte ich für die beiden Klaſſen der Labialen überhaupt ganz andere Zeichen gewählt als jene über der Linie ſtehenden Bogen, denn mir ſcheint, die Labialzeichen treten auf dieſe Weiſe allzuſehr vor den übrigen Conſonanten hervor. Das Prinzip „über der Linie" müſste natürlich aufrecht erhalten bleiben, aber ſeine Betätigung würde ich in der beſcheidenſten Form ausführen, nämlich durch einen wagerechten Strich, bezüglich durch eine wagerecht liegende Schleife, welche gerade an der Grenze des mittleren und oberen Gebiets ſtünden. Vergl. Tab. IV. E. 1. 2. Die Zweckmäſigkeit der Einführung von etwas verkürzten Zeichen für die Labialen leuchtet namentlich dann ein, wenn man längere Transscriptionen zu machen hat; die Brücke'ſchen Chiffern ſtehen dann (wenn ſie ganz normal geſchrieben werden) wie Rieſen da, ſo daſs ſie ſofort in's Auge fallen und es ausſieht, als ſollten ſie als beſonders wichtig angekündigt werden, wozu doch durchaus kein Grund vorhanden iſt. Insbeſondere verdunkeln ſie nicht unerheblich die Längezeichen, für welche ich gern den obern Raum ausſchlieslich verwenden möchte. Endlich, muss ich auch noch bekennen, iſt mir bei den Brücke'ſchen Zeichen der Unterſchied zwiſchen reinen Labialen und Denti-Labialen gegenüber der groſen phonetiſchen Aehnlichkeit beider Lautreihen etwas zu grell. Ich weis wol, daſs dieſe Bemerkung Manchen als gar zu ſubtil erſcheinen wird, aber warum ſoll, wenn man freie Hand hat, ein Zeichenſyſtem nicht auch in ſolchen Kleinigkeiten gemäs möglichſter Annäherung an das Sachverhältnis eingerichtet werden? Der Aehnlichkeit zwischen f¹, w¹ mit f², w² entspreche die Aehnlichkeit der fie repräfentirenden Chiffern, und wie jene Laute einer einigermasen forgfältigen Ausspräche bedürfen, um gefondert zu werden, fo mögen auch ihre Buchstaben eine gewisse Sorgfalt der Zeichnung erheischen, um fich von einander abzuheben; Nachlässigkeit möge dort wie hier den feinen Unterschied vernichten. — Dass mir indess die Sache nicht erheblich scheint, geht schon daraus hervor, dass ich in den Tabellen die Brücke'schen Zeichen durchweg beibehalten habe; es handelt fich lediglich um einen Vorschlag, den ich zur Prüfung vorlege.

IV. Das Zeichen für die Alveolaren besteht bei Brücke in einem kleinen Dreieck über der Linie. Die Aenderung desselben bei mir geschah darum, weil ich die Dentalen fämmtlich durch Zeichen „auf der Linie" auszudrücken wünschte. Irgend eine Beeinträchtigung der Deutlichkeit an und für fich erwächst daraus nicht und Collifionen mit andern Zeichen find auch nicht zu befürchten, da gewisse ähnliche Chiffern Brücke's von mir ebenfalls befeitigt find und zwar nicht blos wegen der hier zu befürchtenden Collifion, fondern auch aus Gründen, die in ihnen felbst liegen. Vgl. X.

V. Brücke macht bei den Palatalen und Faukalen statt des von mir gewählten Grundstrichs einen Haarstrich. Der Grund scheint mir darin zu liegen, dass alsdann die betreffenden Buchstaben fich in einem einzigen Zuge schreiben lassen, etwas was bei meinen Zeichen nicht der Fall ist. Aber diefe kleine Bequemlichkeit verschwindet in meinen Augen vor dem Uebelstande, dass alsdann die drei Klassen der Gutturalen graphisch gar zu auffallend unterschieden find, während der betreffende Unterschied phonetisch fo unerheblich ist, dass er den Meisten gar nicht fühlbar wird. Die Faukalen schreibt Brücke mit einem nach oben convexen Winkel, ich habe das vermieden, weil der Buchstabe dadurch zu fehr in die Länge geht.

VI. Dass die Bezeichnung der Laute s̱ und ſ bei Brücke eine wefentlich andere fein muss, als bei mir, beruht weniger auf einer Aenderung der Lautzeichen als auf einer verschiedenen Auffassung der betreffenden Lautbildungen felbst. Die Sache gehört alfo eigentlich gar nicht hierher und ich führe fie nur darum an, um Brücke's Zeichen für beide Laute zu beschreiben. Sie erhalten nämlich bei ihm die Zeichen für die Velaren, χ bezüglich j, denfelben wird jedoch oben links die Chiffre der alveolaren Artikulation angefügt, gemäs Brücke's Auffassung, dass jene Laute auf einer gleichzeitigen Mundstellung für $\chi + s$, bezüglich $j + f$ beruhen; vgl. § 15. 5.

VII. Ganz ebenfo verhält es fich mit der Bezeichnung der mouillirten Laute. Da Brücke diefelben im Allgemeinen als Dorfales mit darauf folgendem palatalen j auffasst, fo bezeichnet er fie natürlich auch demgemäs. Die beiden Spiranten jedoch, nämlich das polnische ś und ź, welche nach feiner Auffassung auf gleichzeitiger Artikulation der dorfalen und palatalen Spiranten beruhen, müssen das Zeichen der letzteren, dabei aber oben links das Zeichen der dorfalen Artikulation erhalten.*) Ich meinerfeits halte die mouillirten Laute für die einfachen Dorfalen und daher die Verschiedenheit meiner Bezeichnung. Was das für Laute find, welche Brücke als einfache Dorfalen bezeichnet, ist mir niemals recht klar geworden. Sie follen nach ihm in Deutschland häufig fein, ich felbst jedoch befitze fie in meiner Sprache nicht; denn wenn ich die Zunge in die dorfale Lage bringe, fo kommen eben mouillirte Laute heraus. Den Einwand, dass das, was ich für mouillirte Laute halte, wol nur einfach dorfale fein werden, darf ich nicht gelten lassen, da mir die wahren mouillirten Laute aus dem Munde von

---

*) Da Brücke in den „Grundzügen" S. 75 das polnische $s' = s^3 \chi^1$ und das $ź = z^3 y^1$ fetzt, fo können die fystematischen Zeichen beider Laute nur fo'fein, wie ich es oben angebe. Gleichwol hat Brücke in der „Phon. Transscr." S. 61 das s' und ź vermittelst Hinzufügung der alveolaren (statt der dorfalen) Chiffre ausgedrückt, wobei allerdings zu erwägen ist, dass er in den hier gegebenen Proben eben nur die individuelle Aussprache eines Einzelnen (in diefem Falle eines Galiziers) wiedergeben wollte.

Slawen und Romanen fehr genau bekannt find. Vermutlich kommt hier die individuelle Sprechweife etwas in's Spiel. So habe ich Perfonen gekannt, welche die Alveolaren auffallend „gequetscht" sprachen, wie die Leute es nannten; es beruhte dies darauf, dass diefelben bei der Artikulation der Alveolaren nicht blos die Spitze der Zunge an den Alveolarrand anstemmten, fondern die ganze Vorderzunge an diefen und den nächstliegenden Teil des Gaumens legten, fo dass die entstehenden Laute fich etwas den Dorfalen, d. i. nach meiner Auffassung den mouillirten Lauten näherten. Ich nenne dies eine unvollkommen-alveolare Lautbildung und bezeichne es auch demgemäs, vgl. später. Es wäre nun möglich, dass diefe Art der Lautbildung, vielleicht mit noch stärkerer Hervortretung des dorfalen Moments, auch Herrn Prof. Brücke mehrfach bekannt wurde und ihm die Annahme einer eigenen Lautklasse dafür nötig erscheinen lies, die er eben Dorfalen nannte. Endlich fei noch erwähnt, dass auch bei **meinen** Dorfalen die Stellung der Zunge derjenigen, welche fie bei Erzeugung des i einnimmt, fehr ähnlich ist, fo dass es nur einer etwas langfamen Oeffnung der Lautritze bedarf, um wirklich ein i zu erzeugen, und natürlich wird dies auch in der Aussprache häufig gehört; dann wird z. B. poln. *konia* wirklich fo gesprochen, wie Brücke es als Regel aufstellt, aber mir erscheint dies nicht als die notwendige und normale Aussprache.

VIII. Brücke fetzt das Zeichen der Nafalirung, den Punkt, nicht **in**, fondern **über** den betreffenden Buchstaben, fowol bei den Vokalen als bei den Confonanten. Meine Aenderung geschah darum, weil ich Alles, was zur Artikulation eines Lautes felbst gehört, fo viel wie möglich **innerhalb** des Lautzeichens anzubringen und den Raum über und unter dem letzteren lediglich für die Accente und Dauerzeichen aufzusparen wünschte; die Schrift wird dadurch, wenigstens für mein Auge, überfichtlicher und reinlicher. Brücke konnte diefe Stelle für das Zeichen der Nafalirung darum nicht wählen, weil er diefelbe bereits an ein anderes Zeichen, das der unvollkommenen Lautbildung (bei ihm ebenfalls ein Punkt) vergeben hatte, etwas, was bei mir nicht der Fall ist; vgl. XI.

IX. Das von Czermak begehrte Zeichen für die halbgeöffnete Stimmritze, welches bei Brücke nicht vorhanden ist, drücke ich durch das Zeichen der offenen Stimmritze aus (den „Aufstrich"), füge aber das Zeichen der unvollkommenen Lautbildung (die Schleife) hinzu; vgl. Tab. IV. Das deutsche H gebe ich durch den reinen Aufstrich, angefügt an das verstümmelte Zeichen des unbestimmten Vokals, wodurch die Reibung der Luft an den Stimmbändern und den nächstgelegenen Teilen der Rachenhöle angedeutet werden foll. Das arabische *Hé*, welches einen noch leiferen Hauch hat als felbst das deutsche *H*, erhält durch den eben erwähnten Anfangsteil die Schleife; das polnische *H* dagegen, bei welchem die Stimmbänder nur halb offen stehen, erhält die Schleife durch den Aufstrich. Das arabische *Hha* endlich, welches nach Wallin's und in etwas bedingter Weife auch nach Brücke's Auffafung nichts ist als der dem *Ajin* entsprechende tonlofe Laut, erhält das Zeichen desselben, verbunden mit dem Aufstrich, dem ich jedoch wegen der starken Näherung der Stimmbänder und dem dadurch bewirkten auffallenden Reibungsgeräusch eine doppelte Schleife hinzufüge.

X. Der vertiefte Klang der Stimme (E. g.) und ebenfo der verhärtete Klang derfelben (E. h.) bestehen bei Brücke für den erfteren Fall in einem kürzeren, für den zweiten Fall in einem längeren vertikalen Grundstrich, rechts gestellt und mit dem übrigen Teile des Buchstabens verbunden. Dadurch bekommt diefer letztere mitunter eine beträchtliche Breite und das Zeichen für das Stimmverhältnis tritt völlig gleichwertig mit den übrigen Teilen auf, welche die eigentliche Artikulation charakterifiren, während es fonst durch Kleinheit oder haarförmige Gestalt mehr als ein Accessorium erscheint, wie dies auch, und namentlich in diefen beiden Fällen, dem Sachverhältniss besser entspricht. Denn das a bleibt ein a, gleichviel ob es mit reiner oder mit vertiefter oder mit verhärteter Stimme gefprochen wird, darum follte, meines Bedünkens, auch das Zeichen der Vertiefung und Erhärtung als etwas Nebenfächliches auftreten, nicht aber dem Hauptzeichen eine wefentlich andere Gestalt erteilen. Auch mache ich darauf aufmerkfam, dass der Unterschied in der Länge des Grundstrichs bei etwas flüchtiger Schrift oder flüchtigem Lefen leicht auser Acht gelassen wird. — Was die von mir gewählten Zeichen betrifft, fo habe ich mich bei dem für den vertieften Klang nur wenig von Brücke entfernt; der ganze Unterschied beruht eigentlich blos darin, dass bei mir der Strich eine weniger hervortretende Stellung einnimmt und nicht gerade notwendig rechts steht. Anders verhält es fich bei dem Zeichen für den verhärteten Klang, ich deute diefen durch einen kleinen Winkel mit nach unten gerichtetem Scheitel an, welchen ich innerhalb des Buchstabens anbringe. Die Aehnlichkeit diefes Zeichens mit dem für die Kehlkopfstellung des *Ajin* ist darum gewählt, weil nach meiner Wahrnehmung die Vorgänge am Kehlkopf in beiden Fällen eine gewisse Verwandtschaft haben. Ob diefe letztere dadurch erzeugt wird, dass, abgefehen von den befonderen Vorgängen beim *Ajin*, in beiden Fällen die Giesbeckenknorpel stark aneinander gepresst werden, etwas was Brücke als wefentlich für die Verhärtung der Stimme erklärt, muss ich dahingestellt fein lassen; ich weis blos, dass bei mir in beiden Fällen die Kehlkopfsteile im Wefentlichen diefelben oder annähernd ähnliche Bewegungen vollziehen.

XI. Brücke's Zeichen für die unvollkommene Lautbildung besteht in einem innerhalb des Buchstabens stehenden Punkte. Ich habe dasselbe aus zwei Gründen geändert. Zunächst schien es mir nicht angemessen, zwei fo gänzlich verschiedene Lautvorgänge, wie Nafalirung und Unvollkommenheit der Lautbildung, durch ein und dasselbe Zeichen auszudrücken, fo dass nur die Stellung den ganzen Unterschied bewirkt; auch muss man mit einer fo kleinen, leicht zu überfehenden Chiffre, wie der Punkt ist, sparfam fein, zwei Punkte bei einem Buchstaben, jeder von befonderer Bedeutung, giebt dem Buchstaben, namentlich bei kleiner

Schrift, etwas Minutiöſes, peinlich Anstrengendes, das Auge Ermüdendes, und dies Alles ſowol beim Schreiben als beim Leſen. Zweitens aber, und dies ist wichtiger und war für mich das eigentlich Entscheidende, mit dem Punkte war ich nicht im Stande die feineren Nüancen der unvollkommenen Lautbildung auszudrücken, wie ich ſie oben (F. aa. bb. cc.) charakteriſirt habe. Brücke bezeichnet nur die unvollkommene Lautbildung im Allgemeinen und bedurfte demnach auch keiner genaueren Bezeichnung. Ich meinerſeits nun habe die Notwendigkeit dieſer letzteren mehrmals, insbeſondere bei Dialectstudien und bei Darstellung individueller Spracheigenschaften (ein bisher wol noch zu wenig beachtetes Gebiet) ganz unabweisbar empfunden. So z. B. wird der Laut r von ſehr Vielen ſo ausgesprochen, dass ihre Sprache dadurch ſofort eine eigentümliche Färbung erhält. Dieſe häufige Unvollkommenheit der R-Bildung beruht aber auf zwei ganz verschiedenen Quellen, nämlich entweder auf einer von dem gewönlichen deutschen Sprachgebrauch abweichenden Artikulationsstelle (Annäherung an interdentales, ſeltener cacuminales r) oder auf einer zu schwachen Vibration der Zunge (lallendes r). Im ersteren Falle lege ich die Schleife durch das Zeichen der Artikulation, im andern durch das der vibrirenden Zungenbewegung. Aehnlich verhält es ſich mit dem s und ſ. Werden dieſelben annähernd interdental oder dorſal, d. i. lispelnd oder gequetscht gesprochen, ſo lege ich die Schleife durch das Zeichen der alveolaren Artikulation. Es giebt aber auch Individuen, welche bei dieſen Lauten in eigentümlicher Weiſe die Zunge schleifen, ſo dass das charakteristische Zischen derſelben kaum wahrnehmbar wird (lallendes S), hier lege ich die Schleife durch das Zeichen der Lautritze. Es giebt endlich ganze Landstriche, welche die Laute s und ſ in einen Mittellaut zuſammenfallen lassen, dies beruht nach meiner Auffassung auf der nicht vollständig offenen Stimmritze beim s, ich lege alſo hier die Schleife durch den Aufstrich, d. i. durch das Zeichen der völlig offenen Stimmritze, während Brücke für dieſe provinzielle

Eigentümlichkeit eine ganz andere Erklärung und demgemäse Bezeichnung hat, die ich in Tab. IV. B. 3. angegeben habe. Von einer gewissen Anwendung der Schleife für Vokalschattirung und Stimmfärbung will ich hier lieber noch nicht sprechen. Ich gebe eine Andeutung davon in Tab. IV. E. 7. Unentbehrlich endlich ist mir meine Methode bei der Bezeichnung von historischen Lautentwickelungen geworden, ein Gebiet, worauf Brücke sich gar nicht einlässt und von seinem Standpunkt als Physiologe es auch nicht braucht. Vgl. § 22.

6. Erklärung der in Tab. IV aufgestellten Zeichen:

A. 1. Der unbestimmte Vokal. 2. Der *Spiritus lenis*. 3. Das deutsche *H*. 4. Das polnische *H*. 5. Das arabische *Hé*. 6. Das arabische *Ain*, zunächst in absoluter Form, dann mit *a, è, ò* verbunden. 7. Das arabische *Hha*. 8. Zwischenvokale zwischen *a* und *è, ö, ò*. 9. Zwischenvokale zwischen *è* und *é, ö, ö*. 10. Zwischenvokale zwischen *é* und *i, ü, ö*. 11. Zwischenvokale zwischen *ü* und *i, é, u*. Es ist diese Aufstellung der Zwischenvokale rein theoretisch, ohne Rücksicht auf wirkliches Vorkommen, lediglich um die Methode der Bezeichnung daran zu zeigen.

B. 1. Tönende Lenes, die mit Flüsterstimme gesprochen werden: *b, f, d, g* nach der namentlich in Süddeutschland üblichen, bei Engländern und romanischen Völkern seltenen Aussprache. 2. Tonlose Lenes, die mit anfänglich verschlossenem Kehlkopfe gesprochen sind und bei denen Verschluss und Oeffnung für Stimm- und Lautritze gleichzeitig erfolgen: *p, t, k* nach Aussprache der Slawen, Ungarn, z. Tl. auch der Romanen. 3. Bezeichnung der Mutae, wie sie in Mitteldeutschland, namentlich in Obersachsen, Thüringen, Franken gesprochen werden; nach Brücke's Methode; vgl. § 2. 11. 4. Desgleichen nach der meinigen, vgl. a. a. O. den Zusatz. 5. Das niederdeutsche *R*, absolut, sodann mit *a, è, ö, ò* verbunden. 6. Das polnische *l*. 7. Das polnische *rz*, böhmische *ř*, mit tonlosem und tönendem *r* gespr.

C. 1. Englisch *w*. 2. Englisch *wh*. 3. Französ. *y*. 4. Holländisches *v*. 5. Holländisches *g*, reines und schnarrendes. 6. Aspiraten: *ph, bh.* 7. Affrikationslaute: *phf, ths, khχ.* 8. Die deutschen Lautfolgen: *pf, ts (z), kχ.*

D. Brücke'sche Bezeichnungen, die von den meinigen verschieden sind. 1. Die Alveolaren: *n, d, t, ſ, s, r, l.* 2. Deutsches *sch* und franz. *j.* 3. Polnisches *ź* und *ś* (nach Grundz. p. 75). 4. Poln. *ń,* franz. ital. *gn.* 5. Franz. *ll,* ital. *gli.* 6. Tonlofes *r.* 7. Tonlofes *l.* 8. Als Probe der Vokalzeichen: die Vokalreihe von *a* bis *i.* 9. Der unbestimmte Vokal.

E. 1. Ein Vorschlag für eine neue Bezeichnung der reinen Labialen: *m, b, p, w, f.* 2. Desgleichen für die Denti-Labialen. 3. Das unficher artikulirte, das lallende, das geflüsterte *s.* 4. Lallendes *r.* 5. Tonlofes *r.* 6. Tonlofes *l.* 7. Andeutung einer zweiten Methode zur Bezeichnung der Zwischenvokale.

F. Transscriptionen aus der deutschen Gemeinsprache: 1. *Vaterland.* 2. *Schiller.* 3. *Goethe.* 4. *Gleichnis.* 5. *Kaifer.* 6. *Hoffnung.* 7. *Du fâst* (aus *fahest*). 8. *Du fâst* (aus *fâszest*). 9. *Er harrt.*

G. Desgl. aus deutschen Volksmundarten: 1. *Goar fo vil Gfühl* (Niederösterreichisch). 2. *Dör Busch un Brok to snekeln* (Ditmarfisch). 3. *Ei (I) moag nich* (Schlefisch). 4. *Lueg, s' ischt a Sämoa ausggange z' säa* (Schwäbisch).

H. Desgl. aus dem Französischen: 1. *J'admire* (nach der in Frankreich oft zu hörenden schnarrenden Aussprache). 2. *l'empereur.* 3. *Champagne.* 4. *enfin.* 5. *moi.* 6. *famille.* 7. *le rentier.* 8. *génie.* 9. *envoyer.*

I. Desgleichen aus dem Englischen: 1. *Many reasons make it impossible for us.* 2. *already.* 3. *whether.* 4. *viewing.* 5. *thou art.*

K. Desgl. aus dem Italienischen: 1. *Gaeta.* 2. *ogni.* 3. *buono.* 4. *famiglia.* 5. *eccellenza.* 6. *giustizia.* 7. *ciò.*

L. Desgl. aus andern Sprachen: 1. dänisch *jeg giver.* 2. isländisch *fjördhur.* 3. polnisch *niewyraśność'.* 4. böhmisch *křiku.* 5. russisch Тыl. 6. magyarisch *csak.* 7. irisch *ar n-Dia.*

Einige der eben aufgestellten Beispiele find aus Brücke's Phon. Transscr. entlehnt. Da derfelbe indess lediglich nach individueller Aussprache transscribirt hat, bei mir aber hier der allgemeine Standpunkt masgebend fein musste, fo habe ich manche Fälle dem letztern gemäs abgeändert, wo mir bekannt war, dass derfelbe mit jener individuellen Aussprache nicht übereinstimmt. So z. B. bei dem englischen *for*, welches Brücke mit laryngalem r giebt. Bei dem isländ. *fjördhur* habe ich einfach Brücke's Transscription wiedergegeben, obschon ich zweifle, ob dh allgemein von den Isländern als df gesprochen wird.

7. Die Schrift hat fich langfam und stufenweife entwickelt. Von der Bilderschrift zur Wortschrift, zur Silbenschrift, zur Lautschrift! welch ein Abstand überall, aber auch welche Zeiträume zwischen den einzelnen Stufen! Nicht gering fürwahr ist die Errungenschaft, welche darin liegt, dass man fich bis zu der Abstraction zu erheben vermochte, die Rede bis in ihre letzten Bestandteile aufzulöfen und gerade diefe, gleichfam die Atome der Sprache, graphisch zu fixiren. Es bleibt nur noch die letzte Stufe zu erfteigen, nämlich, nachdem man drei Jartaufende lang die Laute durch willkürliche, an und für fich nichtsfagende Zeichen angedeutet hat, nunmehr diefe Zeichen felbst mit den Lauten in einen intellectuellen Zufammenhang zu bringen und den todten Buchstaben dadurch gleichfam lebendigen Odem einzuhauchen, fie zu durchgeistigen, zu befeelen. Dies foll nunmehr geschehen und wir hegen die feste Ueberzeugung: es wird geschehen, denn es muss geschehen. Die Notwendigkeit davon liegt in der Gewissheit, welche die Geschichte aller Zeiten bietet, dass zuletzt doch immer die Zweckmäsigkeit über die Gewonheit, das Prinzip über die Willkür, der bewusste Geist über die bewusstlofe Materie den Sieg erringt. Langfam freilich wird es damit gehen; auch das Decimalfystem, dessen Notwendigkeit für Wissenschaft und Verkehr noch fühlbarer ist, macht nur langfame Fortschritte, aber es macht fie unwiderstehlich und es wird „die Reife um die Welt" zurücklegen. Und fo auch die

phonetische Schrift, wobei es natürlich ſehr gleichgültig ist, ob es gerade die von Brücke erfundene ſein wird oder eine andere. Gebt eine bessere, und mit Freuden schliesen wir Phonetiker uns ihr an. Aber zunächst halten wir uns an die, welche bereits da ist. „Dies ist unſer, ſo lasst uns sprechen und ſo es behaupten!"

Berichtigungen.

Seite 11,	Zeile 11	statt *sich* lies *ſich*.
- 12,	-	5 statt *Nase* lies *Naſe*.
- 37,	-	11 ist das Komma hinter *ebenfalls* zu tilgen und dafür hinter *Gebildeten* zu stellen.
- 40,	-	7 find hinter *Tab. IV* die Ziffern 6—9 zu tilgen.
- 42,	-	18 ist der Buchstabe *g* verschoben.
- 49,	-	8 statt *ahd.* lies *nhd.*
- 52,	-	14 statt ὁ — δοττ lies ὁ — δοττ.
- 68,	-	10 statt *Unser* lies *Unſer*.
- 73,	-	2 von unten ist statt des Punktes hinter *(valde)* ein Komma zu ſetzen.
- 75,	-	3 statt *den Laut s* lies *den Laut ṣ*.
- 79,	-	4 von unten statt *Zeichen s* lies *Zeichen ṣ*.
- 94,	-	10 statt *jewma* lies *j¹ewma*.
- 100,	-	7 statt *Rücksicht* lies *Rückſicht*.
- 108,	-	15 statt *Explosivae* lies *Exploſivae*.
- 121,	-	10 statt *Flexionssilben* lies *Flexionsſilben*.
- 121,	-	17 ist hinter *geschah* das Komma zu tilgen.
- 125,	-	13 statt δ = ſ lies δ = ſ.
- 129,	-	23 statt *ahd.* lies *nhd.*
- 134,	-	6 statt *gſ* lies *gj*.
- 156,	-	7 von unten statt *heissen* lies *heisen*.
- 186,	-	3 von unten ist σιουχι in ein Wort zusammenzuziehen.
- 192,	-	6 statt *ein (See)* lies *(ein See)*.

Tab. 1.

Vokale.

1. Keine vollkommen gebildete.

2. Mehrfache vollkommen gebildete.

3. Keine innerlich vollkommen gebildete.

4. Mehrfache innerlich vollkommen gebildete.

Tab. II.

Consonantes

Articulationis? Gebiet.	Articulationis-Stelle.	Nasales Phonantes.	Consonantes purae Mutae		Spirantes		Semivocales	
			Lenes.	Fortes.	Lenes.	Fortes.	R-Reihe	L-Reihe
Labiales.	Labiales verae.	ɯ	ε	Ɛ	ɛ	Ɛ	ς	η
	Denti-Labiales.	ɷ	ɛ	Ʒ	ɜ	Ʒ		
Dentales.	Interdentales.	ɾ	ɾ	ɾ	ɾ	ɾ	ɾ	η
	Alveolares.	ʎ	ʎ	ʎ	ʎ	ʎ	ʎ	⌐
	Cerebrales.	ɑ	ɑ	ɑ	ɑ	ɑ	ɑ	ϙ
	Dupla Denti-Palat.	ʎ	ʎ	ʎ	ʎ	ʎ	ɛ	ɥ
Gutturales.	Palatales.	ʎ	ʎ	ʎ	ʎ	ʎ		
	Velares.	ʎ	ʎ	ʎ	ʎ	ʎ		
	Faucales.	ʎ	ʎ	ʎ	ʎ	ʎ	ɛ	

Tab. III.

Erklärung der Zeichen in Tab. II
vermittelst gewöhnlicher Buchstaben, so weit diese letzteren ausreichen.

( ) bezeichnet einen seltnen, [ ] einen noch nicht nachgewiesenen, obschon physiologisch möglichen Laut.

Artikulations-Gebiet.	Artikulations-Stelle.	Nasales sive Resonantes.	Consonantes purae.				Semivocales.	
			Mutae.		Spirantes.		R - Laute.	L - Laute.
			Lenes.	Fortes.	Lenes.	Fortes.		
Labiales.	Labiales verae.	m	b	p	im engl. w enthalten.	altgr. φ	ein bekannter Kinderlaut.	
	Denti-Labiales.	[m]	[b]	[p]	engl. franz. v, deutsches w.	engl. franz. deutsch. f.		
Dentales.	Interdentales.	lispelndes n	lispelndes d	lispelndes t	engl. weich. th. neugr. δ.	engl. hart. th. neugr. ϑ.	lispelndes r.	im polnischen ł enthalten.
	Alveolares.	gewönliches n	gewönliches d	gewönliches t	weiches s (ſ), engl. franz. höll. poln. z.	scharfes s, deutsch. sz.	gewönliches r.	gewönliches l.
	Cacuminales.	Bopp's ṇ (ind. Laut.)	Bopp's ḍ (ind. Laut.)	Bopp's ṭ (ind. Laut.)	franz. j; poln. ż.	deutsch. sch, engl. sh, franz. ch, poln. sz.	ind. r, auch in Deutschl. individ. vorherrschend	(l)
	Denti-Palatales.	polnisches ń, franz. ital. gn, span. ñ.	d' der poln. Grammatik, böhm. ď, russ. jerirtes d	t' der poln. Grammatik, böhm. ť, russ. jerirtes t	polnisches ź (zi)	polnisches ś (si)		franz. ll, ital. gli.
	Palatales.	deutsches n in Enge, Wink.	deutsches g in gehen, Gift.	deutsches k in Kerl, Kind.	deutsches j in allen Verbindungen.	deutsches ch in ich, Mamachen.		
Gutturales.	Velares.	deutsches n in Anker, Hunger.	deutsches g in Gabe, Gott, Gut.	deutsches k in Karl, Kunst.	Berlin. Ausspr. des g in jagen (jagn).	deutsches ch in ach, Aachen.		
	Faucales.			arabisches Kaf.	im arab. Ghain enthalten.	im arab. Cha enthalten.	schnarrendes r, provinz. u. indiv.	